혁신의 모든 것

혁신의 모든 것

전승우 지음

학고재

차례

프롤로그   **새장 안에 가두지 말라**   7

혁신의 아이콘 구글 글래스, 기로에 서다 | 혁신, 사막의 신기루일까?

chapter 1   **혁신의 열성팬, 그들의 반응에 주목하라**   15

혁신 없이 성공한 아이폰 6 | 혁신을 다시 바라봐야 하는 이유 | Box Tip. 1: 자전거를 둘러싼 역사적 논쟁 | 왜 사람들은 혁신에 열광할까 | 시장 반응이 혁신으로 나타난다 | 혁신에 불을 지핀 사람들 | 혁신을 세일즈하는 기업들 | 잡스가 만든 애플의 팬덤 문화 | 뜨거울수록 빨리 식는다 | Box Tip. 2: 할리데이비슨의 재탄생

chapter 2   **혁신의 답, 지금 개선하라!**   51

아이폰, 개선이 만든 혁신 | Box Tip. 3: 2억 대를 팔아 치운 워크맨의 흑역사 | 파괴적 혁신 vs 존속적 혁신, 승자는 누구일까? | 개선과 혁신은 이란성 쌍둥이다 | 토요타에서 아마존까지, 혁신을 위한 끝없는 개선 | 혁신은 창의적 개선이다

chapter 3   **리스크를 겁내지 말라**   85

스티브 잡스, 리사 실패의 교훈을 얻다 | 성공은 행운과 재능의 조합이다 | 혁신과 리스크는 동전의 양면이다 | 검은 백조는 살아 있다 | 혁신의 기대치가 크면 위기도 크게 온다 | 블라인드 스팟을 주의하라 | 리스크를 뛰어넘는 야성의 충동 | 혁신을 이끌어 낼 '아주 느린 포착'에 집중하라

chapter 4   **속도보다 혁신의 방향에 주목하라**   123

'느림의 덫'을 조심하라 | 붉은 여왕의 역설, 살려면 달려야 하는가 | 혁신을 위한 속도 전쟁 | 실리콘밸리 기업의

투자환경 | 혁신에 맞는 속도는 어떤 것인가 | 환경 변화
는 혁신보다 느리다 | 꾸준함이 혁신의 결실을 맺는다

chapter 5   영리한 모방으로 혁신을 불러내라   155
카피캣과 산자이, 혁신 논란을 부추기다 | 모방, 혁신을
만드는 인간의 본능 | 모방과 혁신의 모호한 경계 | 승승
장구하는 모방 기업 | 선도기업의 이득은 그리 크지 않다
| 혁신, 거인의 어깨 위에 선 난쟁이 | 벤치마킹도 예술이다

chapter 6   혁신의 완성을 유행에서 찾아라   191
역사를 뒤흔든 유행 | 누가 전기 자동차를 죽였는가 | 티
핑 포인트가 만드는 유행에 주목하라 | 전문가도 유행을
알지 못한다 | 비주류에서 혁신을 찾아내라 | 굿바이 잭
웰치 | 혁신 전략도 유행의 산물이다 | 유행을 타야 혁신
이 완성된다 | 유행의 흐름을 탄 기업이 혁신을 만든다

chapter 7   혁신의 성공을 위해 단순하게 융합하라   229
무엇이든 뒤섞고 흔들어라 | 융합에서 새로운 가치를 재
발견하라 | 아이디어의 샘, 픽사의 교훈 | 집단지성, 개미
들로부터 배워라 | 융합의 가장 큰 적은 복잡성이다 | 스
컹크웍스, 혁신의 진수를 보여 주다 | 단순과 집중으로 융
합하라: 오컴의 면도날

에필로그   유연하고 단순해야 혁신을 만든다   263
단 하나의 원칙이란 없다 | 관성을 버리고 단순 유연해져라

참고 문헌   267

새장 안에
가두지 말라

⬤혁신의 아이콘 구글 글래스,
기로에 서다

'혁신'이라는 주제에 대해 많은 사람들이 다양한 목소리를 내놓고 있지만 누구 하나 딱 부러지게 혁신을 정의하지 못하는 것이 사실이다. 혁신을 말하는 것은 구름을 잡는 것일까?

1984년 영화 「터미네이터」는, 아널드 슈워제네거(Arnold Schwarzenegger)가 연기한 미래의 로봇 터미네이터를 통해 물체를 바라보면 그것과 관련된 정보들이 물체와 겹쳐 보이는 능력을 선보였다. 사람들이 영화에서 가장 인상 깊은 장면 중 하나로 꼽았던 이 기술은 약 30년이 지난 2012년 6월 27일 드디어 현실에 모습을 드러낼 수 있었다.

이날 미국 샌프란시스코에서 구글이 개발 중인 새로운 기술을 반표하는 '구글 I/O 개발자 콘퍼런스'가 열렸다. 이 행사에서는 여러 기술이 등장했는데 유독 한 기기가 사람들의 이목을 끌었다. 안경처럼 얼굴에 착용하면 현실 세계와 디지털 정보를 결합해 보여 주는 증강 현실(augmented reality) 기술[1]로 만든 구글 글래스(Google Glass)였다. 이를 두고 많은 사람들이 혁신적인 제품이라는 평가를 내렸다. 결론부터 성급하게 꺼내 든다면 이렇게 물어볼 수 있다. 과연 구글 글래스는 혁신에 성공한 제품일까?

당시 구글 글래스를 착용한 스카이다이버가 비행기에서 뛰어내려 착륙한 후, 자전거를 타고 콘퍼런스 홀까지 들어오는 과정이 화면 무대에 생생하게 비치자 사람들은 모두 탄성을 질렀다. 구글 창업자 세르게이 브린(Sergey Brin)은 구글 글래스를 직접 시연하면서 이렇게 말했다.

"구글 글래스는 이전에 상상도 하지 못했던 미래가 바로 우리 앞에 있음을 보여 주는 기계다."

그의 주장처럼 구글 글래스의 성능은 깜짝 놀랄 수준이었다. 음성 명령을 통해 사진 촬영이나 인터넷 검색, 지도 탐색 등을 할 수 있고

---

1 컴퓨터 기술로 만든 가상물체 및 정보를 오프라인 현실 세계에 융합, 보완해 주는 기술이다. 현실 세계에 실시간으로 부가 정보를 갖는 가상 세계를 더해 하나의 영상으로 보여 주는 것이 특징이다. 이를 혼합현실(MR: mixed reality)이라 부르기도 한다. 1990년 보잉사의 항공기 전선 조립 과정을 설명하는 데 처음 사용된 이후 21세기에 들어와서 관련 기술의 폭발적인 발전에 힘입어 다양한 용도의 기술이 개발 보급되고 있다.

음성이나 동작을 인식하는 등 색다른 기능도 자유롭게 사용할 수 있다는 점에서 정말 기발하다는 평가를 받았다. 이 제품이 나오자마자 사람들은 열광했고 전 세계 언론은 구글이 또 다른 혁신을 만들었다고 치켜세웠다.

그러나 최근 구글 글래스에 대한 전망은 전혀 다른 방향으로 흐르고 있다. 구글 글래스는 출시되자마자 바로 사라져 버릴 장난감이라는 주장이 연이어 제기되고 있는 것이다. 더 이상 구글이 구글 글래스를 출시하기 위한 투자에 적극적이지 않으며 구글 글래스에 탑재되는 애플리케이션을 개발하는 기업도 빠르게 줄고 있다는 것이다. 게다가 구글 글래스가 사람들의 사생활을 침해할 수 있다는 우려가 집중적으로 제기되면서 구글 글래스의 착용을 막아야 한다는 여론도 가열되고 있다. 구글은 여전히 구글 글래스의 미래가 밝다고 주장하지만 예상치 못한 결과에 곤혹스러운 표정을 짓고 있다.

공개된 지 불과 몇 년이 지나지 않아 구글 글래스는 새로운 혁신에서 실패한 발명품으로 전락할 위기에 놓였다. 물론 구글 글래스의 성공을 판단하기는 아직 이른 것이 사실이지만 구글 글래스가 보여 주는 행보는 많은 이들을 불안하게 만들기 충분하다. 왜 구글 글래스는 혁신에서 멀어지게 되었을까?

혁신, 사막의 신기루일까?

    하루가 다르게 새로운 기술이 등장하고 경제 전망의 불확실성이 증가하면서 많은 기업들이 이제 성장은커녕 생존의 가능성조차 예측하지 못하는 시대가 왔다고 말한다. 경제 전문지 『포천(*Fortune*)』은 자사가 선정한 전 세계 500대 기업들이 50년이 지난 후 500위 내에 들 수 있는 확률이 고작 14퍼센트에 불과한 수준이라고 지적했다. 1896년 다우존스(Dow Jones & Company)를 만든 찰스 다우(Charles Dow)는 미국의 주요 기업들의 주가를 바탕으로 다우존스 산업 지수를 만들었다. 다우존스 산업 지수는 현재까지 미국 증시의 주요 지표로 활용되고 있는데, 처음 만들었을 때 선정되었던 기업 중 지금까지 존재하는 유명 기업은 GE가 유일하다. GE와 더불어 미국 경제에서 큰 비중을 차지했던 기업들은 이후 급격히 쇠퇴하여 자취를 감추었다.

    이 점에서 다시 혁신을 생각해 보자.

    혹시 우리가 혁신에 주목하고 관심을 갖는 진짜 이유는 언제 사라져 버릴지 모르는 두려운 현실 세계의 경쟁과 공포를 혁신적 기술로 물리칠 수 있다고 믿기 때문은 아닐까? 그래서 자꾸 혁신이라는 정말 잘 보이지도 않는 그 무엇을 찾고 탐색하고 연구하게 되는 것은 아닐까? 혁신은 사막의 신기루처럼 잡으려 하면 이미 사라져 버리고 성공한 것 같으면 이미 지나가 버린 유물이 되고 있는 것 같기도 하다.

이렇게 혼란스러운 현실 상황과 맞물리면서도 혁신은 기업의 생존과 성장을 위한 필수적인 수단으로 주목받고 있다. 혁신 말고는 이 치열한 경쟁 사회에서 살아남을 그 무엇을 찾기 어렵기 때문에 이 모호한 혁신의 개념을 어떻게든 붙잡아 보려는 노력이 가속화되면서 혁신의 바람은 멈추지 않고 계속되고 있다.

상당수 기업들은 대체로 이전에 없던 새로운 제품과 방법으로 시장에서 큰 성과를 거두는 것을 혁신이라 정의하고 있다. 특히 경영 환경이 나날이 악화되면서 너도나도 혁신을 달성하기 위한 방법을 배우는 데에 여념이 없다. 망해 가던 애플(Apple)이 극적으로 부활 세계 제1의 IT 기업으로 거듭난 것도, 반대로 전 세계의 가전 업계를 선도했던 소니(Sony)와 파나소닉(Panasonic) 등 일본의 전자 기업들이 끝없는 실패를 거듭하는 것도 바로 혁신 추구의 성패에 따른 결과라는 것이다.

이와 함께 혁신이란 무엇이고 어떻게 얻을 수 있는 것인가에 대한 고민도 역시 계속되고 있다. 소수의 비범한 천재들이 혁신을 만들 수 있다는 주장에서부터 흔들리지 않는 목표 아래 부단한 시도를 통하여 얻을 수 있다는 견해도 있는 등 혁신을 둘러싼 논의는 현재 진행형이다.

혁신을 위한 전략은 경영학계의 흥미로운 연구 소재다. 사실 2차 세계 대전 이전만 하더라도 혁신이라는 주제는 대학에서 큰 주목을 받지 못했다. 그러나 이후 혁신에 대한 관심이 서서히 증가하면서 관련된 연구가 활발히 이루어졌다.

1960년대까지만 하더라도 효율적으로 구성된 기업의 조직과 업무 프로세스에서 뛰어난 혁신을 창조할 수 있다는 주장이 주를 이루고 있었다. 경영 전반을 새롭게 개선하자는 리엔지니어링(Re-engineering)과 식스 시그마(Six sigma) 등의 방법이 큰 호응을 얻었고, 본격적으로 기업 일선에 적용되기 시작한 정보 기술도 혁신의 주요 화두로 등장했다. 그러나 이들 전략들은 하나같이 등장할 당시의 열광적인 반응과 달리 오랜 기간 큰 힘을 발휘하지 못하고 새로운 방법에 그 자리를 내주었다. 새로운 전략을 통하여 혁신을 이룬 것처럼 소개되는 많은 기업들도 이후에는 동일한 방법으로 지속적인 성과를 만들지는 못한 것으로 드러났다.

혁신의 성공 방정식을 찾기란 쉬운 일이 아니다. 새롭고 멋진 기술과 제품을 만들기 위한 노력은 예전보다 더욱 치열하게 전개되고 있지만, 혁신적 성과가 이에 비례하여 증가하고 있다는 뚜렷한 증거도 없다. 컴퓨터 보급의 확산으로 예전보다 풍부한 정보가 산출되고 있으며 인터넷이라는 인류 역사상 가장 촘촘한 네트워크를 기반으로 활발히 소통할 수 있는 환경이 조성되고 있지만 여전히 혁신이란 주제와 목표는 달성하기 어려운 미지의 영역으로 남아 있는 듯하다.

혁신에 정통한 것으로 알려진 전문가들조차 보통 사람과 비교해 혁신의 방법을 더 잘 알지는 못한다는 것도 문제다. 많은 학자들이 혁신 달성의 우수 사례로 손꼽은 기업조차 그 찬사가 무색하게 하루아침에 추락하여 역사 속으로 사라지는 경우가 허다하기 때문이다. 세계에서 가장 명망 높은 경영 이론가로 손꼽히는 게리 하멜(Gerry Hamel)[2]은 저서 『혁명을 리드한다(*Leading the Revolution*)』에서 에너지 기업이었던 엔론(Enron)을 세계 최고의 혁신 기업이라 칭찬했다. 그는 엔론이 에너지 시장에서 새로운 시도를 지속적으로 전개하여 성과를 창출하고 있다는 점을 들면서 엔론이야말로 부단한 혁신을 추구할 수 있는 시스템을 갖춘 기업이라고 치켜세웠다. 그러나 하멜의 주장이 무색하게 엔론은 이후 전 세계를 충격에 빠뜨린 거대한 회계 분식 사건에 연루되었고 결국 글로벌 경제에 큰 충격을 안긴 채 쓸쓸히 퇴장하고 말았다.

필자는 이 시점에서 정말 혁신이 무엇인지를 진지하게 고민하고 이를 우리들 개인의 삶과 조직에 현실적으로 적용할 수 있는 해답을 찾아보기로 했다. 이 글은 그런 고민의 과정을 통해 좌충우돌하며 나름대로 최선을 다해 접근해 본 흔적이다.

독자 여러분들은 필자가 고민하며 정리해 본 혁신의 실체를 접하면서 나름의 결론을 내리실 수 있을 것이다. 혹 그렇지 못하다 하더라도 최소한 혁신의 실체를 찾으려는 노력의 과정은 살펴볼 수 있을 것이라고 기대한다.

이 책에 실린 많은 사례를 통하여 혁신을 달성하기 위한 중요 요인으로 여겨지던 것들이 기대와 달리 빛을 발하지 못한 경우가 매우 많

---

2 영국 런던비즈니스스쿨 전략 및 국제경영 담당 객원교수, 미국 하버드비지니스스쿨 객원교수 출신의 저술가.

다는 것을 알 수 있게 될 것이다. 또 그다지 중요하게 취급되지 않았던 발상과 접근, 그리고 환경의 변화가 세상을 바꾸는 큰 성공을 거둔 몇 몇 사례를 접하면서 놀랄 수도 있다.

혁신을 위한 접근은 우리가 알고 있는 사실 이상으로 다양하다. 따라서 기존의 익숙해진 생각과 방법의 틀에서 벗어나 새로운 관점에서 혁신을 바라볼 때 예상을 뛰어넘는 결과를 얻을 가능성이 더욱 커진다. 지금까지 우리가 좇아온 혁신의 고정관념을 벗어 버리고 다시 한 번 주도면밀하게 혁신의 방법과 절차와 과정을 살펴보는 것이 대단히 중요한 접근방법이 될 수 있을 것이다.

이 책은 혁신을 창조하는 다양한 측면과 새로운 관점을 설명하고 있다. 이 책에서 소개되는 각 요인들은 흔히 혁신을 위해 강조되는 것들과는 거리가 있을지도 모른다. 그러나 혁신을 추진하고 완성하는 과정에서 필자가 제시한 측면이나 조건들은 생각보다 큰 비중을 차지하고 있으며, 때로는 시장에서 혁신의 성공과 실패를 결정하는 데에도 중요하게 작용한다고 생각한다. 이 책을 통하여 기존 고정관념을 벗어나 혁신의 등장과 확산에 대한 새로운 시사점을 얻을 수 있으리라고 믿는다.

chapter 1

혁신의 열성팬,
그들의 반응에
주목하라

"혁신이란
제 기능을
발휘하는 것의
기능을 더욱
향상시키는 것이다"

— 피터 드러커

혁신 없이 성공한
아이폰 6

아이폰 6야말로 혁신 없이 성공한 대 반전의 대표적인 사례다. 2014년 9월 9일 애플이 소비자들의 오랜 기다림을 깨고 아이폰 6를 출시하자 상당수 전문가와 언론이 실망스러운 반응을 보였다.

"뭐가 달라진 거야? 도무지 새로운 게 없는걸?"

이전의 아이폰 5와 다른 점을 도무지 찾기 어렵다는 이유였다. 무엇보다도 죽은 스티브 잡스(Steve Jobs)가 줄곧 고집했던 아이폰 크기에 대한 철학을 완전히 버렸다는 점에서 아이폰 6와 함께 출시된 아이폰 6 플러스에 대한 논란은 더욱 컸다. 스티브 잡스는 생전에 3.5인치의 화면이 스마트폰을 한 손으로 조작할 수 있는 가장 적당한 크기라고 주장했다. 삼성전자 등 많은 기업들이 안드로이드 운영체제를 기반으로 큰 화면의 스마트폰을 출시했음에도 스티브 잡스는 고집을 꺾지 않았다.

그러나 그가 죽은 이후 스마트폰 시장은 크게 변하기 시작했다. 스마트폰 시장에 뛰어든 다수의 경쟁 기업들은 아이폰보다 훨씬 큰 화면을 앞세워 스마트폰 시장을 공략했다. 5인치가 넘는 큰 화면을 가진 스마트폰들은 영화와 게임을 보다 편리하게 즐기기 원하는 젊은이들의 마음을 단번에 사로잡았다. 따라서 점점 아이폰보다 큰 스마트폰이 시장의 주류로 부상하게 되었다.

스티브 잡스의 뒤를 이어 애플의 CEO로 부임한 팀 쿡(Tim Cook) 역시 이런 상황을 잘 알고 있었다. 스티브 잡스가 남긴 애플의 정체성을 유지해야 한다는 주장도 없지 않았지만, 그는 결국 시장의 변화를 따라가기로 결정했다. 기존보다 조금 긴 형태의 아이폰 5를 선보인 데 이어 5.5인치의 화면을 가진 아이폰 6 플러스를 출시한 것이었다.

그러자 전문가들은 이제 애플이 혁신을 버리고 시장의 흐름을 따라가는 데에 급급한 기업이 되었다고 비판했다. 아이폰 디자인에 참여했던 디자이너 하르트무트 에슬링거(Hartmut Esslinger)의 이야기는 애플의 경영진을 아프게 했다.

"아이폰 시리즈는 더 이상 시장을 바꿀 수 있는 차별점을 보여 주지 못합니다. 스티브 잡스가 죽은 이후 애플이 혁신을 선도한다기보다는 소비자의 요구에 대응하기 급급한 마케팅 중심의 기업이 되어 버렸군요."

애플은 홈페이지에서 '크다는 것 그 이상(Bigger than bigger)'이라면서 독특한 차별성을 강조했지만 아이폰 시리즈의 혁신이 사라졌다는 논란은 가시지 않았다. 특히 대화면 스마트폰 시장에서는 도리어 후발 주자인 애플이 성공하기 힘들 것이라는 전문가들의 비관적 전망이 매일 언론에 등장했다.

애플 경영진은 데자뷔를 보는 줄 알았을 것이다. 2012년 9월 아이폰 5가 출시되었을 때도 마찬가지였던 것이다. 당시 전 세계 언론들은 더 이상 아이폰의 혁신은 없다고 주장하면서 애플의 실패를 점쳤기 때문이다. 인터넷 웹브라우저 기업 넷스케이프(Netscape)의 창업자이자 실리콘밸리의 성공한 벤처 투자가인 마크 앤드리슨(Marc Andreessen)은 애플에 대하여 이렇게 혹평한 바 있었다.

"스티브 잡스는 혁신적인 제품을 개발해 새로운 시장을 만들었기 때문에 점유율에 신경 쓸 필요가 없었지만 현 CEO인 팀 쿡은 경쟁사들에 시장 점유율을 빼앗기지 않기 위해 제품을 개선하는 데에 골몰하고 있다."

그러나 시장에 아이폰 5가 등장하자 결과는 정반대였다. 아이폰 5는 전 세계에서 무섭게 팔려 나갔고 역사상 가장 많이 판매된 제품으로 각광 받았다. 물론 애플을 비판하던 전문가들의 목소리도 금세 잦아들었다.

아이폰 6는 어땠을까? 아이폰 6에 대한 평가도 그리 호의적이지 않았다는 것은 앞에서도 살펴보았다. 특히 출시 행사에서는 애플이 스마트폰의 새로운 기준을 제시하기보다는 다른 기업들이 제시한 트렌드를 뒤쫓는 듯한 인상을 주었다. 함께 공개한 애플의 첫 번째 스마트 시계인 애플워치(Apple Watch) 역시 이미 출시된 제품들과 다른 특징을 보여 주지 못했기 때문에, 아이폰 6에 대한 논란은 더욱 가열되었다.

그러나 이런 비관적인 전망은 또 한 번 빗나갔다. 언제 그랬냐는 듯이 아이폰 6와 6플러스는 출시되자마자 이전과 마찬가지로 전 세계에서 빠르게 팔리기 시작한 것이다. 애플은 아이폰 6를 통하여 설립 이래 사상 최대의 매출을 기록했고, 스티브 잡스 사후 성장성에서 물음표를 받았던 애플의 시장 가치도 무려 7천억 달러까지 상승했다. 이를 계기로 한때 창의성이 부족하다는 비판을 받았던 팀 쿡은 드디어 스티브 잡스의 그늘을 벗어났다는 칭찬을 얻게 되었다. 「파이낸셜 타임스(Financial Times)」는 팀 쿡이 애플을 이전보다 더욱 완벽하게 이끌고 있다고 극찬하면서 그를 2014년 올해의 인물로 선정했다.

아이폰 6가 처음으로 시장에 모습을 드러내기 전날까지 애플 스토어 앞에서 장사진을 친 사람들은 가장 먼저 새로운 제품을 살 수 있을 것이라는 기대감에 힘든 노숙을 마다하지 않았다. 이런 고생을 통하여 아이폰 6를 손에 쥔 사람들은 너 나 할 것 없이 기쁨의 탄성을 질렀다. 전문가들은 혁신의 실체를 잘못 이해하고 있었던 것일까?

사실 아이폰 6의 폭발적 인기는 이미 수 년 전부터 익숙한 모습이었다. 아이팟(iPod)과 아이폰, 그리고 아이패드(iPad)에 이르기까지 애플이 출시하는 제품을 하루라도 빨리 사기 위하여 많은 사람들이 일찍부터 긴 줄을 서는 것을 마다하지 않았다. 제품을 구입한 많은 사람들도 한결같이 애플의 제품에서 단순한 기능만이 아닌 놀랄 만한 혁신의 가치를 발견할 수 있다고 말한다. 애플의 제품이 디자인이나 기능 측면에서 뛰어나지만 더 이상 모든 사람들을 매혹시킬 수 있을 혁신적인 수준은 아니라는 평가도 만만치 않지만 정작 소비자들은 이런 비판에 별로 개의치 않는 모습이다.

만일 아이폰 6의 성공이 애플이 다시 한 번 보여 준 혁신성의 승리라면 전문가들은 혁신이라는 개념에 대하여 잘못된 판단을 하고 있는 것은 아닌가?

애플이 시장을 주도할 수 있는 제품을 만드는 데에 실패했다는 평가에도 불구하고 어떻게 아이폰 시리즈는 성공을 이어 갈 수 있는 것일까? 과연 애플은 여전히 혁신적인 기업이라고 말할 수 있는 것일까? 과연 시장에서 성공할 수 있는 혁신은 어떻게 만들어지는 것인가?

이런 의문에 대해 오늘 다시 살펴볼 기회를 마련코자 한다.

혁신을 다시 바라봐야 하는 이유

많은 이들이 혁신의 중요성을 강조하는 한편으로, 혁신이라는 용어가 과도하게 남발되고 있다는 비판의 목소리가 있다는 사실을 기억할 필요가 있다.

명확한 개념이 없는 상태에서 혁신이라는 단어가 마치 전가(傳家)의 보도(寶刀)처럼 사용되고 유행어처럼 무분별하게 사용되고 있다는 것은 우려할 만한 일이다. 일부에서 무조건적으로 혁신을 강조하는 것은 매우 위험하다는 주장도 꾸준히 제기되어 왔다는 점을 주목해 보자.

『혁신의 신화(*The Myths of Innovation*)』을 쓴 스콧 버컨(Scott Berkun)은 사람들이 단순히 매우 좋은 제품과 기능을 표현하기 위한 수단으로 혁신이란 단어를 남발하고 있다고 지적한다. 혁신이 유행어로 자리 잡게 되면서 많은 기업들이 혁신이라는 단어를 반드시 사용해야 할 필수 아이템으로 추가하고 있다는 것이다. 한 조사에 의하면 평균적으로 10개 중 4개의 기업이 최고 혁신 전문가(Chief Innovation Officer)라는 자리를 두고 있는데, 이러한 정체불명의 자리가 있는 대부분의 이유가 바로 외부에 혁신이라는 이미지를 보여 주기 위함이라는 것이다.

진정한 혁신이란 무엇인지에 대한 논쟁은 여전히 계속되고 있다. 혁신의 기준 자체는 주관적일 수밖에 없기 때문이다. 동일한 제품과 발명을 두고 혁신으로 볼 수 있는지에 대한 논쟁이 꾸준히 계속되어 왔다. 특히 객관성을 추구하기 위하여 정량적인 지표를 통해 혁신의 가치를 평가하는 것도 오히려 대중들의 신뢰와 공감을 얻기 어려운 경우가 더욱 많았다.

전문가들 역시 새로운 발명과 제품이 등장했을 때 이것의 혁신성을 평가하기가 쉽지 않다. 지식과 경험으로 무장한 유수의 석학들조차 서로 엇갈리는 의견을 제시하는 경우가 많았다. 특정 기업이나 제품이 혁신성을 가지고 있다고 주장하던 많은 전문가들은 막상 기대와 다른 결과를 받아 들면 당혹감을 감추지 못하고 실수를 인정하곤 했다.

아이폰의 성공에 의기양양한 스티브 잡스는 뒤이어 태블릿 PC 아이패드를 선보였다. 그는 아이패드가 기존의 PC를 대체하는 동시에 인류의 삶을 바꿀 수 있는 혁신이 될 것이라고 주장했다. 그러나 아이패드를 접한 사람들의 반응은 크게 엇갈렸다. 한 언론에서는 아이패드를 전혀 쓸모없는 해괴한 발명품에 지나지 않는다고 혹평했고 아이패드를 넣고 다니기 위한 큰 주머니가 달린 바지가 필요할 것이라고 비꼬았다. 애플 제품을 좋아하는 사람들조차 굳이 아이폰을 잘 쓰고 있는데 아이폰과 유사하고 크기만 더욱 큰 제품을 더 구매할 이유를 모르겠다는 반응을 보였다.

그러나 이런 예상은 아이패드의 출시와 함께 다시 수면 아래로 가라앉았다. 다른 제품과 마찬가지로 아이패드는 시장에 모습을 드러내자마자 빠른 속도로 팔리기 시작했다. 이를 본 언론들은 스티브 잡스가 아이패드라는 또 하나의 혁신을 창조했다고 이전과 완전히 다른 평가를 쏟아 내었다.

Box Tip. 1

자전거를 둘러싼
역사적 논쟁

아이패드만 이러한 논란을 겪은 것은 아니었다. 역사상 위대한 발명품 중 하나로 손꼽히는 자전거조차 혁신성에 대한 공방에서 자유롭지 못했다. 19세기 초 바덴 공국의 산림청 책임자였던 카를 폰 드라이스(Karl von Drais)는 관할지 시찰을 위해서 말을 대신할 수 있는 새로운 이동 수단을 떠올리게 되었다. 그는 이런 아이디어를 기반으로 1817년 마침내 새로운 이동 수단을 발명하게 되었는데, 그의 이름을 따서 이 기계를 드라이지네(Draisine)라고 불렀다.

드라이지네를 본 사람들의 반응은 매우 냉담했다. 많은 이들은 드라이지네가 사람의 존엄을 훼손하는 이상한 발명품이라고 평가했다. 그들은 드라이지네를 타게 된다면 동물이 하던 수고를 사람이 하게 된다는 생각하여 드라이지네가 인간의 가치를 폄하하는 기계라고 혹평했다. 그가 특허를 신청한 바덴 공국의 특허청도 비슷한 생각이었다. 특허청은 걷기 이외의 방식으로 인간을 이동하게 하는 기계는 신의 뜻에 적합하지 않다는 이유를 들어 그의 특허권 신청을 거부했다.

초창기 디자인은 단순했다. 바퀴 사이를 연결하는 가벼운 목재틀이 사람을 지지해주었고 타는 사람은 발을 이용해서 기구를 앞으로 밀었다. 이 기구는 시간당 12마일(19킬로미터) 정도의 속도를 낼 수 있었다고 한다. 사람들의 반응은 미지근했지만 드라이지네의 운명은 그 후 완전히 바뀌었다. 1861년 프랑스 피에르 미쇼(Pierre Michaux)는 드라이스가 만든 드라이지네를 개량했다. 그는 드라이지네의 원형에 페달을 달았고 빠른 발이라는 뜻의 벨로시페드(Velocipede)라고 이름 붙였다. 이후 말을 타는 수고를 덜고 빠르게 이동할 수 있다는 장점이 부각되면서 벨로시페드는 대중적으로 큰 성공을 거둘 수 있게 되었다. 훗날 독일과 프랑스에서는 자전거의 원조가 어느 국가인지 분쟁이 일 정도로 자전거는 폭발적인 인기를 끌게 되었다.

왜 사람들은 혁신에 열광할까

혁신을 뜻하는 영어 단어 innovation은 '새롭다', '바뀌다'는 뜻의 라틴어 innovatus에서 유래되었다. 이미 이 단어는 15세기 문서에 등장할 정도로 그 역사가 오래되었다. 오늘날 혁신이라는 단어는 어떤 단어보다도 활발하게 사용되고 있으며, 그 의미 또한 단지 새롭다는 의미를 넘어 보다 다양한 의미를 포함하고 있다.

과연 우리는 얼마나 자주 혁신을 말하고 있는 것일까? 「월스트리트 저널」에 의하면 2011년 각 기업의 연차 및 분기 보고서를 조사한 결과 총 33,528번 혁신이라는 단어가 등장했고, 놀랍게도 이는 2010년보다 무려 64퍼센트 증가한 수치라고 한다. 또한 2011년 3개월 간 혁신이라는 단어를 제목으로 달고 출간된 책은 무려 255권에 이르렀다. 특히 이들 중 혁신이라는 단어를 가장 많이 사용한 분야는 경영학이었는데, 이를 반영하듯 미국 경영 대학원의 28퍼센트가 자신들의 목적을 담은 선언문에 혁신이라는 단어를 포함하고 있다고 한다. 혁신 이론으로 스타 경영학자로 이름을 알리게 된 클레이턴 크리스텐슨(Clayton Christensen) 하버드 대학 교수 역시 성장과는 거리가 먼 기업조차 투자자들이 그들이 꾸준히 성장하고 있는 것처럼 믿게 하기 위하여 혁신이라는 단어를 남발하고 있다고 지적한다.

언뜻 보면 혁신이란 대개 새로운 기술을 기반으로 사업을 펼치는 기업의 관심으로만 생각하기 쉽다. 그러나 혁신은 전통 산업 등 다양한 분야의 기업들에게도 공통적인 화두로 떠오른 지 오래다. 실제로 애플과 구글이 2011년 연차 보고서에서 각각 22번과 14번 혁신을 언급했을 때, 프록터 앤드 갬블(Procter and Gamble)[3]과 수프 스낵 분야 다국적 기업으로 유명한 캠벨 수프(Campbell Soup Company) 등 혁신의 이미지와는 거리가 먼 것처럼 느껴지는 기업들조차 각각 22번과 18번에 걸쳐 혁신을 언급하고 있는 것으로 조사되었다.

끊임없이 경쟁자들을 물리치고 꾸준한 성장을 유지하기 위하여 고심하는 기업에게는 혁신이라는 단어가 매우 매력적으로 들리지 않을 수 없다. 대중에게 혁신적이지 않은 기업으로 비치는 순간 기업의 경영자들은 현상에 안주하고 낡고 구태의연한 것만을 추구하는 사람들로 여겨지면서 수많은 비판을 감당할 수밖에 없다. 따라서 혁신을 추진해야 한다는 주장에 크게 이의를 제기하는 쉽지 않은 것이 사실이다.

특히 혁신이라는 단어가 가져다주는 형이상학적인 느낌 역시 사람들이 혁신을 반드시 달성해야 할 가치로 꼽는 데에 큰 기여를 했다. 여러 추상적인 단어와 마찬가지로 단어 자체의 정확한 의미보다는 표면적으로 드러나는 긍정적인 이미지에 더욱 열광하고 있는 것이다. 따라서 굳이 강조하지 않아도 되는 상황임에도 혁신이라는 단어를 끼워 넣

---

3 영국 양초 제조업자인 윌리엄 프록터와 아일랜드 비누 제조업자 제임스 갬블의 합병으로 탄생한 프록터 앤드 갬블(Procter and Gamble: P&G)은 각종 생활용품을 만드는 미국 다국적 기업이다.

음으로써 막연하게 새롭고 신선하다는 이미지를 각인시키려는 움직임이 빈번히 일어나고 있다.

귀스타브 르 봉(Gustave Le Bon)[4]은 대중의 심리에 대한 대표적인 고전인 『군중 심리(*La Psychologie des Foules*)』에서, 의미를 구체적으로 규정하기 어려운 단어들일수록 더욱 큰 영향력을 미칠 수 있다고 주장한다. 이는 단어 본래에 포함된 의미와 더불어 자연스럽게 새로운 의미가 더해짐으로써 대중에게 더욱 강력하게 각인될 수 있기 때문이다. 실례로 자유와 평등, 민주주의 등 그 의미를 정확하기 규정하기 어려운 단어일수록 긍정적인 표상이 부여되기 쉽고 이를 통하여 그것들이 마치 모든 문제들을 해결해 주는 열쇠처럼 여겨지게 되는 것이다.

특히 이러한 단어들이 일단 대중의 사랑을 받게 되면 이에 대한 이성적 비판과 고증은 그 효력을 발휘할 수 없게 된다. 암묵적으로 누구나 이러한 단어의 의미에 공감하고 수긍해야 한다는 인식이 자리 잡게 되면, 이를 비판적인 시선으로 바라보는 행동은 바람직하지 못한 것으로 공격받거나 혹은 무관심 속에 조용히 사라지게 되는 것이다. 역사적으로 많은 정치가들은 대중 연설에서 이러한 점을 효과적으로 이용했다. 그들은 대중을 선동하기 위하여 이성보다는 감성을 자극하는 형이상학적인 표현을 즐겨 사용했고, 이를 통하여 자신에 대한 비판을 잠재우는 동시에 자신의 의지에 감성적으로 동조하게 만들었다.

---

4 프랑스의 저명한 사회심리학자(1841~1931).

따라서 혁신이 대중의 마음을 끄는 데에는 본래의 의미에 더하여 단어 자체가 가지고 있는 모호성이 큰 역할을 한다고 볼 수 있다. 혁신을 어떻게 정의하고 어떤 방식으로 추구할 것인지에 대한 근본적인 질문에 답을 얻기란 불가능하다. 그러나 이면에 숨겨진 복잡한 의미를 알지 못한다 하더라도 혁신은 세상의 많은 문제들을 단번에 해결할 수 있을 것이라는 확고한 긍정적 믿음이 담겨 있다. 따라서 혁신이라는 단어를 듣게 되면 대중들은 우호적인 관심을 보이게 되고 높은 지지를 보내게 된다.

특히 혁신에 대한 지속적인 확언과 반복이 계속되면서 단어의 영향력은 더욱 확대될 수 있게 된다. 아돌프 히틀러(Adolf Hitler)나 윈스턴 처칠(Winston Churchill)과 같이 연설에 능한 정치인들은 연설 도중 강조하는 단어를 반복적으로 사용함으로써 단어의 의미를 더욱 단단히 각인시킬 수 있었다. 마찬가지로 혁신이 지지부진한 성장을 끌어올릴 수 있는 필수 요인으로 간주되면서 기업들의 혁신에 대한 강조는 눈에 띄게 증가했다. 이러한 과정이 반복되면서 혁신에 대한 확고한 지지는 한층 견고해질 수 있게 된 것이다.

2006년 포드 자동차(Ford Motor Company)의 TV CF에서 포드의 회장이자 전 CEO였던 빌 포드(Bill Ford)는 혁신이라는 단어를 거의 8초에 한 번씩 언급했다. "당신이 포드를 본다면 혁신은 우리가 하는 일의 모든 것을 추진함을 볼 것이다"라고 시작한 그의 연설은 "혁신은 우리 기업이 나아갈 방향을 가리키는 지표다"라는 역시 모호한 말로 끝

맺고 있다. 이렇게 혁신 전도사처럼 외친 그의 혁신 예찬론과 달리 포드가 새로운 혁신을 추구하여 성공을 거두었다는 어떤 뚜렷한 징후도 발견되지 않았다는 것이 아니러니한 일이었다.

시장 반응이 혁신으로 나타난다

아무리 새롭고 탁월한 발명이라 극찬을 받더라도 막상 뚜껑을 열었을 때 사람들의 열성과 지지를 얻지 못하면 빠르게 역사 속으로 사라지고 만다. 혁신의 핵심은 바로 이것이다. 시장 반응이 혁신을 좌우하는 셈이다. 90퍼센트가 넘는 대부분의 연구 성과가 결국 쓰레기통에 들어간다는 말이 있을 정도로 혁신을 위한 노력이 대중의 지지를 받기는 생각보다 매우 어렵고 힘들다.

이스라엘의 테크니온 공대(Technion Israel Institute of Technology)에서 컴퓨터 공학을 전공한 샤이 아가시(Shai Agassi)는 자신이 운영하던 벤처 기업을 소프트웨어 기업 SAP에 매각하여 큰돈을 벌었고, 이후 SAP의 최고 기술 운영인(CTO)으로 근무하면서 탄탄대로를 달리고 있었다. 그러던 중 우연히 그는 전투기 조종사 출신 지인으로부터 전투기에 미사일을 장착하는 로봇에 대해 알게 되었다. 남달리 사업적 수완에 밝았던 그는 여기에서 문득 새로운 전기 자동차 사업을 구상했다.

당시 전기 자동차의 활성화에 가장 큰 걸림돌로 지목되는 것은 바로 자동차 배터리의 문제였다. 당시의 배터리 기술로는 매우 짧은 거리만을 운전할 수 있었기 때문에 사람들은 전기 자동차의 구입을 꺼렸다. 더군다나 전기 자동차의 배터리 용량 발전 속도가 매우 느렸기 때문에 전기 자동차에 충분한 전기를 공급하기란 쉽지 않을 것이라는 예상이 지배적이었다.

아가시는 운전자가 배터리를 오랜 시간에 걸쳐 충전하는 대신 배터리 교환소에서 짧은 시간에 새것으로 갈아 끼우고, 대신 주행한 거리에 따라 요금을 지불한다면 이러한 문제를 해결할 수 있을 것이라고 생각했다. 사용자는 휴대폰처럼 일정한 요금만 부담하면 배터리 걱정 없이 전기 자동차를 운전할 수 있기 때문에, 그간 지지부진했던 전기 자동차의 상용화를 빠르게 이룰 수 있을 것이라 확신하게 되었다.

아이디어의 가능성을 확신한 아가시는 SAP을 퇴직하고 2007년 베터플레이스(Better Place)를 창업했다. 아가시의 구상에 기초하여 베터플레이스는 전기 자동차의 배터리를 신속하게 교체할 수 있는 '퀵드롭(quick drop)'이라는 시스템을 선보였다.

아가시의 구상에 대한 반응은 뜨거웠다. 베터플레이스는 HSBC와 GE, 모건 스탠리(Morgan Stanley), 밴티지포인트 캐피탈 파트너스(VantagePoint Capital Partners), 이스라엘 코프(Israel Corp) 등 다양한 투자자들로부터 8억 5천만 달러라는 거액을 투자받을 수 있었다. 게다가 아가시는 당시의 해묵은 숙제였던 전기 자동차의 대중화를 순식간에 앞당길 수 있는 인물로 큰 기대를 모았다. 그는 2009년 『타임(*Time*)』의 올해의 인물에 선정되었고, 외교 전문지인 『포린 폴리시(*Foreign Policy*)』는 2010년 애거시를 '가장 영향력 있는 글로벌 사상가'로 선정하기도 했다.

아가시의 인기는 모국인 이스라엘에서도 뜨거웠다. 시몬 페레스(Shimon Peres) 이스라엘 대통령도 자주 베터플레이스를 언급할 정도로 그의 아이디어에 큰 관심을 보였다. 페레스 대통령은 평소 에너지 자립을 말할 정도로 이스라엘의 에너지 정책에 관심이 많았기 때문에 베터플레이스의 비즈니스를 높이 평가했다. 페레스 대통령은 아가시에 대한 전폭적인 지지를 약속했고 베터플레이스가 이스라엘 전역에 전기 자동차 배터리 교환소를 구축하려는 노력에도 적극적으로 협조했다.

르노 자동차(Renault)의 CEO 카를로스 곤(Carlos Ghosn) 역시 베터플레이스에 관심이 많았다. 그는 세계 자동차 시장에서 빠르게 추락하는 르노의 위상을 회복하기 위하여 전기 자동차의 생산이 필수적이라고 생각했다. 그러므로 곤은 베터플레이스가 개발한 퀵드롭 시스템의 잠재력을 높이 평가하여 아가시에게 공동 프로젝트를 제안했다. 그 결과 베터플레이스는 르노와의 합작으로 배터리 교체가 가능한 플루언스(Fluence)라는 세단 전기 자동차를 출시할 수 있었다.

하지만 초기의 기대와 달리 베터플레이스의 실험은 실패로 끝났다.

베터플레이스가 추진한 전기 자동차 시스템은 호기심을 끄는 데에는 성공했지만 막상 모습을 드러내자 사람들로부터 철저하게 외면당했다. 베터플레이스의 전략은 충분히 매력적이라는 평가를 받았음에도 불구하고 인프라 구축 준비 등에서 많은 문제점을 드러냈다. 베터플레이스에 보여 주었던 열광과 지지는 순식간에 잦아들었고 곧이어 기대 이하라는 반응이 줄을 이었다.

사실 베터플레이스의 실패는 예견된 것이나 다름없었다. 배터리 교환소는 이스라엘과 덴마크 등 일부 지역에만 설치되었을 뿐 미국과 호주에서 퀵드롭을 구축하려는 프로젝트는 큰 성과 없이 중단되었다. 르노의 플루언스 세단 역시 다른 차종과 비교하면 가격이 싸지 않은 데다, 무엇보다도 다른 종류의 전기 자동차에서는 베터플레이스의 퀵드롭 시스템을 사용할 수 없다는 점이 심각한 문제로 부각되었다. 초기 예상과 달리 훨씬 냉담한 시장의 반응을 확인한 르노는 결국 더 이상 플루언스 이외의 배터리 교체용 자동차를 만들 생각이 없다는 의사를 밝혔다.

기대를 모았던 베터플레이스의 실적은 추락을 거듭했다. 결국 창업주인 샤이 아가시는 경영 악화의 책임을 지고 자신이 만든 베터플레이스에서 사임했다. 그는 물러나면서도 자신의 아이디어와 비즈니스 전략이 여전히 유효하다고 주장했지만 이미 식어 버린 시장의 기대를 되돌릴 수 없었다. 그의 뒤를 이어 CEO가 된 댄 코엔(Dan Cohen) 역시 베터플레이스가 소비자와 자동차 회사의 지지를 받기가 쉽지 않다는 것을 인정했고, 2013년 6월 베터플레이스는 이스라엘 로드 시 법원에 파산을 신청했다. 이로 인하여 베터플레이스 지분의 28퍼센트를 보유하고 있었던 이스라엘 코프를 비롯하여 베터플레이스의 많은 투자자들이 큰 손실을 입게 되었다.

혁신에 불을 지핀 사람들

　혁신의 대중적 인기를 쌓는 데에 큰 공을 세운 사람이 바로 오스트리아의 경제학자 조지프 슘페터(Joseph Schumpeter)이다. 그는 생전에 당시 최고의 경제학자라 불리던 존 케인즈에 가려져 크게 빛을 보지 못했다. 그러나 그의 사후, 혁신이 세계 경제 성장을 이끄는 원동력으로 부상하면서 최초로 혁신의 개념을 만든 인물로 추앙받게 되었다. 경제 전문지 『포브스(*Forbes*)』는 1983년 슘페터의 탄생 1백 주년을 맞이하여 슘페터가 세계화의 가장 훌륭한 안내자라고 설명했으며 또 다른 경제 전문지 『비즈니스위크(*Businessweek*)』는 2000년에 "미국의 가장 훌륭한 경제학자가 50년 전에 죽었다"는 기사를 실으면서 그의 업적을 기렸다.

　재무 장관, 은행가, 교수 등 다양한 직업을 가졌던 슘페터는 다재다능함과 처세술을 겸비했고 당시로써는 파격적으로 자유로운 생활을 즐겼다. 그는 두 차례의 세계 대전과 뒤이은 대공황의 심각한 후유증을 딛고 재기할 수 있는 마법의 탄환이 바로 새로운 기술과 제품으로 시장의 구조를 완전히 바꾸는 것, 즉 혁신이라고 주장했다. 슘페터는 기업가의 이윤이야말로 가장 중요한 동기이기 때문에 기업가가 부단히 혁신을 추구하여 이윤을 극대화하는 과정에서 창조적 파괴가 일어난다고 주장했다. 그는 현실에 안주하고 정체되어 있는 기업이야말로 경제의 가장 큰 죄악이기 때문에 지속적으로 더 나은 세상을 만들기 위한 기업들이 노력이야말로 건전한 경제적 부를 만드는 필수 요인이라고 역설했다.

혁신을 추구하는 기업가를 끊임없이 위기를 헤쳐 가는 모험가로 비유한 슘페터는 1942년 『자본주의, 사회주의, 민주주의(*Capitalism, Socialism and Democracy*)』를 통하여 큰 반향을 불러일으켰다. 그는 방대한 자료와 심도 깊은 연구를 기반으로 성장과 소득의 증가를 이끄는 원천이야말로 기업가들의 혁신이라고 설명했다.

슘페터의 주장이 항상 환영받은 것은 아니었다. 그는 혁신의 중요성을 강조하면서도 동시에 소득의 불평등을 혁신의 결과인 동시에 경쟁의 본능을 자극하는 당연한 현상으로 옹호했다. 소득과 계층 간의 불평등이 심화되는 것은 경제를 발전시키는 데에 필수적이라 주장하여 세간의 논란에 휘말리게 된 것이다. 또한 그는 아이러니하게도 자본주의의 몰락을 예견하기도 했는데, 오히려 그가 제시한 혁신의 개념은 오늘날 기업의 발전과 자본주의의 번영을 설명할 수 있는 이론으로 받아들여지고 있다.

한편으로 경영학의 아버지로 불리고 있는 피터 드러커(Peter Drucker) 역시 혁신을 열렬히 지지한 사람이었다. 오스트리아의 재무부 장관을 지냈던 아버지와 의사인 어머니를 둔 부모님의 영향으로 피터 드러커는 어렸을 때부터 저명한 지식인들을 만날 수 있었고, 이를 계기로 풍부한 사회경제적 식견을 갖출 수 있었다. 특히 그의 부모님과 교분이 있었던 슘페터는 드러커가 기업과 경영자의 역할, 특히 혁신에 대한 깊이 있는 지식과 확신을 가지는 데에 큰 영향을 미쳤다.

1942년 베닝턴 대학(Bennington University)의 교수로 임용되어 미국으로 건너 온 그는 1949년에는 뉴욕 대학 경영학부로 자리를 옮겨 20년 동안 경영학을 연구하고 체계를 정립함으로써 현대 경영학을 창시했다는 평가를 받았다. 2005년 96세를 일기로 사망할 때까지 현대 경영학의 새로운 지평을 연 책으로 평가받는 『경영의 실제(*The Practice of Management*)』를 비롯하여 수많은 저작을 남겼다. 그는 산업 혁명이 전 세계로 확산되면서 빠르게 등장하고 있는 기업의 실체를 구체적으로 정의하고 그 역할과 사회에 대한 기여 등 다양한 측면을 깊이 있게 분석하여 오늘날 경영 전략의 기반을 닦는 데에 크게 이바지했다. 그가 집필한 다양한 저서들은 기업의 등장과 빠른 성장, 전후 일본 경제의 놀라운 발전, 정보화 사회의 등장과 새롭게 출현한 지식 노동자의 중요성 등 오늘날 실제로 일어나고 있는 다양한 변화들을 정확히 예측함으로써 경영학에서 빼놓을 수 없는 명저로 평가받고 있다.

피터 드러커가 혁신을 강조하며 한 말이다.

"혁신의 정의는 제 기능을 발휘하지 못하는 것을 버리고, 제 기능을 발휘하는 것의 기능을 더욱 향상시키는 것이다."

그는 기업 경영에서 혁신이 차지하는 비중이 크다는 점을 강조했다. 모든 조직의 활동은 영원히 지속되지 않으며 언젠가 쇠퇴하기 마련이다. 제품, 프로세스, 서비스는 물론이고 조직과 제도 등도 결국 진부해지므로 기업은 현실에 안주하지 말고 혁신을 바탕으로 구성되어야 한다는 것이다. 따라서 혁신이야말로 개인과 조직, 그리고 사회 전체가 살아남기 위한 필요한 생명 유지 활동이고 혁신이 사라진다면 기업의 미래 역시 보장할 수 없다고 설명한다.

특히 드러커는 혁신이 개인의 영감에 의해 구현되는 것이 아니라 지속적인 노력의 결과이며 마케팅과 전략 등 경영의 다른 분야와 마찬가지로 관리와 연구의 대상이 될 수 있다고 말한다. 물론 혁신이 순간적으로 떠오르는 천재의 아이디어에서 시작될 수도 있지만, 특히 뛰어난 혁신의 대부분은 뚜렷한 목적을 갖고 지속적으로 훌륭한 기회를 노려야 달성할 수 있다는 것이다. 따라서 그는 외부 환경의 다양한 변화를 관찰하여 기회를 포착하고 오직 한 가지에 초점을 맞춤으로써 성공적인 혁신에 보다 가깝게 다가갈 수 있다고 주장했다. 혁신을 이룰 수 있는 구체적인 분야와 목적을 정의하고 체계적인 분석을 통해서 기대한 결과를 얻을 가능성을 더욱 높일 수 있게 된다고 설명한 것이다.

무엇보다도 그는 성공적인 혁신가란 위험을 기꺼이 감수하려는 사람이 아니라 오히려 이윤을 창출할 기회에 초점을 맞추는 사람으로 정의하며, 사전에 계획하지 않은 예기치 못한 것도 때로는 가장 위대한 혁신의 기반이 될 수 있다고 말한다. 예기치 못했던 성공과 실패를 두고 대부분은 이를 중요하지 않게 생각하거나 혹은 이를 부끄러워하고 분노하기 때문에 오히려 생산적 혁신의 원천이 될 수 있다는 것이다.

혁신을 세일즈하는 기업들

이제는 혁신을 사고파는 세상이 되었다?

혁신의 중요성이 강조되면서 많은 기업들은 혁신의 이미지를 적극적으로 광고하기 시작했다. 혁신적인 상품과 서비스를 판매하여 소비자들에게 최선의 만족을 줄 수 있다는 인상을 각인시키는 것이 호감도를 높이고 매출 및 수익 향상과 직결된다고 믿고 있는 것이다. 따라서 오늘날 혁신의 추진이라는 문구를 경영 이념에 포함하지 않은 기업이 거의 없을 정도가 되었다. 실제로 얼리 어댑터(Early Adopter)라 불리는 새로운 제품을 가장 먼저 구입하는 사람들뿐만이 아니라 일반 대중에 이르기까지 혁신적 이미지를 가지고 있는 기업들에 긍정적인 호감을 보이고 있다.

따라서 대부분의 기업들이 대외적으로 활발하게 혁신 추구를 강조하고 있다. 특히 낡은 이미지를 가지고 있던 기업일수록 앞다투어 목적 선언문이나 기업명까지 바꿈으로써 혁신을 중시하는 기업이라는 점을 내세우고 있다. 과거 이런 추세는 대개 대기업보다는 인지도를 높이기 위한 작은 기업을 중심으로 활발하게 일어났지만 최근에는 기업을 막론하고 이러한 노력이 일어나고 있다.

보통 기업의 고유한 이미지를 교체하는 일은 막대한 비용과 오랜 시간이 걸리는 만만치 않은 일이다. 그럼에도 불구하고 이러한 일에 나서고 있는 것은 혁신적이라는 표상을 대중에게 확고하게 각인시키는 것이 제품의 판매는 물론이고 기업의 가치를 올리는 데에도 도움이 된다고 판단하고 있기 때문이다. 실제로 기업의 이름을 바꿈으로써 대외적인 브랜드 가치를 높이려는 시도는 줄곧 이어져 왔다.

과거 70년대에 건설업이 빠르게 상승하던 시절 실제로는 건설과 상관없지만 기업명에 건설이라는 단어를 붙인 기업의 주가가 폭등한 것이나, 정보 통신 기술 붐이 일었던 2000년대 초반에 많은 기업들이 이름에 닷컴을 붙임으로써 첨단 기술 기업의 이미지를 부각하려는 것도 이러한 이유에서였다.

일단 대중들에게 새롭고 신선한 이미지로 각인되는 기업들의 인기는 빠르게 상승하여 많은 매스컴의 주목을 받게 된다. 그리고 그들의 제품과 서비스는 비록 그것이 실제로 다른 기업보다 나을 바 없다 할지라도 더욱 큰 주목을 받을 수 있는 것이다. 스티브 잡스가 손에 들고 온 아이폰은 엄밀히 따지면 이전에 등장했던 PDA를 개선한 제품이었으며 아이패드 역시 최초의 태블릿 PC는 아니었다. 그러나 혁신의 이미지를 가진 애플이었기에 이들 제품 역시 새롭고 놀라운 것이라는 엄청난 후광을 입을 수 있었던 것이다.

또 혁신의 이미지가 뜨거울수록 그것을 오래도록 유지하기도 그리 쉽지는 않다. 스탠퍼드 대학(Stanford University)의 샤이 번스타인(Shai Bernstein) 교수는 창업자 등 특허권 인용 건수의 변동 사항을 기준으로 기업이 기업 공개 이후에도 혁신을 지속적으로 이어갈 수 있는지를 살펴보았다. 그 결과 IPO⁵를 실시한 후 해당 기업의 특허권에 대한 인용 건수가 크게 줄어든 것을 확인했다.

번스타인 교수는 이와 같은 현상이 기업이 어느 정도 안정적인 궤도에 오른 이후에는 주로 기존의 성공에 기댄 안정적인 제품 개발에 나서거나, 혹은 기존의 성과를 극대화하는 동안 새로운 혁신에 대한 필요성이 감소했기 때문으로 해석할 수 있다고 설명했다. 물론 이러한 특허권의 인용만이 혁신성의 약화를 설명하기에는 부족하지만, 역사를 통틀어 혁신의 이미지를 오래도록 유지할 수 있었던 기업은 매우 드문 것이 사실이다.

이번에는 추락을 거듭하던 애플이 최고의 혁신 기업으로 새롭게 도약한 반면, 반대로 혁신 기업으로 올라섰지만 지속적으로 이를 확고히

---

5 Initial Public Offering. 기업이 외부투자자에게 주식을 공개 매도하는 것으로 보통 코스닥이나 나스닥 등 주식시장에 처음 상장하는 것을 말하는 용어이다.

구축하는 데에 실패한 기업들도 적지 않다는 사실에 주목해 보자.

일본의 게임 기업 닌텐도(Nintendo)가 바로 그러한 사례다. 원래 닌텐도는 1889년 설립 당시 화투를 제조하여 판매하던 기업이었다. 화투 외에도 장난감 완구 등을 만들던 닌텐도는 1983년 최초의 가정용 게임기 '패미콤(Famicom)'을 출시하여 게임기 시장에 진출했다. 닌텐도는 슈퍼마리오(Super Mario) 등 전 세계적으로 큰 사랑을 받은 게임을 만들면서 당시 게임 업계를 주름 잡았던 아타리(Atari)를 밀어내고 시장을 석권할 수 있었다.

그러나 2000년대 초반 소니(Sony)와 마이크로소프트 등 여러 가전 기업들이 출시한 첨단 사양의 게임기에 밀려 닌텐도는 큰 위기를 맞게 되었다. 이를 타개하고자 닌텐도는 누구나 쉽고 간편하게 즐길 수 있는 게임을 출시하자는 전략을 수립했다.

닌텐도의 예상은 적중했다. 휴대용 게임기 닌텐도 DS는 2004년 1억 4천만 대나 팔렸고 가정용 게임기 '위(Wii)' 역시 공전의 히트를 기록했다. 특히 게임기 '위'는 다른 기업들이 전혀 생각하지 못한 동작으로 진행되는 게임이라는 이색적인 콘셉트를 바탕으로 큰 성공을 거두었다. 닌텐도는 세계 1위의 게임 기업 지위를 탈환할 수 있었고 그 위상은 일본 내에서도 빠르게 치솟았다. 닌텐도는 부진에 빠진 일본 경제에 희망을 줄 수 있는 새로운 혁신 기업으로 각광받게 되었고 많은 일본 젊은이들이 입사를 희망하는 기업에 첫 손에 꼽히기도 했다.

그러나 닌텐도의 영광은 그리 오래가지 못했다. 닌텐도는 스마트폰이라는 새로운 기기의 등장과 함께 급격히 추락하기 시작했다. 스마트폰으로 제공되는 게임들이 봇물처럼 쏟아졌지만 닌텐도는 새롭고 독창적인 게임으로 대응하기보다는 기존의 위 게임기와 인기 게임 소프트웨어 판매에 주력했다. 특히 많은 게임 회사들이 닌텐도 게임기에 들어가는 게임을 출시하기 위해서는 매우 까다로운 조건을 충족시켜야 했다. 따라서 닌텐도에 대한 불만이 꾸준히 고조된 상황에서 스마트폰의 앱스토어가 등장하자 여러 회사들은 빠르게 스마트폰용 게임 제작에 집중하게 되었다. 소비자들 역시 스마트폰 게임을 무료 혹은 아주 적은 금액을 지불하고 편리하게 즐길 수 있었기 때문에 닌텐도의 게임에 대한 관심은 급속히 멀어지게 되었다.

물론 빠르게 상승한 엔고 상황도 닌텐도 몰락의 한 원인이었지만 전문가들은 무엇보다도 닌텐도의 대응 방식을 주된 원인으로 보고 있다. 닌텐도가 휴대용 게임기의 대성공에 안주하느라 변화하는 환경에 맞추어 새로운 혁신을 추구하는 데에 게을렀기 때문에 스마트폰의 공습에 제대로 대처하지 못했다고 주장했다. 불과 몇 년 전까지만 해도 세계 최고의 혁신 기업으로 꼽히던 닌텐도는 잠시의 성공에 도취된 나머지 빠르게 변하는 IT 산업의 환경에 제대로 적응하지 못한 것이다.

닌텐도는 서둘러 실패를 만회하고자 닌텐도 DS에 3D 기능을 추가한 3DS를 출시했으나, 사람들은 혁신의 이미지를 상실한 닌텐도의 제품에 쉽게 돈을 지불하지 않았다. 극심한 판매 부진에 시달리던 닌텐도는 3DS의 가격을 출시 6개월 만에 2만 5천 엔에서 1만 엔으로 떨어뜨리는 극약 처방을 내렸다. 그러나 이러한 노력에도 닌텐도는 결국 2012년 50년 만에 처음으로 적자를 기록하게 되었다. 부진에서 탈출하기 위한 닌텐도의 노력은 현재까지도 계속되고 있지만 닌텐도가 예전의 영화를 되찾을 수 있을 것이라는 예상은 그리 많지 않다.

잡스가 만든
애플의 팬덤 문화

다시 한 번 혁신의 아이콘 애플의 성공에 대해 이야기 해보자. 과연 애플의 아이폰 6는 왜 성공을 거둔 것일까? 어떻게 혁신적이라는 시장의 반응을 불러온 것일까?

사실 애플의 스마트폰에서 다른 기업의 제품과 차별화되는 특별한 점을 찾기란 그리 쉽지 않다는 평가가 많다. 애플의 스마트폰을 대체할 수 있는 것들은 이미 시중에 풍부하게 넘쳐 나고 있으며, 심지어 애플보다 더욱 세련된 첨단 기능을 제공하는 스마트폰도 있다. 애플이 스마트폰이라는 새로운 제품을 정의한 이후 수많은 기업들이 수익성 높은 스마트폰 시장에 앞다투어 뛰어들었고, 그 결과 삼성전자를 비롯한 여러 기업들이 애플에 뒤지지 않는 세련된 제품을 출시할 수 있었다. 특히 스티브 잡스가 모방자라고 극심한 비난을 퍼부은 이후 동지에서 적으로 바뀐 삼성전자의 성장이 두드러지면서 애플의 시장 점유율을 빠르게 잠식했다.

수십 년의 시간을 되돌아 볼 때 애플은 선발 주자라기보다는 오히려 후발 주자에 가까운 모습을 보이는 경우가 더욱 많았다. 그럼에도 애플이 혁신의 이미지를 굳히게 된 계기는 애플의 제품보다는 애플을 만든 스티브 잡스에 의하여 고착화된 측면이 강하다. 대학을 중퇴하고 히피 문화에 심취해 있던 스티브 잡스가 애플을 설립하고 개인용 컴퓨터(PC)를 기반으로 큰 성공을 거두었다. 그 후, 그는 줄곧 애플의 제품이 다른 제품들보다 새롭고 신선하다는 이미지를 강하게 부각시키는 데에 주력했다.

그런 측면에서 보자면 오늘의 애플 신화는 잡스가 만든 작품이다. 잡스는 철저한 마케팅 전략으로 애플을 시장에 선보여 왔던 것이다.

처음 애플은 PC 시장의 후발 주자였던 IBM의 도전에 큰 위기감을 느끼게 되었고, 분위기를 반전시키고자 새로운 시도를 기획했다. IBM을 조지 오웰(George Orwell)의 소설 『1984』에 등장하는 '빅 브라더(Big brother)'에 비유하는 TV 광고를 내보낸 것이다. 스티브 잡스는 이 광고에서 절대 권력을 소유한 빅 브라더와 무표정하게 순응하는 수많은 군중들을 등장시켜 오늘날이 마치 소설과 같이 IBM이 모든 것을 통제하는 세상이라고 비유했다. 그리고 빅 브라더에게 대항하는 여전사를 광고에 등장시켜 IBM에 맞서 차별화된 가치를 만들어 내는 기업이 애플이라고 주장했다. 영화 「에일리언(Alien)」을 만든 리들리 스콧(Ridley Scott)이 제작한 이 광고는 실제로 미국 슈퍼볼 경기에서 단 한 차례만 광고했음에도 큰 반향을 불러일으켰고 지금까지 유지되고 있는 애플의 혁신 이미지를 오래도록 각인시키는 데에 큰 기여를 했다.

브리티시 콜롬비아 대학(University of British Columbia)의 커스틴 벨(Kirsten Bell) 교수는 애플이 사람들을 열광시키는 이유를 다음과 같이 설명했다.

"애플에 다른 경쟁사들을 압도하는 혁신적인 제품이나 기술에 있는 것이 아니라, 애플 자신들을 혁신적인 존재로 보이게 하는 마케팅에 능했기 때문에 대중을 열광시킬 수 있다. 스티브 잡스가 애플의 제품 하나하나에 신선하고 혁신적이라는 이미지를 씌움으로써 많은 사람들이 애플에 큰 호감을 가지고 심지어는 열렬한 추종자로 만들 수 있었던 것이다."

스티브 잡스가 신제품 발표회에서 열성적으로 자신의 제품을 소개하는 장면은 제품의 기능을 넘어 전 세계적으로 큰 화제를 불러일으켰고, 이후 많은 기업들이 최고 경영자가 자사의 신제품을 직접 홍보하는 것이 유행이 되었다. 벨 교수는 애플이 수많은 신자를 거느리고 있는 종교와 같이 새로운 팬덤 문화(fandom culture)를 형성했다고 주장하는데, 이런 애플의 신제품 출시 행사 역시 신성한 종교 행사와 유사하다고 지적한다. 사람들이 운집한 밀폐된 공간에서 비밀스러운 행사가 이루어짐으로써 마치 여기에서 제품 이상의 무엇인가를 드러낸다는 기대와 놀라움을 극적으로 제공할 수 있다는 것이다.

필자는 이런 배경을 한 마디로 '잡스가 기획한 다이내믹 성공 스토리'라고 정의하고 싶다.

애플을 설립한 스티브 잡스는 자신의 드라마틱한 인생 스토리와 제품의 우수성을 교묘하게 결부시킴으로써 애플이 만드는 제품에는 다른 기업들이 모방할 수 없는 역사와 신비로운 이미지를 세상에 선보여 왔다.

이제 팬덤 문화의 힘은 쇠락해 가는 기업을 강자로 바꿀 수 있을 만큼 강력하다. 대개 역사와 전통을 가지고 있는 기업일수록 이러한 충성스러운 고객층이 매우 두텁게 자리 잡고 있는데, 이들은 그 기업의 제품을 꾸준히 구매하고 제품의 장점을 널리 알리는 데에 큰 역할을 한다. 그러나 팬덤 문화를 바탕으로 성공을 일군 기업들이 그저 과거의 명성에만 안주하고 있는 것도 아니다. 이들은 공통적으로 자사의 제품에서 기존의 익숙함을 잃지 않으면서 신선함을 제공하려는 노력을 통하여 기존 고객뿐만 아니라 새로운 고객까지 끌어모을 수 있는 것이다.

뜨거울수록 빨리 식는다

그러나 조심하라. 혁신에 대한 기대와 열광이 최고조에 이를수록 그 위험도 함께 증가한다. 혁신에 대한 기대가 높을수록 막상 그것이 예상에 미치지 못할 경우에는 대중들의 실망과 분노가 더욱 빠르게 증

할리데이비슨의 재탄생

쇠락의 길로 치달아 가던 할리데이비슨(Harley Davidson)의 경우를 보자. 이 기업은 충성스러운 고객의 기호와 신선하고 새로운 이미지를 절묘하게 결합한 결과 치열한 경쟁 상황에서 극적으로 살아남을 수 있었다.

할리데이비슨은 1950년대에 중대형 고가 오토바이를 기반으로 미국 시장을 석권하고 있었지만 1960년대부터 등장하기 시작한 일본 기업들의 공세에 큰 타격을 입게 되었다. 혼다(Honda) 등 일본 기업들이 높은 연비와 우수한 품질로 무장한 오토바이로 시장 점유율을 늘려 갔다. 때마침 고유가 파동이 겹치면서 비싼 가격에 낮은 연비를 지닌 오토바이를 파는 할리데이비슨의 적자는 날이 갈수록 증가했고, 마침내 이를 견디지 못하고 1969년 레저 업체인 AMF에 인수되는 수모를 겪었다. 사람들은 혼다의 제품과 비교하여 경쟁력이 떨어지는 할리데이비슨의 오토바이가 결국 역사 속으로 사라질 것으로 예상했다.

그러나 고사되기 직전의 할리데이비슨을 살린 것은 다름 아닌 그들의 충성 고객이었다. 할리데이비슨을 모는 사람들의 모임이란 뜻의 HOG(Harley Owners Group)는 1983년 3만 명으로 출발하여 현재는 전 세계 130개국에 걸쳐 1백만 명을 넘어섰다. 이들은 몸에 할리데이비슨의 로고를 문신으로 새길 정도로 열성적인 충성도를 보였다. 회사를 AMF에서 다시 인수한 경영진들은 그간의 약점으로 지적되었던 품질을 개선하고자 치열한 노력을 전개했고 할리데이비슨 오토바이를 현대적 감각으로 새롭게 해석한 제품을 출시했다.

이러한 팬덤 현상과 지속적인 회생의 노력이 더해진 결과 할리데이비슨은 마침내 역사를 간직하면서도 유행에 뒤떨어지지 않는 멋진 오토바이를 만드는 기업이라는 이미지를 얻을 수 있었다. 이후 할리데이비슨은 빠른 속도로 기사회생하는데, 매출은 1983년과 비교하여 2007년에 24배로 늘어났고 이익은 무려 930배나 증가했다.

가하기 때문이다. 혁신에 대한 투자의 대부분은 성공보다는 실패로 이어질 가능성이 더 높다. 아무리 혁신적인 것처럼 보이는 제품과 기술이라 할지라도 항상 성공을 담보하지 못하기 때문이다.

실패한 기업의 실패 원인은 매우 다양하다. 다른 기술과 경쟁에서의 패배, 시장이 너무 빠르거나 너무 느리게 열리기도 하고 혹은 상업화 실패가 원인이 되기도 한다. 종종 비이성적으로 과열되는 혁신에 대한 열광이 오히려 독이 될 때도 있다. 열광은 순식간에 식고 분노로 바뀌면서 기업을 곤혹스럽게 만들기도 한다.

마이크로소프트는 2006년 애플 아이팟 터치에 대항하기 위해 미디어 플레이어 준(Zune)을 내놓았다가 고배를 마셨고, 2010년 아이폰에 대항하고자 킨(KIN)이라는 이름의 스마트폰을 출시했지만 판매 부진으로 불과 두 달 만에 시장에서 철수하는 등 번번이 힘을 쓰고 있지 못하던 상황이었다.

절치 부심하던 마이크로소프트는 애플과 아마존의 태블릿 PC에 맞설 수 있는 '서피스(Surface) PC'라는 태블릿 PC를 출시했다. 노트북과 태블릿 PC의 장점을 결합한 듯한 제품의 외관은 많은 사람들의 호기심을 끌기에 충분했다. 많은 전문가들과 언론들도 드디어 애플에 대항할 수 있는 제품이 등장했다고 극찬했고, 이를 통하여 마이크로소프트가 부활할 수 있을 것이라는 기대감도 고조되었다.

그러나 막상 서피스 PC가 출시되었을 때 사람들의 기대감은 순식간에 실망으로 바뀌었다. 예전의 마이크로소프트의 윈도우 운영체제가 보여 주었던 참신함과 새로운 기능을 기억하던 사람들은 이제 애플을 추격하기 급급한 마이크로소프트의 제품에 다시 한 번 한숨을 쉴 수밖에 없었다. 사람들의 외면을 받은 서피스 PC의 판매는 극히 부진했고 결국 마이크로소프트는 9억 달러어치의 재고를 포기할 수밖에 없었다.

급기야 마이크로소프트 주주들은 매사추세츠 지방 법원에 마이크로소프트를 제소했다. 투자자들은 마이크로소프트의 최고 경영자인 스티브 발머(Steve Ballmer)와 최고 재무 책임자인 피터 클라인(Peter Klein) 등 경영진이 서피스 태블릿 판매 부진을 숨기고 잘못된 정보를 제공하여 연방 증권법을 어겼다고 주장했다.

스티브 발머가 누구인가? 2000년 1월부터 2014년 2월까지 최고경영자로 재직하며 마이크로소프트를 윈도, 오피스, 클라우드, 디바이스라는 네 개의 튼튼한 기둥 위에 쌓아 올린 걸출한 인물 아니던가. 젊은 날에는 빌 게이츠(Bill Gates)의 친구이자 동업자로서 마이크로소프트의 2인자 역할을 충실히 수행했고, 이후 10년 넘게 마이크로소프트를 이끌며 자신의 색을 입히기 위해 노력했다. 그런 그가 분노의 대상이 되었다는 것은 놀라운 일이었다.

사실 투자자들의 분노는 법의 위반이 아니라 혁신에 대한 성과가 나오지 않은 것에 대한 실망감에서 비롯된 것이다. 스티브 잡스는 아이폰의 정확한 정보를 투자자에게 공개하지 않았고 오히려 철저한 신비주의로 일관했지만, 애플 주주들이 애플이 제공하는 정보가 부족하여 투자에 지장을 받는다고 주장하지는 않았다. 애플은 매번 성공을 거둔 반면 마이크로소프트는 그렇지 못했던 것이 이유라면 이유일 것이다.

대중의 열광을 효과적으로 관리하는 것은 생각보다 매우 어려운 문제이다. 열성적인 팬을 가지고 있다 하더라도 그들이 언제나 신제품을 구입해 줄 것이라고 기대할 수는 없기 때문이다. 특히 새로운 기술과 트렌드가 빠르게 전개되고 있는 지금은 대중의 열광을 유지하기가 더욱 어려운 시대다. 따라서 충성스러운 고객을 늘리는 것도 중요하지만 이미 확보한 고객에 대한 관찰과 이해를 강화하는 것도 소홀히 해서는 안 된다.

코카콜라(Coca Cola)는 1980년대 펩시(Pepsi)의 전면적인 공세에 밀려 고전하고 있었다. 특히 펩시의 기발한 마케팅 전략이 코카콜라를 공격하는 데에 매우 효과적이었다. 펩시는 사람들에게 눈가리개를 씌워 코카콜라와 펩시를 마셔 보고 둘 중 더 맛있는 콜라를 고르도록 했다. 펩시는 이 실험에서 대부분의 사람들이 자사의 콜라를 골랐다는 사실을 대대적으로 홍보했고 이는 시장에 신선한 반향을 불러 일으켰다.

코카콜라 역시 반격을 준비했다. 2년 동안 4백만 달러를 쏟아부은 연구와 수십만 명을 대상으로 한 소비자 조사를 통해 단맛을 더욱 가미한 "뉴 코크(New Coke)"를 출시한 것이다. 소비자들이 이전의 콜라보다 뉴 코크를 더 좋아한다는 결과를 바탕으로 코카콜라의 경영진들은 뉴 코크를 대대적으로 홍보하고 예전에 인기가 높았던 코카콜라의 판매를 전격적으로 중단했다.

하지만 코카콜라의 기대와 달리 예상 밖의 결과가 나타났다. 사람들은 뉴 코크를 구입하는 대신 이전의 코카콜라를 다시 판매하라고 요구했다. 본사 앞의 시위를 시작으로 미국 전역에서 코카콜라에 대한 비난이 확산되었다. 뉴 코크는 팔리지 않고 재고만 쌓여 갔다. 이에 코카콜라는 크게 당황했고 마침내 두 달 만에 이전의 코카콜라를 다시 시장에 내놓기로 결정했다. 결국 두 종류의 코카콜라가 시장에 등장하는 예기치 못한 상황이 벌어졌는데, 뉴 코크는 여전히 외면을 당한 반면 이전의 코카콜라는 예전처럼 꾸준히 잘 판매되었다.

chapter 2

혁신의 답,
지금
개선하라!

"모두를
새롭게
바꾸는 게 아니라
지금까지 해 온 것을
꾸준히 개선하는
과정이다" — 필자

아이폰,
개선이 만든 혁신

다시 아이폰 이야기를 하기 위해 타임머신을 타고 2007년 1월 9일 샌프란시스코의 맥월드(Macworld) 행사장으로 가 보자.

이날 소비자들은 이미 소문이 무성한 애플의 새로운 제품이 소개되기만을 기다리고 있었다. 이윽고 트레이드마크인 청바지와 운동화, 그리고 검은 터틀넥 티셔츠 차림을 한 스티브 잡스가 천천히 연단에 등장했다. 여기에서 그는 훗날 그의 생애에서 가장 기념비적이라 평가받는 프레젠테이션을 시작했다.

"가끔씩 모든 것을 바꿔 놓는 혁신적인 제품이 나옵니다"로 말문을 연 잡스는 세 가지의 혁신적인 제품으로 터치 기능을 포함한 넓은 스크린의 아이팟, 새로운 휴대 전화기, 그리고 인터넷 통신 기기를 잠깐씩 언급했다. 그의 뒤편 대형 화면에서 세 가지의 제품을 의미하는 아이콘들이 원을 그리며 돌다가 하나로 합쳐지자 잡스는 자신만만하게 이야기를 전개하기 시작했다.

"뭔지 아시겠습니까? 저는 세 가지의 다른 기기를 말하는 게 아닙니다. 이 모든 것이 구현된 하나의 기기를 말합니다. 우리는 그것을 '아이폰'이라고 부릅니다."

그의 손에는 검은 광택을 띤 작은 전자 기기 하나가 들려 있었다. 사람들은 스티브 잡스의 손에 들려 있는 이 작은 기기를 경이로운 눈

빛으로 바라보았고, 그의 말과 동작 하나하나에 휘파람을 불며 박수를 보냈다. 휴대폰 시장을 뒤흔든 아이폰은 이렇게 처음 세상에 모습을 드러냈다.

이날 스티브 잡스가 발표한 아이폰에 대한 반응은 기대 이상으로 엄청났다. 행사장에 모인 많은 사람들은 이제껏 접하지 못한 새로운 종류의 휴대폰에 열광했고 다수 언론 역시 아이폰이 노키아(Nokia)가 지배하고 있었던 기존 휴대폰 시장의 패러다임을 단번에 바꾸어 놓을 수 있는 제품이라고 찬사를 아끼지 않았다. 애플의 신화가 시작된 것이었다.

물론 아이폰이 호의적인 반응만을 얻은 것만은 아니었다. 한편으로는 아이팟에 전화기를 붙인 것이나 다름없는 제품으로, 혁신적인 것은 아니라는 주장도 팽팽하게 맞섰다. 스티브 발머 마이크로소프트 CEO을 비롯한 일부 전문가들은 아이폰이 큰 성공을 거두기 어려울 것이라고 비판했다. 일부에서는 기존에 등장했던 PDA와 다를 바 없는 기기를 두고 스티브 잡스가 지나치게 호들갑을 떨고 있다는 냉소적인 평가를 내리기도 했다. 노키아나 삼성전자, 그리고 당시 북미를 중심으로 큰 인기를 끌고 있었던 블랙베리(Blackberry) 역시 애플의 이 새로운 제품에 그다지 큰 위협을 느끼지는 않았다. 기껏해야 애플이 당시 아이팟의 인기에 편승하여 시험 삼아 출시한 휴대폰 정도로 치부했다.

사실 스티브 잡스를 혹평한 주장이 그리 지나친 것도 아니었다. 아이폰은 애플 특유의 디자인 철학을 담아 미려하고 세련된 디자인을 자랑하고 있었지만, 스티브 잡스의 주장처럼 이전에 없던 굉장한 발명품이라고 호들갑 떨기에는 부족한 측면도 있었던 것이 사실이다. 아이폰 그 자체는 사실 새로운 기술보다는 이전에 등장했던 여러 전자 기기들의 기능을 결합한 것이라는 평가가 주를 이루었다.

특히 아이폰이 휴대폰이라기보다는 당시 애플의 히트 상품인 아이팟에 더 가까운 모습이었기 때문에 휴대폰 시장에서 큰 위력을 발휘하지 못할 것이라는 시각도 많았다. 이전에도 애플의 제품을 과장되게 설명하는 습관이 있었던 스티브 잡스가 또 한 번 허풍을 떨었다는 냉소도 있었다. 그러나 결과적으로 그들의 판단은 틀렸다. 휴대폰 시장의 노련한 전문가들조차 아이폰이 시장 전반에 미치게 될 파장을 쉽게 예상하지 못했던 것이었다.

아이폰을 두고 팽팽한 찬반이 오갔지만 결과는 의외로 싱거웠다. 대중들은 아이폰이 기존에 없던 혁신적인 상품이라는 평가에 더욱 높은 점수를 주었던 것이다. 사람들은 아이폰을 조금이라도 먼저 사기 위하여 판매가 시작되기 며칠 전부터 애플 매장을 몇 바퀴나 휘감을 정도로 긴 줄을 만들었다. 스티브 잡스가 맥월드에서 아이폰을 깜짝 발표한 후 다섯 달이 지나 본격적으로 판매된 아이폰은 곧 미국 전역에서 거대한 신드롬을 만들었다. 아이폰에 열광한 소비자들은 아이폰에 전지전능한 기능이 있다는 뜻에서 '예수폰(Jesus phone)'이라고 부르기도 했다.

미국 전역을 사로잡은 아이폰 열풍은 전 세계로 확산되었다. 미국에서와 마찬가지로 세계 각지의 사람들이 웃돈을 주고 아이폰을 구입하는 것도 흔한 일이었다. 심지어 아이폰을 얻기 위한 각종 강력 사건까지 빈번하게 발생할 정도였다. 아이폰의 인기는 폭발적으로 치솟았고 2010년까지 애플은 아이폰 단 하나의 기기로 전 세계 휴대폰 시장 수익의 절반 이상을 거두는 성과를 얻을 수 있었다.

아이폰은 전 세계 각지에서 출시되기 무섭게 빠르게 판매되었고 이를 기반으로 애플은 순식간에 세계 제일의 기술 혁신 기업이라는 찬사를 얻었다. 불과 몇 년 전까지만 해도 마이크로소프트에 밀려 소수의 마니아용 컴퓨터만 생산하는 한물간 기업으로 평가받던 애플이 최고의 선두 기업이라는 대접을 받게 된 것이다. 애플의 주가는 빠르게 상승했고 마침내 2011년 8월에는 당시 시가 총액 1위 기업인 엑손 모빌(Exxon Mobil)을 제치고 전 세계에서 가장 가치가 높은 기업이 될 수 있었다.

이 같은 아이폰의 사례는 혁신과 개선이라는 개념이 시장 성공의 명확한 기준이 되는 것은 아님을 보여 준다. 단지 기존에 존재했던 제품에 약간의 기능을 추가한 정도로 여겨지던 제품들이 시장을 뒤흔든 혁신으로 기억되기도 하지만, 한편으로는 엄청난 기술적 진보를 이룬 것처럼 보이던 제품들이 시장에서 실패하고 역사의 뒤안길로 사라지기도 하는 것이다.

비단 아이폰만이 이러한 논쟁에 휘말린 것은 아니었다. 혁신을 완성했다는 평가를 받았던 많은 발명품들은 실제로는 지루한 개선의 과정을 거쳐 세상에 모습을 드러낸 것들이다. 그리고 이러한 과정에서는 숱한 논란을 거친 경우가 많았다.

음악 재생 기기의 새로운 패러다임을 제시한 제품으로 역사에 기록된 워크맨(Walkman)이야말로 혁신이 아니라 개선의 결과였지만 숱한 논란과 소송으로 얼룩진 어두운 과거(?)를 지닌 제품이었다.

최초의 축음기가 등장한 이후 1970년대에 이르기까지 대부분의 사람들은 주로 실내에서만 음악을 감상할 수 있었다. 집에서 오디오를 틀고 음악을 듣거나 혹은 가수나 악단의 콘서트장에 가는 것 외에는 음악을 들을 방법이 없었다. 걷거나, 혹은 자동차나 기차를 타고 가는 도중 음악을 듣는다는 것은 쉽게 상상하기 어려웠다.

그러나 1979년 이러한 고정관념을 순식간에 바꾼 제품이 등장했다. 소니가 만든 워크맨 플레이어였다. 워크맨은 원래 소니가 휴대용 카세트 플레이어에 붙인 이름이었는데, 소니의 의도대로 워크맨은 제품의 특성처럼 걸으면서 음악을 듣는 이미지를 가장 잘 설명하는 단어로 각인되었다. 그 결과 워크맨은 휴대용 카세트 플레이어를 일컫는 일반명사가 될 정도로 대중적으로 폭발적인 인기를 얻었다. 일부 전문가들은 워크맨이라는 단어가 문법에 맞지 않는 엉터리 명사라고 혹독하게 비판했지만 결국 옥스퍼드 사전에 실리기까지 했다. 특히 소니는 워크맨을 통하여 모방에 급급한 일본의 가전 기업 중 하나라는 비아냥거림을 벗어 던지고 일약 세계 가전 시장을 이끄는 혁신적인 기업으로 우뚝 서게 되었다.

2억 대를 팔아 치운
워크맨의 흑역사

워크맨의 탄생을 두고 논란이 제기되었다. 워크맨이 하루아침에 출시되었다는 주장은 사실이 아니라는 것이다. 워크맨이 새로운 제품이라기보다는 소니가 이미 시중에 출시했던 휴대용 카세트 녹음기 '프레스맨(Pressman)'을 개량한 것에 지나지 않는다는 주장이었다.

프레스맨은 소니가 이전에 만든 카세트 녹음기 '덴스케(伝助)'를 축소한 제품인데, 모리타 회장이 프레스맨에서 녹음과 스피커 등을 제외하고 헤드폰으로만 음악을 들을 수 있는 제품을 출시할 것을 지시한 결과 워크맨이 세상에 모습을 드러낼 수 있었다는 것이다. 따라서 새로운 기술력이 더해졌다기보다는 오히려 있던 기능을 제외한 제품이기 때문에 워크맨은 혁신적이라기보다는 기존 제품을 개조한 것에 지나지 않는다는 것이다.

한술 더 떠 워크맨이 대중에게 알려진 것처럼 소니가 자체적으로 만든 것이 아니라는 주장도 제기되었다. 워크맨이 출시되기 전 1972년 안드레아스 파벨(Andreas Pavel)이라는 개인 발명가가 워크맨과 흡사한 휴대용 카세트 플레이어인 스테레오벨트(Stereobelt)를 만들었다는 것이다. 이러한 의혹은 소니의 워크맨 신화를 한 방에 뒤흔들기에 충분했다.

파벨은 여자 친구와 데이트를 즐기던 중 우연히 새로운 종류의 음악 기기에 대한 아이디어를 떠올리게 되었다. 무언가 다른 일을 하는 동안에는 스피커보다 헤드폰으로 음악을 듣는 것이 보다 편리하다는 사실을 알게 된 것이다. 이후 이 기기에 대한 개념을 구체화한 그는 몇 년 동안 필립스(Philips)와 야마하(Yamaha) 등 전자 기업을 대상으로 자신의 아이디어를 제안했다. 그러나 그의 아이디어는 번번이 거절당하기 일쑤였다. 기존의 스피커 없이 헤드폰만으로 음악을 들을 수 있는 음악 재생 기기라는 개념이 당시로써는 매우 낯선 데다, 한편으로는 그것을 구입하고 사용하려는 사람들도 거의 없을 것이라고 판단했기 때문이다. 결국 어떤 기업으로부터도 호의적인 반응을 얻지 못한 파벨은 1977년 이탈리아를 시작으로 미국과 독일, 영국, 일본 등 여러 국가에서도 스테레오벨트에 대한 특허를 출원했다.

소니가 워크맨 출시 이후 큰 인기를 누리는 것을 본 파벨은 워크맨의 아이디어 소유권을 주장하고 나섰다. 특히 그는 스테레오벨트를 소니에게 보여 주고 이를 구입할 것을 제안했지만 거절당했다고 말하면서 시장에 파문을 일으켰다. 워크맨을 통하여 단번에 혁신적인 기업으로 떠오른 소니는 개인 발명가의 아이디어를 도용한 도둑으로 몰리게 된 것이다. 결국 사태의 심각성을 느낀 소니는 워크맨을 출시한 다음 해에 서둘러 파벨과 특허에 대한 협상을 시작했다.

지루한 협상을 통하여 1986년 소니는 파벨에게 특허료를 지불했기로 합의했지만, 파벨의 요구를 적극적으로 수용한 것은 아니었다. 소니는 독일에서 판매되는 몇 가지 종류의 워크맨 모델에 국한하여 특허료를 지급했을 뿐 파벨을 워크맨의 발명자로 인정하지 않았다. 자신의 주장이 제대로 받아들여지지 않자 파벨은 다시 소니를 상대로 1989년 영국에서 소송을 제기했다. 파벨은 영국에서도 승리를 자신했지만, 1996년 영국 법원은 파벨의 소송을 전격적으로 기각했다. 이후 파벨은 소송비를 부담하느라 큰 빚을 지게 되었고 신용카드조차 만들지 못할 정도로 극심한 가난에 봉착했다. 심지어는 소니가 고용한 탐정의 집요한 미행까지 받았다고 주장할 정도로 큰 정신적 충격도 받았다.

그러나 파벨 역시 여기에서 그치지 않았다. 파벨은 2003년 다시 소니를 상대로 모든 국가를 대상으로 특허 소송을 진행할 것이라 경고했고 2004년 소니는 마침내 파벨과 화해했다. 정확한 액수는 알려지지는 않았지만 약 1천만 달러가 넘는 현금 지급과 함께 특정 모델의 워크맨 판매에 대한 특허료를 주는 조건이었다고 한다. 이로써 파벨과 소니의 워크맨을 둘러싼 25년간의 지루한 소송이 막을 내리게 되었다.

워크맨은 출시 초반에는 혼자서 음악을 듣는다는 생소한 개념 탓에 큰 인기를 끌지 못했다. 그러나 간편한 휴대성과 더불어 기존 오디오에 그리 뒤지지 않는 음질을 가진 제품이라는 인식이 확산되면서 전 세계 젊은이들을 중심으로 폭발적으로 판매되었다. 이후 도시바(Toshiba)와 파나소닉 등 일본 업체들은 물론이고, 당시 일본 기업의 제품을 배우기 바빴던 삼성전자와 금성전자 등 한국의 기업들도 유사 제품을 양산하기 시작했다. 음악 기기 시장의 새로운 패러다임을 열었다는 찬사를 받은 워크맨은 2013년 소니가 공식적으로 생산을 중단하기까지 33년간 2억 대가 넘게 팔리는 진기록을 세울 수 있었다.

워크맨의 개념을 처음으로 생각해 낸 사람은 소니의 모리타 아키오(Akio Morita) 회장으로 알려져 있다. 그는 휴대용 카세트 플레이어의 아이디어를 처음으로 생각하고 내부 직원의 반대를 무릅쓰고 전격적으로 워크맨의 출시한 인물로 회자되고 있다. 모리타 회장은 해외여행을 가던 도중 비행기에서 음악을 듣고 싶었지만 이를 만족시켜 줄 마땅한 기기가 없음을 깨달았다. 그는 귀국 직후 소니의 연구원들에게 이동하면서 음악을 들을 수 있는 워크맨을 만들 것을 지시했고 한다. 이후 워크맨이 전 세계적으로 큰 성공을 거둔 이후 이 일화는 더욱 유명해졌고, 지금도 소니의 전성기를 이끈 혁신적인 사례로 소개되고 있다.

파괴적 혁신 vs 존속적 혁신, 승자는 누구일까?

하버드 경영 대학의 클레이턴 크리스텐슨[6] 교수가 발표한 가장 유명한 이론이 바로 파괴적 혁신이다. 파괴적 혁신이란 소비자가 원하는 수준의 제품을 더 낮은 비용, 혹은 더욱 편리한 기술과 기능으로 제공하여 시장의 새로운 패러다임을 구축하는 것을 말한다. 기존 상품과 서비스는 지나치게 복잡한 기술, 비싼 가격, 불편한 접근 등으로 소비자의 기대를 충족시키지 못하는 경우가 많다. 이런 상황에서 파괴적 혁신이 등장하여 기존 질서를 순식간에 와해시키고 새로운 시장 기준을 정립하게 된다는 것이다. 특히 이러한 파괴적 혁신은 다양한 산업과 분야를 막론하고 예측 불가능한 시점에 발생하기 때문에, 시장을 지배하는 기업들이 제대로 대처하기 어렵다고 주장했다.

---

6 클레이턴 크리스텐슨은 어렸을 때부터 『월스트리트저널』의 편집장이 되는 것이 꿈이었지만 하버드 대학에서 경영학 석사를 마친 이후 생계를 위해 컨설팅 기업 보스턴 컨설팅 그룹(Boston Consulting Group)의 컨설턴트로 일했다. 이후 매사추세츠 공과대학(MIT) 교수들과 함께 세라믹 시스템스(Ceramic systems)라는 회사를 설립하고 기업인의 길로 들어섰지만 회사는 큰 성공을 거두지 못했다.

크리스텐슨은 다시 모교인 하버드 대학으로 돌아와 늦은 나이에 경영학 박사 학위를 취득하고 경영학 교수가 되었다. 늦은 나이였지만 그의 성과는 놀라웠다. 그는 풍부한 이론과 현업에서의 생생한 경험을 기반으로 여러 편의 주목할 만한 논문과 저서를 발표했다. 이를 기반으로 그는 경영학계의 아인슈타인으로 불리는 등 학계와 재계에 막대한 영향을 미치는 경영학자로 자리 잡았다. 2013년 경제 전문지 『포브스』는 그가 슘페터 이후 혁신에 대한 새로운 관점과 영감을 불러일으켰다고 평가하면서 세계에서 가장 영향력 있는 경영학계의 구루로 선정했다.

크리스텐슨 교수는 파괴적 혁신에 대비되는 개념으로 기존의 제품을 경쟁 기업보다 더욱 높은 성능으로 향상시키는 것, 즉 통상적인 개선 활동을 존속적 혁신이라 정의했다. 그는 대부분의 기업들은 파괴적 혁신보다는 비교적 예측 가능하고 수행이 용이한 점진적 혁신에 매달리려 한다고 설명한다.

실제로 기업이 이윤을 창출하고 있는 활동들은 대부분 점진적 혁신에 해당한다. 일단 성공의 궤도에 오른 기업들은 초기에 적극적으로 추진했던 파괴적 혁신 대신 이러한 존속적 혁신을 추구하려는 관성이 강하다는 것이다. 특히 그는 작은 기업보다는 규모의 경제를 기반으로 조직 구조와 프로세스의 절차가 더욱 중요한 큰 기업에서 이러한 현상이 더욱 빈번하게 나타난다고 주장했다.

그가 존속적 혁신을 무조건 비판한 것은 아니었다. 안정적인 경영 활동을 지속하기 위해서는 이와 같은 개선의 과정이 기업의 중요한 전략 중 하나라고 인정했다. 그러나 갈수록 경쟁이 치열하게 전개되고 있는 가운데 까다로운 소비자들이 증가하고 규제와 사회적 책임의 압박도 심화되면서 기업이 존속적 현신을 통하여 성장할 수 있는 여지가 점점 줄어들고 있다는 점을 지적했다. 그는 단정적으로 존속적 혁신만을 추진하는 기업은 성장을 꾸준히 이어가기 어려울 것이라고 말했다. 이러한 기업들은 자신이 보유하고 있는 자원을 소모하면서 서서히 멸망하게 되리라는 것이었다. 반면 파괴적 혁신을 이어 가고 있는 기업들은 존속적 혁신에 안주하고 있는 기업들의 틈새를 비집고 들어와 시장의 주도권을 차지하고 새로운 질서를 만들 수 있게 된다고 했다.

그는 존속적 혁신이 파괴적 혁신에 의하여 무너지게 된 대표적인 사례로 1960년대 등장한 미국의 미니밀(Mini Mill)[7]이 US 스틸(US Steel) 등 기존의 일관 제철 기업들을 순식간에 무너뜨린 것을 들었다. 당시 세계 철강 시장을 주름잡고 있던 미국의 철강 기업들은 철광석과 코크스, 석회석 등 원재료로부터 완제품 생산까지 모든 공정을 하나의 과정으로 처리할 수 있는 일관 제철소를 가동하고 있었다. US 스틸은 다양한 제품을 대량으로 제조할 수 있는 능력을 지니고 있었고 실제로 이러한 전략은 다품종 철강을 원하는 시장의 수요와 맞아 떨어져 큰 성공을 거둘 수 있었다. 비교적 높은 비용이 들긴 했지만 US 스틸만이 다양한 양질의 제품을 생산할 수 있었기 때문이다.

일관 제철소 기업들이 높은 이익을 누리던 시절 미니밀이라는 새로운 형태의 생산 방식을 갖춘 기업들이 시장에 진입했다. 기존 일관 제철소보다 품질은 낮지만 20퍼센트 이상의 저렴한 비용으로 철강 제품을 생산할 수 있었던 미니밀 방식은 초기에는 콘크리트와 철근 등 주로 저급 철강재를 생산하는 데에 사용되었다. 기존의 철강 기업들은 품질이 조악한 제품을 만드는 미니밀 방식의 기업들에게 그리 큰 관심을 가지지 않았다. 일관 제철소를 운영하던 기업들은 미니밀과의 가격

---

7 철광석과 연료탄을 녹여 쇳물을 뽑아내는 고로(용광로)와 달리, 고철을 녹여 쇳물을 만드는 제철 설비가 미니밀이다. 미니밀은 철강 시장이 활황과 경기 부진의 곡선을 그릴 때 시황 변동에 유연하게 대응할 수 있다는 장점이 있다.

경쟁에서 불리한 저급 철강재 시장에서 하나둘 철수하기 시작했고 보다 높은 품질의 제품을 집중적으로 생산하기 시작했다.

그러나 미니밀은 일관 제철소를 빠르게 위협하기 시작했다. 미니밀의 기술이 발전하면서 미니밀 기업들은 앵글 철강, 자동차 및 조선 강판 등 고급 철강재 제품도 생산할 수 있는 능력을 갖추게 된 것이다. 결국 시간이 지남에 따라 모든 시장에서 미니밀 방식의 철강 제조가 확대되기 시작했다. 반면 기존의 일관 제철소 방식은 훨씬 비싼 비용이 들었음에도 미니밀보다 월등히 좋은 제품을 생산하기 어려웠다. 결국 일관 제철소 기업들은 시장에서 자취를 감추게 되었다.

여러 사례를 통하여 파괴적 혁신의 중요성을 강조한 크리슨텐슨 교수의 주장은 당시 혁신에 목말라 있던 많은 기업들의 폭넓은 지지를 얻었다. 그의 이론은 혁신의 등장과 확산의 이론을 구체적으로 설명하고 있다는 호평을 받았고 이를 통하여 기업들도 파괴적 혁신을 앞 다투어 배우기 시작했다. 그와 막역한 사이인 것으로 알려진 인텔(Intel)의 앤디 그로브(Andy Grove)회장은 그의 파괴적 혁신 이론을 듣는 순간 머릿속이 갑자기 환해졌다는 극찬을 내놓기도 했다.

크리스텐슨의 파괴적 혁신 이론이 반드시 현실에 그대로 부합하는 것은 아니다. 많은 기업들이 파괴적 혁신에 충실한 기술과 비즈니스 방법을 시도했지만 반드시 성공을 거둔 것은 아니었다. 크리스텐슨 교수 역시 한편으로 기존 기업들이 파괴적 혁신으로 무장한 새로운 기업들에게 반드시 무너진 것이 아니며, 이를 극복하고 시장을 수성할 수 있었던 예외가 있다는 점을 인정했다.

인텔은 컴퓨터 중앙처리장치(CPU) 반도체 시장의 절대적 기업이었다. 개인용 컴퓨터의 확산에 따라 중앙처리장치 반도체 시장이 폭발적으로 성장하자 AMD와 텍사스 인스트루먼트(Texas Instrument) 등 숱한 기업들이 인텔보다 더욱 저렴한 가격, 혹은 인텔이 미처 적용하지 않은 새로운 기술을 기반으로 끊임없이 시장을 공략했다. 그러나 인텔은 도리어 이와 같은 경쟁 기업들의 전략을 빠르게 간파한 후 적극적으로 흡수했다. 따라서 이들은 결국 인텔을 마이크로프로세서 시장의 절대 강자의 위치에서 끌어내리는 데에 실패했고 인텔은 여전히 시장의 1등 기업 자리를 지킬 수 있었다.

개선과 혁신은 이란성 쌍둥이다

새로운 변화의 중요성을 말할수록 한편으로는 본질적인 부분의 개선이 중요해진다. 현재 상황과 전혀 어울리지 않는 것을 새롭게 추구하기보다는 지금 보유하고 있는 강점에 집중하는 것이 더욱 효과적이기 때문이다. 혁신을 추구한다고 말하는 많은 기업들이 현재의 지위에 오를 수 있었던 성공 요인들을 다 잊고 전혀 생소한 분야에 뛰어드는 것은 실패로 이어질 가능성이 더욱 높을 수도 있다는 것을 지나치지 말아야 한다.

코카콜라에서 마케팅을 총괄하고 그 후 마케팅과 전략 컨설팅 회사인 지먼 마케팅 그룹(Zyman Marketing Group)을 설립한 서지오 지먼(Sergio Zyman)은 이런 입장을 대변하는 인물이다.

그는 혁신에 대한 맹신의 위험성을 주목한 경영자였다. 오늘날 많은 기업들이 앞다투어 추구하는 혁신을 위한 활동들이 도움이 되기는커녕 오히려 큰 손해를 입힐 위험도 크다는 주장인 것이다. 특히 새로운 변화만을 부르짖는 기업들일수록 최고 혁신 전문가(CIO, Chief Innovation Officer)와 같이 목적과 임무가 불분명한 직책을 만드는 등 성장과 발전에 도움이 되지 않는 일만 더욱 빈번히 추구한다는 것이다.

그는 혁신의 중요성을 인지하면서도 막상 그 실체를 정확히 모르는 사람들이 많다고 주장해 왔는데, 혁신을 위한 많은 전략 및 실행들이 단지 현재의 어려운 상황에서 벗어나기 위한 면피용 활동에 그치고 만다고 강력하게 주장하고 나섰다.

"단 음식을 먹으면 일시적으로는 기분이 좋아질 수 있지만 오히려 건강에 도움이 되지 않듯이, 혁신을 통하여 기업이 새로운 모습으로 거듭날 수 있다는 주장은 실제로는 도움이 되지 않는다. 혁신을 통하여 전에 없는 새로운 것이 갑자기 등장하여 어려운 상황을 한 번에 전환시킨다는 것은 사실은 실현 가능성이 거의 없는 일이기 때문이다."

이런 그의 주장에는 분명한 일리가 있어 보이는 것도 사실이다.

고정관념과 달리 개선 활동이란 그저 현재에 안주하는 것이 아니다. 오히려 개선과 혁신의 두 개념은 서로 떨어질 수 없는 연속적인 과정이다. 이전에 없던 새로운 기술과 제품이 혁신의 이름으로 등장하여 기업의 성장을 촉진한다 하더라도 그것이 지속적으로 시장에서 살아남기 위해서는 혁신보다 더 길고 지루한 개선의 과정을 거쳐야 하는 것이다. 오늘날 성공적으로 평가받는 여러 제품들 역시 시장에 처음으로 등장했을 때는 대중의 큰 관심을 받지 못했지만 지속적인 개선을 통하여 그 가치를 인정받게 된 경우도 적지 않다. 초기부터 큰 주목을 받기보다는 크고 작은 오류와 수정을 거치는 동안 비로소 사람들이 선호할 수 있는 특징을 갖춤으로써 혁신으로 거듭나게 된 것이다.

1940년 미국 매사추세츠 주에서 태어난 앨런 케이(Alan Curtis Kay)[8]의 혁신적 아이디어와 빌 게이츠의 생각, 그리고 잡스의 빛나는 적용에서 우리는 혁신의 의미를 다시 한 번 생각해 보게 된다.

---

8 앨런 케이는 볼더 콜로라도 주립 대학(University of Colorado at Boulder)에서 수학과 분자생물학을 복수로 전공했다. 한때 재즈 기타리스트로도 활동했던 그는 전공을 바꿔 유타 주립 대학(Utah State University)에서 컴퓨터 과학으로 박사 학위를 취득했다. 케이는 그곳에서 천재 프로그래머 아이번 서덜랜드(Ivan Edward Sutherland)를 만나게 되었다. 박사 학위를 취득하는 동안 케이는 그와 함께 그래픽 프로그램 스케치 패드의 개발 등 다양한 컴퓨터 그래픽 연구를 수행할 수 있었다. 학위를 받은 후 1970년에 제록스사의 팔로알토 연구소(Palo alto Research Center)에 입사한 케이는 그곳에서 훗날 애플의 리사(Apple Lisa)와 매킨토시(Macintosh) 컴퓨터의 원형이 되었던 제록스 알토(Alto) 컴퓨터를 개발하는 데에 핵심적인 역할을 수행했다. 또한 동료 연구원들과 함께 오늘날 C++와 자바 등 여러 프로그래밍 언어의 기본 개념인 객체지향 프로그래밍을 고안하기도 했다. 그간 대부분의 프로그래밍 언어는 순차적인 흐름 형태의 구조를 가지고 있었다. 그러나 프로그래머가 레고 블록처럼 임의로 정의할 수 있는 객체를 자유롭게 조합하여 프로그램을 만들 수 있다는 케이의 아이디어는 큰 반향을 불러 일으켰고 컴퓨터 과학의 중요한 원리로 자리 잡게 되었다.

케이는 기존에 없던 전혀 새로운 형태의 PC인 다이나북(Dynabook)의 개념을 제시하여 시장에서 큰 주목을 받았다. 원래 어린아이들이 네트워크 서버에 접속하여 교육용 미디어를 보기 위한 목적으로 고안된 다이나북은 당시로는 매우 생소한 개념이었다. 1968년 시제품으로 선보인 다이나북은 약 1킬로그램 정도의 무게를 지닌 공책 크기의 컴퓨터로 스크린과 키보드를 내장하고 무엇보다도 세련된 그래픽을 표시할 수 있었다. 그러나 이를 효과적으로 양산할 수 있는 기술이 턱없이 부족했기 때문에 다이나북은 결국 팔로알토 연구소의 전시품으로만 머물고 말았다.

앨런 케이가 구상한 다이나북은 약 30년 후 마이크로소프트의 빌 게이츠에 의하여 본격적으로 대중에게 그 모습을 드러냈다. 2000년 컴덱스(Comdex) 전시회에서 기조 연설자로 나선 그는 "가장 위대한 인터넷 응용프로그램의 99퍼센트는 아직 개발되지 않았다"는 화두를 던지면서 MGN 그랜드 가든 아레나를 가득 메운 청중들에게 차세대 인터넷 기술의 전망을 제시했다. 그는 PC와 TV 등 각종 가전제품들이 하나로 연결되고 이를 통하여 편리하게 인터넷을 사용할 수 있게 되는 시대가 올 것이라고 주장하면서, 이와 같은 꿈을 실현시켜 줄 수 있는 제품으로 태블릿 PC를 소개했다.

A4 용지만 한 크기에 스타일러스 펜(Stylus pen)으로 자유롭게 글과 그림을 기록할 수 있는 이 제품을 본 청중들은 탄성을 질렀고, 이후

태블릿 PC는 컴덱스 전시회의 가장 큰 이슈가 되었다. 사실 마이크로 소프트는 1992년에 이미 펜으로 문자를 입력할 수 있는 윈도우즈 포 펜(Windows for pen)이라는 운영체제를 출시하기도 했지만 큰 성공 을 거두지는 못했다. 따라서 빌 게이츠는 이를 더욱 세련되고 개선된 기능을 갖춘 제품으로 개선하도록 지시했고 마침내 이를 컴덱스에서 공개하게 된 것이다.

빌 게이츠의 연설로 모습을 드러낸 지 2년 후 마침내 태블릿 PC를 지원할 수 있는 윈도우즈 XP 태블릿 PC 에디션(Windows XP Tablet PC Edition)이 출시되었다. 1990년 같은 전시회에서 주장한 '손가락 끝의 정보'라는 개념을 비로소 현실로 이룬 그는 "5년 내에 태블릿 PC 의 판매량이 노트북을 뛰어넘을 것"이라고 호언장담했다. 당시 윈도 즈 시리즈로 운영체제 시장을 휩쓸고 있었던 마이크로소프트였기 때 문에 사람들은 빌 게이츠가 또 다른 혁신을 창조했다고 흥분을 감추 지 못했다.

그러나 빌 게이츠의 예상은 여지없이 빗나갔다. 윈도우즈 XP 태블 릿 PC 에디션으로 개발된 여러 가전 회사들의 태블릿 PC는 도리어 무수한 혹평만을 얻게 되었다. 펜을 이용하여 화면에 기록하는 것은 실제 필기와 달리 느리고 매끄럽지 않았고 다른 기능들도 제대로 작 동하지 않았다. 사실 윈도우즈 XP는 애초부터 태블릿 PC를 지원하기 위하여 고안된 운영체제가 아니었기 때문에 많은 오류가 발생할 수밖 에 없었던 것이다. 세상을 바꿀 제품으로 기대했던 윈도우 XP 태블릿

PC 에디션은 결국 빌 게이츠가 태블릿 PC를 처음으로 소개한 컴덱스 전시회의 운명과 같이 조용히 사라지고 말았다. 이후 노트북 시장이 빠르게 성장하면서 태블릿 PC는 대중의 기억에서 멀어져 갔다. 그러나 기존의 데스크톱과 노트북을 벗어나 편리하게 휴대할 수 있는 특성이 강조된 새로운 형태의 PC라는 점에서 마이크로소프트의 태블릿 PC는 이후 많은 기업들의 제품에 영향을 미치게 되었다.

결국 태블릿 PC는 2010년 스티브 잡스가 과거 마이크로소프트의 문제점을 완벽하게 보완한 아이패드를 소개하면서 비로소 자리를 잡게 되었다. 스타일러스 펜을 없애고 PC와 스마트폰의 단점을 보완할 수 있는 기기로 소비자들에게 어필한 아이패드는 시장에 등장한 이후 순식간에 대중의 이목을 집중시켰고 이를 계기로 태블릿 PC라는 새로운 시장을 창조할 수 있게 되었다.

따지고 보자면 잡스의 성공은 사실 케이와 빌 게이츠의 실패에 힘입은 개선의 결과였다. 아이러니하게 스티브 잡스는 빌 게이츠를 평생의 앙숙으로 여겼지만 그가 아니었으면 아이패드라는 성공작을 만들 수 없었던 것이다.

토요타에서 아마존까지, 혁신을 위한 끝없는 개선

　토요타 자동차(Toyota Motor Company)는 원래 도요다 사키치(豊田佐吉)가 창업한 토요타 자동 방직기 제작소의 자동차 부서에서 출발했다. 방직기를 만들기 위한 기계 기술을 축적한 도요다 사키치는 본업인 방직기 제조에서 벗어나 1935년부터 자동차를 제조하기 시작했고, 이후 1937년 정식으로 토요타 자동차공업 주식회사를 설립했다. 이때까지만 해도 토요타는 당시 일본에 우후죽순처럼 등장하고 있었던 수많은 자동차 기업 중 하나에 지나지 않았다.

　설립 초기 토요타 자동차의 성장은 그리 순탄치 않았다. 패전 이후 일본의 경기가 급속하게 얼어붙었지만 노조는 생산 인원의 감축을 반대하고 도요다 기치로 사장의 해임을 요구하는 총파업을 벌였다. 토요타 자동차는 극심한 경영 위기로 고전했지만 불행 중 다행으로 한국에서 6.25 전쟁이 발발하여 미군이 전쟁에 투입하기 위하여 토요타 자동차에 군용 트럭을 대량으로 주문했다. 이를 계기로 토요타 자동차는 간신히 난관을 모면할 수 있었다.

　창업자인 도요다 사키치의 조카이자 훗날 토요타 자동차의 전성시대를 이끈 도요다 에이지 회장은 1950년 당시 세계 자동차 시장을 지배하고 있었던 포드의 자동차 생산 방식을 배우기 위하여 미국 디트로이트 주의 포드 공장을 방문했다. 그러나 그는 엄청난 양의 차량을 빠르게 쏟아 내기 위하여 고안된 포드의 자동차 생산 시스템에 의문을 가지게 되었다. 그는 이러한 방식이 시장의 수요보다 너무 많은 제품을 만들어 재고를 증가시킬 위험이 높고 인력이나 생산 설비의 부담도 매우 크게 늘린다고 생각했다.

귀국 후 그는 포드와 달리 자동차 생산의 재고 부담을 낮추고 생산 자원의 낭비를 최소화하는 방안을 고심했고, 마침내 토요타만의 고유한 생산 방식(Toyota Production System)을 고안했다. 이는 인력과 생산 설비, 공정 시간 등 각 자원을 적정 규모로 유지하면서 개개인의 생산량을 최대로 끌어 올릴 수 있도록 작업 중 실시간으로 정보를 교환하고 자발적으로 문제점을 개선하는 방식이었다. 당시 이를 처음으로 적용했을 당시에는 효과가 크지 않을 것이라는 우려도 적지 않았지만 도요다 에이지 회장은 묵묵히 이를 고수했다.

특히 생산 현장의 직원들이 자발적으로 문제를 찾고 개선한다는 것은 당시로는 매우 신선한 발상이었다. 생산 현장의 경험을 토대로 지속적으로 문제점을 발견하고 개선하여 생산성을 끌어 올릴 방법을 학습하는 것은 훗날 일본식 발음 그대로 카이젠(Kaizen)이라 불리면서 기업의 중요한 경영 전략으로 자리 잡게 되었다. 이론과 예측을 통해서는 실제 생산 현장에서 기대한 결과를 얻는 것은 사실상 불가능하다. 따라서 카이젠에는 현장에서 직접 공정을 관찰하고 문제점을 개선하는 것이 자동차 시장의 치열한 경쟁에서 살아남을 수 있는 가장 최선의 방법이라는 도요다 에이지 회장의 믿음이 반영되어 있다.

카이젠은 특히 모든 현장에서 발생하는 사안을 문서로 파악하기보다는 직접 관찰하고 확인하며 이를 근거로 새로운 결론을 도출해야 한다는 겐치겐부츠(見地見物) 정신을 강조한다. 도요다 에이지를 도와 토요타 생산 방식을 정립한 오노 다이치 전 토요타 부사장은 선입견 없이 생산 현장을 관찰하고 모든 문제에 대한 이유를 최소한 5번은 되물어야 한다는 점을 강조했다.

토요타 생산 방식을 기반으로 토요타의 자동차 품질은 빠르게 개선되었고 생산 과정에서의 낭비도 큰 폭으로 절감되었다. 이에 따라 일본의 작은 자동차 회사였던 토요타 자동차는 1990년대 미국이 주름잡고 있었던 세계 자동차 시장에서 무섭게 성장했고 결국에는 이전에 넘을 수 없는 벽으로만 여겨졌던 미국 자동차 시장까지 진출하는 등 세계 최고 수준의 자동차 기업으로 거듭날 수 있게 되었다.

토요타 자동차의 빠른 성장에 놀란 많은 학자들은 이후 토요타 자동차의 전략을 집중적으로 연구하기 시작했다. 이후 이들은 이러한 토요타 생산 방식을 재구성하여 제품 생산뿐만이 아니라 다양한 경영 현장에서 적용할 수 있도록 고안한 린 경영 이론(Lean management)을 발표했다. 당시 토요타의 눈부신 성장과 여러 일본 기업들의 위협에 경계심을 가지고 있었던 많은 미국 기업들은 토요타 자동차의 경영 원칙이 반영된 린 경영에 큰 관심을 보였다. 보잉(Boeing) 등 이러한 린 경영을 도입한 기업들은 생산과 구매, 재고관리 및 유통 등 다양한 기업 활동에서 불필요한 요소를 파악하여 제거함으로써 생산성을 높일 수 있게 되었다.

만일 카이젠이 없었다면 전 세계 자동차 시장을 뒤흔들 수 있었던 토요타의 성공은 존재하지 않았을 것이다. 토요타 자동차의 혁신이란 전에 없는 새로운 것을 창조하는 것이 아니라 문제를 관찰하고 이를 더욱 바람직한 방향으로 개선하려는 노력에서 비롯되었다. 개선 활동이 반복되면서 축적된 역량과 지식을 통하여 새로운 제품과 서비스를 출시할 수 있게 된 것이다.

비단 토요타만이 이러한 지속적인 개선을 통하여 혁신을 이룬 것만은 아니다. 많은 기업들, 특히 새로운 기술을 기반으로 세상을 바꾸었다는 평가를 받는 기업들도 집요한 개선 활동의 반복을 통하여 큰 성공을 거둘 수 있었다. 아마존(Amazon)을 설립한 제프 베조스(Jeff Bezos) 역시 고객 만족 추구라는 가장 단순한 목표를 실현하기 위하여 수없이 많은 개선을 반복한 결과 아마존을 오늘날 세계 경제의 강자로 키울 수 있었다.

1964년 태어난 제프 베조스는 불과 생후 1년 만에 부모가 이혼하고 다섯 살이 되던 해에 새로운 가정으로 입양되는 등 순탄치 않은 어린 시절을 보냈다. 이후 텍사스를 거쳐 플로리다에 살게 된 제프 베조스는 프린스턴 대학(Princeton University)에 입학하여 컴퓨터 과학을 전공했고 졸업 후 뉴욕 월스트리트의 헤지펀드 기업 디이 쇼(DE Shaw)에서 애널리스트로 근무했다. 그는 어린 나이임에도 탁월한 천재성을 바탕으로 부사장까지 오르는 등 승승장구했지만, 1994년 서른 살이 되던 해에 돌연 직장을 그만두고 아마존을 창업했다. 창업의 이유도 단순했다. 그는 지금 회사를 창업하지 않으면 여든 살이 되었을 때 후회하게 될 것이라는 황당한 생각에서 덜컥 창업을 감행한 것이다.

제프 베조스가 우여곡절 끝에 설립한 아마존은 초기에는 인터넷으로 책을 파는 온라인 서점이었다. 그러나 베조스의 기대와 달리 아마존은 출범 후 몇 년 동안 적자가 계속되면서 재정적 위기를 맞게 되었다. 이후 아마존은 1997년부터 전자 제품, 비디오, 음악, 컴퓨터 소프트웨어 등 다양한 종류의 제품을 인터넷을 통하여 판매하면서 사업을 본궤도에 올려놓을 수 있었다. 이후 2000년대 초반 발발한 IT 버블로 전세계가 공황 상태에 빠졌을 때 아마존도 큰 충격을 받고 휘청거렸지만, 이후 매출을 빠르게 회복하여 세계 최고의 온라인 상거래 기업으로 거듭날 수 있었다.

이후 아마존은 2006년부터 고객의 각종 디지털 미디어를 서버에 보관하는 아마존 클라우딩 컴퓨팅 서비스(Amazon Simple Storage Service)를 시작하여 더욱 가파르게 성장할 수 있었다. 아마존은 오늘날 정보 통신 산업의 변화를 주도하고 있는 클라우드 컴퓨팅 서비스를 가장 먼저 도입했고, 이를 통하여 단순한 온라인 유통 기업에서 벗어나 정보 통신 산업을 주도하는 새로운 강자로 부상하게 되었다. 뿐만 아니라 아마존은 2007년 자체적으로 보유하고 있는 방대한 온라인 콘텐츠를 기반으로 저가의 태블릿 PC인 킨들(Kindle)을 전격적으로 출시하여 애플의 아이패드가 독주하고 있었던 태블릿 PC 시장에 도전장을 내밀었다. 이미 한물갔다고 평가받던 전자책 시장은 아마존 덕분에 화려하게 부활했고, 아마존의 전자책 매출은 2010년 불과 3년 만에 종이책을 넘어섰다.

오늘날 제프 베조스를 미국 10위권의 재벌로 만든 아마존이 보여준 길은 전형적인 파괴적 혁신의 연속으로 보인다. 아마존은 존재하지 않던 새로운 수요를 창출하고 기존에 존재하지 않았던 상품과 서비스를 발표함으로써 새로운 성장 가도를 달리게 된 것이다. 그러나 정작 베조스가 말하는 아마존의 성공 비결은 매우 단순하다. 그는 보통 사람들이 어렵고 불편하게 생각하는 것들을 관찰하고 이를 개선하기 위하여 새로운 일을 계획하는 것을 반복함으로써 차근차근 성장의 기반을 마련할 수 있었다고 말한다. 실제로 베조스는 매년 주주들에게 보내는 서한에서 고객이 만족할 수 있도록 모든 방법을 다하여 회사를 운영하는 것이 기업의 가장 중요한 가치라고 강조하고 있다. 경제 전문지『포천』은 아마존이 고객의 기대와 만족을 최우선으로 여기는 독특한 비전을 고수했기 때문에 위기를 딛고 세계 최고의 기업으로 거듭날 수 있게 되었다고 분석하기도 했다.

베조스가 말하는 것처럼 사실 아마존의 많은 서비스는 고객을 정점으로 관찰과 개선을 통하여 만들어진 것이다. 아마존의 다양한 비즈니스, 즉 전자 상거래부터 클라우드 기반의 IT 서비스, 그리고 새로운 전자책 킨들의 출시 등은 이전에 없던 새로운 제품을 등장시켜 성공을 거둔 것이 아니라 사람들이 불편하게 여기던 부분과 개선을 원하던 부분을 집요하게 파고든 결과로 이해할 수 있다. 온라인 서점의 강자로 자리 잡는 데에 결정적인 역할을 한 사용자 리뷰와 평가를 기반으로 한 책 추천 서비스 역시 어떤 도서를 고를지 모를 고객을 배려하는 과정에서 새롭게 태어난 기능이었다. 또한 수년 내에 도입하겠다고 발표한 무인 로봇(Drone)을 이용한 택배 서비스 역시 자동차만으로는 미국 전역에 신속하게 배송하기 어려운 현실을 개선하기 위한 과정에서 태어난 것이다.

제프 베조스는 아마존이 "온라인에서 원하는 것이 있다면 그것을 무엇이든 제공할 수 있는 기업이자 동시에 어느 기업보다 고객을 가장 중요하게 생각하는 기업"이라고 말한다. 따라서 그는 고객이 불편하게 여기는 문제를 끊임없이 바라보고 개선하는 것이야말로 모든 비즈니스의 시작이라고 주장한다. 실제로 아마존은 세계 제일의 온라인 쇼핑몰을 구축하고 있으면서도 박리다매 전략을 추구하여 다른 경쟁 기업보다 현저히 낮은 영업 이익률을 기록하고 있다. 뿐만 아니라 기발한 사업가 토니 셰이(Tony Hsieh)의 철학을 믿고 인수한 온라인 신발 판매점 재포스(Zappos)는 고객의 까다로운 불만 및 요청 사항을 대부분 들어주는 독특한 경영 방침을 밀어붙임으로써 치열한 경쟁에서 살아남아 높은 성장을 거듭할 수 있었다.

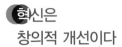

혁신은
창의적 개선이다

　대부분의 생각과 달리 일상적으로 반복되는 활동이 혁신을 저해하기보다는 이를 더욱 꾸준히 수행하기 위한 기반이 될 수 있다. 혁신은 지속적인 개선 특히 창의적인 개선으로 이루어지는 것이다.

　연구 결과에 따르면 혁신을 추구하는 기업은 업무의 70퍼센트는 일상적인 활동에, 20퍼센트는 주변적인 활동에, 그리고 단지 10퍼센트가 불가능해 보이는 새로운 도전으로 이루어진 혁신 활동으로 구성되어 있다고 한다. 물론 이러한 비율은 기업의 특성에 따라 바뀔 수 있지만 중요한 것은 과반수의 일상적인 활동이 있기 때문에 새롭고 위험한 모험을 더욱 적극적으로 나설 수 있게 된다는 점이다. 특히 이러한 활동들은 혁신적인 활동과 전혀 불가분이 아니라 서로 밀접하게 영향을 미치게 되는 경우도 많다. 새로운 도전이 그 자체로 성과로 드러나지 않더라도 주변으로 확산됨으로써 기존의 영역에서 새로운 기회를 발견할 수 있으며, 그 반대도 가능하기 때문이다.

　사실 제품을 지속적으로 개선하여 시장의 이익을 극대화하기 위한 노력은 혁신을 추진한다고 말하는 기업에게도 가장 중요한 과제이다. 구글은 가장 혁신적인 기업을 꼽는 순위에서 항상 첫 번째로 꼽힐 만큼 활발한 연구 활동을 수행하고 있다. 무인 자동차, 구글 글래스, 지열 발전 등 시장에 없었던 새로운 제품들이 지속적인 투자를 받고 있는

것이다. 그러나 그것을 지탱하는 것은 다름 아닌 온라인 광고 수입이
다. 많은 인터넷 기업들이 온라인 광고 시장에 뛰어들면서 구글이 구
축한 지위를 빼앗기 위하여 위협하고 있지만, 여전히 구글 수익의 대
부분은 광고를 통하여 벌어들이고 있다. 사실 구글조차 한때 뛰어난
검색 기술을 가지고 있었지만 그 자체로 돈을 벌지 못했기 때문에 다
른 기업들처럼 사라질 위기에 처했다. 그러나 검색을 기반으로 한 온
라인 광고라는 새로운 콘셉트를 발견하고 이를 꾸준히 개선함으로써
폭발적으로 성장할 수 있게 되었다.

사실 이전에 존재하지 않았던 전혀 새로운 것을 발견하기란 거의
불가능에 가깝다. 아무리 혁신적으로 보이는 제품이라 하더라도 실제
로는 기존에 출시되었던 제품의 원형을 가져다 온 경우가 적지 않다.
대부분의 신제품, 특히 기대 이상의 인기를 끈 발명품들은 여러 발명
과 기술, 그리고 아이디어의 조합을 통해 끊임없이 성능을 개선하는
가운데 이루어진 것들이다.

만일 스티브 잡스가 제록스의 팔로알토 연구소에서 그래픽 인터페
이스와 마우스 입력 장치 등의 새로운 기술을 접하지 못했다면 이들은
지금까지도 세상의 빛을 보지 못한 실패한 기술로 남아 있을 가능성이
높다. 실제로 당시 지구 상에서 가장 뛰어나다는 평가를 들었던 팔로
알토 연구소를 운영하던 제록스는 팔로알토 연구소의 기술 중 당시 큰
돈을 가져다주었던 대형 복사기 기술에만 관심을 보였을 뿐, 네트워크
와 컴퓨터 등 훗날 세상을 뒤흔들게 된 많은 기술에 대해서는 투자를

주저했다. 아이러니하게도 팔로알토 연구소가 가지고 있었던 수많은 기술들은 스티브 잡스와 같이 연구소와 전혀 관련이 없었던 외부의 인물에 의하여 그 가치를 인정받고 엄청난 성공을 거둘 수 있었다.

서양에서 금속활자를 처음으로 만든 것으로 알려진 요하네스 구텐베르크(Johannes Gensfleisch zur Laden zum Gutenberg)도 사실은 그만의 독창적인 새로운 아이디어를 기반으로 금속활자를 만든 것이 아니었다. 정작 구텐베르크는 이미 널리 활용되고 있기 때문에 특별할 것이 없었던 목판 인쇄와 금속 세공 기술 등 각종 기술을 연구하고 조합한 결과 기존 목판활자보다 인쇄 품질을 높이고 더욱 많은 책을 출판할 수 있는 금속활자를 고안했다. 당시 그의 이러한 노력은 기존의 인쇄술을 보다 개선하기 위한 노력의 결과물이었지만 훗날 이를 기반으로 서양은 근대 문명의 주도권을 가져올 수 있었다.

따라서 개선이 꾸준하게 이루어질 때 의도한, 혹은 의도치 않은 혁신을 창출할 수 있다는 점에서 모든 경영 활동에서 일어나고 있는 개선의 노력을 소홀히 할 수는 없다. 오히려 많은 기업들이 새로운 기술에 대한 폭발적인 소란이 지나고 난 뒤 더욱 개선된 제품을 앞세워 시장을 장악할 수 있었다. 시장에 막 등장한 제품들은 대개 불안정하고 소비자들의 시선을 끌지 못하기 때문에 빠르게 등장했다가 사라지는 경우가 많다. 반면 이후 기업들은 새로운 기술과 소비자에 대해 새롭게 배우고 이를 기반으로 초기에 등장했던 제품을 어떻게 개선할 수 있는지에 대한 방향을 알 수 있게 되는 것이다. 또한 소비자들 역시 상당한 시간을 통하여 낯선 제품의 특성과 개념을 이해하고 어떻게 이를 더욱 잘 이용할 수 있는지 서서히 알 수 있게 된다. 결국 기업과 소비자가 보다 성숙을 겪게 되는 과정을 통하여 시장에서 큰 성공을 거둘 수 있는 제품이 탄생하는 것이다.

『패스트 세컨드(*Fast Second*)』를 쓴 콘스탄티노스 마르키데스 (Constantinos Markides) 런던 경영 대학 교수 역시 혁신을 지속적으로 개선한 기업이 시장의 승자가 될 수 있었다고 주장한다. 시장을 석권하던 많은 기업들이 신생 기업보다 새로운 혁신의 등장에 느리게 반응함에도 불구하고 혁신이 보다 성숙해질 때까지 기다린 이후 더욱 향상된 제품을 출시함으로써 시장을 지킬 수 있었다는 것이다.

1950년대 자기공명 영상(Magnetic Resonance Imaging) 기기가 영상 의학 기기 시장에 새로운 돌풍을 몰고 왔음에도 기존 X선 장비 업체가 자기공명 영상 기기를 생산하기까지는 무려 14년이 걸렸다. 그러나 이들 기업들은 비록 뒤늦게 시장에 진입했지만 더욱 기능을 추가하고 완성도를 향상한 제품을 생산하여 신생 기업들을 빠르게 밀어내기 시작했다. 1954년 MRI 분야에 진출한 3개의 신생 기업들의 평균 수명은 6년이었지만 1967년 뒤늦게 이 분야에 진출한 기업들의 평균 수명은 19년에 달했다.

모든 기업들이 지속적으로 신제품 개발에 열을 올리지만 사실 성공적으로 신제품을 개발하여 큰 성공을 거두기란 쉽지 않다.『지식의 원천(*Wellsprings of Knowledge*)』을 쓴 하버드 대학의 도로시 레너드 버튼(Dorothy Leonard Barton) 교수는 전체 신제품 개발 가운데 60퍼센트가 시장에 발을 내딛기 전에 물거품이 되고 출시되는 40퍼센트 가운데 수익을 올리지 못하고 시장에서 사장되는 경우도 40퍼센트에 이르므로 결국 전체의 76퍼센트 이상이 실패를 거두게 된다고 말한다.

이를 잘 정리해 보면 "모든 것을 새롭게 바꾸는 것이 아니라 오히려 지금까지 해 왔던 것을 꾸준히 개선하는 과정에서 성공을 거두기 쉽다"는 이야기가 된다.

급진적으로 혁신을 추구하는 것을 개구리 뛰기, 즉 립프로깅 (Leapfrogging)이라고 말한다. 많은 학자들은 개구리가 조금씩 기어가기보다는 웅크린 자세에서 도약할 때 먼 지점까지 뛰어오를 수 있듯이 기존의 공식을 따르지 않는 새로운 방향으로 혁신을 추구할 때 이야말로 성공할 수 있다고 주장한다. 조지프 슘페터는 기술 혹은 자원을 독점적으로 지배하고 있는 기업이 현재 상태의 유지에만 초점을 맞추고 안주하는 상황에서 기존의 성장과 발전 공식을 따르지 않는 새로운 기업이 립프로깅을 통하여 기존의 기업들을 무너뜨릴 수 있게 된다고 말한다. 피터 드러커 역시 현재까지 성공적이었던 제품의 가격을 더욱 낮추거나 혹은 품질 수준을 향상시키는 것을 관리적 경제라 분류했다. 그는 이러한 관리적 경제는 결국 기존에 없던 새로운 제품을 기반으로 성장을 추진하는 기업가적 경제, 즉 혁신을 위한 립프로깅에 의해 와해된다고 주장했다.

그러나 립프로깅으로 보이는 대부분의 혁신들은 사실 일상적인 것들을 꾸준히 개선하는 과정에서 일어나게 된다. 기존의 방식을 버리고 다른 방식을 성급히 도입하는 경우 막상 그것이 큰 성공으로 이어지는 경우도 그리 많지 않다. 오히려 획기적인 시도보다는 시행착오와 개선의 연장 선상에서 이루어지는 노력들이 훗날 혁신으로 두각을 드러내는 사례가 더욱 많다.

따라서 혁신과 개선을 명확하게 구분 짓는 것은 그리 바람직하지 않다. 오히려 지속적으로 문제를 찾고 해결하는 과정에서 기존의 틀을 와해시키고 혁신으로 발전할 수 있는 새로운 실마리를 발견해야 한다. 오랜 성공에 비추어 미래 역시 예정된 방향으로 흘러갈 수 있다는 생각에서 벗어나 지속적으로 문제를 발견하고 고치는 과정을 거듭함으로써 새로운 성공을 만들 수 있게 되는 것이다. 일상적인 개선에 그치기보다는 이를 통하여 새로운 가능성을 발견하는 적극적인 개선 활동이 혁신을 만드는 시발점이 될 수 있다.

애플이 아이폰을 출시했을 때 당시 휴대폰 시장을 지배하고 있던 노키아는 여러 측면에서 애플을 크게 앞서고 있었다. 노키아는 이미 모프(Morph)라는 이름의 새로운 휴대폰 콘셉트를 발표하는 등 미래에 대한 투자를 아끼지 않았으며 더군다나 자체적인 운영 체제 심비안(Symbian)도 개발을 완료하고 활발히 상용화한 상태였다. 많은 기업들이 심비안의 사용을 고려할 정도로 당시 심비안의 기술적 완성도나 시장성은 애플보다 한참 앞서 있었다. 또한 노키아는 2007년 애플의 아이튠스(iTunes)와 유사하게 온라인 아이템을 구매할 수 있는 오비 스토어(Ovi store)를 구축하는 등 하드웨어와 소프트웨어에 이르기까지 방대한 영역에서 삼성전자 등 경쟁 기업을 압도하고 있었다. 그러나 막강한 자산을 바탕으로 휴대폰 시장에서 애플보다 더욱 많은 돈을 쏟아 부었음에도 노키아는 결국 애플에 시장을 빼앗기고 말았다.

노키아의 가장 큰 실수는 바로 제품의 개선 과정에서 전형적인 관리에만 치중했을 뿐 잠재적인 위협을 발견하지 못했다는 것이다. 휴대폰 시장을 완벽하게 지배하고 있음에도 노키아는 새로운 종류의 휴대폰이 등장하여 시장의 특성을 바꿀 수 있다는 사실을 미처 간파하지 못했다. 노키아는 값싼 휴대폰을 통하여 가격 경쟁력을 기반으로 새로운 시장을 개척하고 매출을 늘려 온 기존의 관성에서 빠져나오는 데에 실패했던 것이다. 결국 애플에 밀린 노키아는 마이크로소프트에 휴대폰 사업부를 매각했고 심비안과 오비 스토어 등 노키아의 핵심적인 자산들도 쓸쓸히 역사 속으로 사라지게 되었다.

chapter 3

리스크를
겁내지 말라

"실패의 위험은
상존하므로
유일한 혁신의
성공 방법은
기업가 정신을
갖는 것이다"

— 피터 드러커

스티브 잡스,
리사 실패의 교훈을 얻다

1983년 1월 애플은 당시 시장을 휩쓸고 있던 IBM PC에 대항하기 위하여 리사(Lisa)라는 개인용 컴퓨터를 전격적으로 출시했다. 사실 리사는 스티브 잡스의 딸 이름이었다. 결혼하기 전 23세에 리사를 얻은 스티브 잡스는 처음에는 리사가 자신의 딸이라는 것을 부인했으나 10년이나 흐른 후 결국 뒤늦게 자신의 딸로 인정했다. 이후 스티브 잡스는 리사에게 큰 애정을 쏟았고 당시 최첨단 사양의 컴퓨터를 만드는 프로젝트의 이름도 리사로 정했다.

리사는 고사양 컴퓨터를 원하는 프리미엄 고객들에게 초점을 맞추어 개발되었다. 스티브 잡스는 지금까지 없었던 강력한 컴퓨터를 개발하기 위하여 이 프로젝트에 혼신을 다했고, 그 결과 리사는 기존 컴퓨터를 능가하는 최첨단 기능을 갖출 수 있었다. 리사는 사용자가 한 화면에서 여러 작업을 손쉽게 수행할 수 있도록 지원하는 멀티태스킹을 비롯하여 종이테이프를 이용한 출력, 연산자를 연산 대상의 뒤에 표기하는 역폴란드 표기법(Reverse Polish notation)을 갖춘 계산기를 지원했으며, 당시로는 매우 큰 용량이었던 2MB의 메모리까지 갖추었다.

특히 흑백 화면에서 벗어난 뛰어난 해상도를 자랑하는 컬러 그래픽 인터페이스는 다른 기업의 컴퓨터와 뚜렷이 차별되는 엄청난 발전이었다. 사실 컬러 그래픽을 갖춘 컴퓨터는 팔로알토 연구소를 통하여 이 기술을 보유하고 있었던 제록스가 1981년 처음으로 출시했으나, 이는 일반 소비자가 아닌 기업용으로 출시된 컴퓨터였다. 따라서 최초로 개인용 컬러 그래픽 인터페이스를 갖춘 리사에 대한 기대는 무척 대단했다.

그러나 막상 뚜껑을 열자 예상과 달리 리사에 대한 시장의 반응은 호의적이지 않았다. 애플의 독자적인 운영체제가 탑재되어 기존에 출시되었던 많은 응용 소프트웨어를 지원할 수 없었기 때문에 소비자들의 불만이 컸다. 무엇보다도 리사는 1만 달러에 달하는 매우 비싼 가격에 출시되었기 때문에 많은 사람들은 리사가 제공하는 최첨단 사양에 열광하면서도 선뜻 주머니를 열지 못했다. 결국 10년이 넘도록 리사의 판매량은 고작 10만 대 수준에 머물렀고, 이후 애플이 1984년 출시된 매킨토시에 더욱 집중하면서 리사는 점차 사람들의 관심에서 멀어졌다. 결국 1989년 애플은 팔리지 않은 리사를 모두 땅속에 매장했고, 그렇게 리사는 초라한 모습으로 역사 속으로 사라지고 말았다. 특히 리사 프로젝트를 진두지휘했던 스티브 잡스조차 리사 프로젝트에서 쫓겨나 매킨토시를 만드는 프로젝트로 옮기는 등 리사는 애플의 아픈 기억으로 남아 있다.

우여곡절 끝에 애플에 복귀한 스티브 잡스는 쉬운 인터페이스와 세련된 디자인, 그리고 애플의 음악 스토어인 아이튠스를 지원할 수 있는 MP3 플레이어 아이팟을 통하여 비틀거리던 애플을 기사회생시킬 수 있었다. 그러나 스티브 잡스는 디지털 시대의 패러다임이 빠르게 변화함에 따라 머지않아 아이팟의 시대가 저물게 될 것임을 직감해 아이팟을 대체할 수 있는 제품을 고민하기 시작했다.

당시 많은 사람들이 휴대폰과 MP3 플레이어, 카메라 등 수많은 기기들을 각각 들고 다니는 것을 본 스티브 잡스는 언젠가 이러한 기능을 하나로 합친 제품이 등장하여 시장을 장악하게 될 것이라 생각했다. 물론 당시에도 여러 기능들을 모은 휴대폰이 없었던 것은 아니었다. 그러나 이들 제품은 정작 사용하기 매우 불편했고, 각각 시장에 출시된 기기에 비하면 그 성능도 무척 취약했다. 따라서 대부분의 사람들은 각기 다른 기기를 지니고 다니는 것을 당연하게 여겼다.

스티브 잡스는 당시 빠르게 부상하고 있는 휴대폰 산업에 새롭게 뛰어드는 것이야말로 애플이 IT 시장을 주도할 수 있는 최선의 전략이라고 결론 내렸다. 그 당시에는 노키아와 삼성전자 등 뛰어난 가전기업들이 휴대폰 시장을 확고히 장악하고 있었으며, 이동 통신 사업자와의 긴밀한 관계 역시 휴대폰 사업 성공의 매우 중요한 요소였다. 휴대폰에 대한 기술과 경험이 거의 없었던 애플이 휴대폰을 직접 제조하고 판매한다는 것은 처음부터 쉽지 않았다. 결국 2005년 애플은 모토로라(Motorola)와 공동으로 휴대폰 개발에 나섰고 이를 통하여 음악을 들을 수 있는 새로운 휴대폰 라커(Rokr)가 시장에 출시되었다.

그러나 애플은 리사에 이은 또 한 번의 실패를 겪어야 했다.

라커에 대한 시장의 반응은 차가웠기 때문이다. 라커는 단지 1백 곡 밖에 저장할 수 없었으며 음악을 듣기 위한 조작 역시 매우 불편했다. 특히 애플답지 않게 다른 휴대폰과 별다른 차이가 없는 특색 없는 디자인이었기 때문에 소비자들의 큰 호응을 불러일으키지 못했다. 게다가 당시에는 여러 가전 기업을 중심으로 고성능의 MP3 플레이어가 경쟁적으로 출시되고 있었던 상황이었기 때문에 휴대폰으로 음악을 듣는다는 개념은 당시로는 매우 낯설었다. 결국 미지근한 반응을 얻은 라커는 리사와 마찬가지로 시장에서 조용히 사라지고 말았다.

그렇다고 라커의 실패로 인하여 스티브 잡스가 휴대폰 사업 자체를 포기한 것은 아니었다. 그는 다른 기업과의 합작으로는 애플이 원하는 세련된 디자인과 첨단 사양의 제품을 만들기 어렵다는 것을 깨달았다. 모토로라와 결별한 애플은 다른 휴대폰 기업들과 끈끈한 관계를 맺고 있었던 미국 이동 통신 시장의 선두 주자 버라이즌(Verizon) 대신 후발 주자인 AT&T와 휴대폰 출시 계획을 세웠다. 기존과 다른 새로운 개념의 휴대폰 개발에 엄청난 시간과 자원을 쏟아 부은 애플은 마침내 아이폰을 시장에 출시하게 되었고, 이는 라커의 실패를 단번에 만회할 정도로 큰 성공을 거두었다.

성공은
행운과 재능의 조합이다

기업의 신제품이 성공을 거두려면 행운도 있어야 하고 그를 뒷받침
할 수 있는 재능도 준비되어 있어야 한다.

벤 버냉키(Ben Bernanke) 전 미국 연방 준비제도(FRB) 의장의 이
야기는 이런 점에서 많은 것을 생각하게 해 준다.

버냉키는 2013년 프린스턴 대학교의 졸업식 연설에서 영화「포리스
트 검프(Forrest Gump)」의 주인공 포리스트 검프가 중얼거리던 명대
사 "인생이란 무슨 초콜릿을 먹을지 모르는 초콜릿 상자와 같다"를 인
용하면서 실패에 대한 그의 생각을 말했다.

"실패를 좋아하는 사람은 없지만 실패는 인생과 배움에 있어 필수
적인 부분이다. 실적주의라는 불완전한 틀 안에서 성공한 사람들은 순
전히 운이 따른 덕이다."

대개 성공한 기업에 대한 사후 분석에서는 운의 요인이 쉽게 간과
되기 마련이다. 그러나 자질과 역량, 전략 등 다양한 요인과 더불어 운
은 성공에 큰 영향을 미치는 요인이다. 성공한 사람들의 삶을 자세히
들여다보면 공통적으로 중요한 순간에 행운이 더해짐으로써 새로운
도전을 성공적으로 마무리할 수 있었다.

미국 스탠퍼드 대학의 존 크럼볼츠(John D. Krumboltz) 심리학 교
수 역시 운의 중요성을 절실히 느낀 사람이었다. 존 크럼볼츠는 어렸

을 때부터 뛰어난 재능을 보인 테니스 실력을 인정받아 스탠퍼드 대학에 합격했다. 그러나 그도 다른 학생들과 마찬가지로 2학년이 되자 전공을 선택하게 되었다. 테니스만을 해 온 크럼볼츠는 어떤 전공이 자신에게 맞는지 몰라 고민을 거듭했지만 답을 찾을 수 없었다. 결국 신청 마감을 한 시간 남겨 놓고 크럼볼츠는 그의 테니스 코치에게 전공 선택에 대한 조언을 구했다. 심리학과 교수를 겸하고 있었던 그는 전공인 심리학과를 추천했고, 크럼볼츠는 이에 따라 심리학을 전공으로 선택하게 되었다. 그 당시 크럼볼츠는 이런 선택이 그의 인생을 완전히 바꾸게 될 지 전혀 상상하지 못했다.

그로부터 60년이 흐른 후 크럼볼츠는 학계에서 우수한 성과를 거둔 심리학자에게 주어지는 상을 휩쓸었으며 미국 상담 학회에 의해 선정된 '상담 분야의 구루'로 미국 전역에 명성을 날릴 수 있게 되었다. 그는 자신의 사례를 들면서 아무리 계획을 완벽하게 세운 사람이라도 닥치게 될 수많은 우연을 비켜 갈 수는 없다고 말한다. 그리고 인생에서 큰 성공을 거둘 수 있었던 사람들은 대부분 우연을 최상의 기회로 바꾼 이들이라고 강조했다.

그렇다면 혁신도 결국은 운에 의해 판가름이 나는 것일까? 혁신 그 자체의 역량이 충분했기 때문에 행운이 성공을 만드는 데에 필요하지 않다는 주장도 있다. 그러나 본질적으로 혁신이란 상당 부분 이를 둘러싼 운에 의하여 성공하거나 실패하게 된다는 반박도 있다. 사실 혁신적 시도의 다수가 성공에 이르지 못하는 것은 역량의 부족이라기보다는 혁신을 꽃피울 수 있는 타이밍과 환경이 적절이 주어지지 않았기 때문이라는 것이다.

저널리스트 말콤 글래드웰(Malcom Gladwell) 역시 그의 저서 『아웃라이어(*Outlier*)』에서 성공이 개인의 재능과 노력으로만 이루어진 것이 아니라고 주장한다. 성공이란 개인의 노력과 더불어 수많은 기회와 사회문화적 여건 등 다양한 조건들이 절묘하게 맞아떨어져 얻은 결과라는 것이다. 그는 빌 게이츠 역시 개인의 능력과 주변의 여건, 그리고 의도치 않은 운이라는 삼박자가 절묘하게 결합하여 엄청난 성공을 거둘 수 있었다고 설명한다.

빌 게이츠의 아버지 윌리엄 게이츠(William Gates)는 부유한 변호사였다. 따라서 그는 유복한 가정에서 명석한 친구들을 많이 사귈 수 있었다. 특히 게이츠는 시애틀의 레이크사이드(Lakeside) 고등학교에 진학하면서 자신의 잠재적 능력을 끌어올릴 수 있는 천금 같은 기회를 얻게 되었다. 레이크사이드 고등학교에 설치된 텔레타이프 터미널은 워싱턴 대학의 컴퓨터 센터와 연결되어 있었는데, 그는 터미널을 사용하여 온종일 그가 좋아하는 프로그래밍을 할 수 있게 된 것이다. 따라서 프로그래밍에 몰입할 수 있었던 빌 게이츠는 풍부한 소프트웨어 지식을 갖추게 되었고, 결국 누구나 가고 싶어 하던 하버드 대학을 과감히 중퇴하고 마이크로소프트라는 벤처 기업을 창업하게 되었다.

회사를 차린 후에도 그는 행운의 덕을 톡톡히 누릴 수 있었다. 직원이 40여 명에 불과한 신생 기업 마이크로소프트는 IBM에 운영 체제를 납품할 기회를 놓치지 않았고 결국 기존의 하드웨어에서 소프트웨어 중심으로 IT 산업의 판도를 바꿀 수 있게 되었다. 마이크로소프트를 수많은 거래 기업 중 하나로 치부한 IBM의 안일한 대응이 빌 게이츠에게는 또 다른 엄청난 행운이었던 셈이다.

이런 모든 건 주관적인 생각에 불과할까? 그렇지 않다. 데이터를 가지고 이야기해도 행운에 대한 검증은 가능하다는 주장이 나와 있다.

경영학자 짐 콜린스(Jim Collins)는 운과 성공의 관계에 대한 해답을 찾기 위하여 색다른 연구를 수행했다. 마이크로소프트와 인텔 등 동종 업계의 주가지수를 최소 10배 이상 능가한 기업을 이르는 '10X' 기업 7개와 이들의 경쟁 기업들을 상대로 기업의 설립부터 발생한 각종 사건을 분석하여 과연 행운이 기업의 성공에 얼마나 큰 영향을 끼쳤는지 조사했다. 2년간의 연구 끝에 그는 성공한 10X 기업들이 그렇지 못한 기업에 비해 더 운이 좋다고 말할 수는 없다는 결론을 내렸다. 10X 기업에서는 행운이 개입된 사건이 평균적으로 7개 발견된 반면, 경쟁 기업들에서는 그보다 많은 8개가 나왔다는 것이다. 그는 이를 토대로 10X 기업들이 다른 기업에 비해 운이 더 좋았다기보다는 행운의 기회에서 얻은 수익률이 더 뛰어나 성공할 수 있었다고 설명한다.

물론 각각의 기업이 직면하게 되는 운의 정도를 정량적으로 측정할 수 없다는 점에서 짐 콜린스의 주장이 행운과 성공의 상관관계를 명확히 설명하는 것은 아니다. 그러나 운이 성공을 좌우한다는 믿음에 대한 과학적인 접근을 시도했다는 점에서 그의 노력은 주목할 만한 가치가 있다. 운이라는 요인이 도전의 성패를 결정짓는 중요한 요인으로 작용하는 것이 사실이지만 이러한 행운을 더 큰 성공으로 만드는 것은 이를 효과적으로 활용할 수 있는 재능이라는 것이다.

혁신과 리스크는 동전의 양면이다

새롭고 기발한 것을 시도했을 때 실패하게 되는 원인은 매우 다양하다. 제품을 너무 이르거나 늦게 출시하거나 혹은 제품이 등장했을 당시 부정적인 반응을 극복하지 못하는 경우도 매우 많다. 새로운 시장의 기준을 제시할 것으로 평가받았던 많은 제품들의 거의 대부분은 정작 큰 반향을 불러일으키지 못하고 조용히 역사의 뒤안길로 사라지고 말았다.

기존에 출시되었던 제품과 서비스가 아닌 새로운 아이디어만으로 시장에 뛰어드는 벤처 기업 역시 도전을 추구하는 데에 따르는 대가는 매우 가혹하다. 독창적인 기술과 서비스, 혹은 새로운 비즈니스 모델을 기반으로 하는 대부분의 벤처 기업들은 시장의 부정적 반응에 직면하는 소위 죽음의 계곡(Valley of Death)[9] 시기를 넘지 못하고 실패하고 만다.

9 창업 초기의 벤처기업이 새로운 기술 개발에 성공해도 사업화 단계에 이르기 전까지 넘어야 할

이는 벤처 창업의 본거지인 실리콘밸리는 물론이고 전 세계에서 공통적으로 발생하는 현상이다. 하버드 대학의 시카 고쉬(Shikhar Ghosh) 교수는 2004년부터 2010년까지 벤처 캐피털 기업으로부터 1백만 달러 이상 투자를 받은 미국의 2천 개 벤처 기업을 조사한 결과 무려 75퍼센트가 투자자에게 원금조차 돌려주지 못했다고 주장했다.

때로는 모든 것이 완벽함에도 불구하고 외부의 환경이 전혀 예상치 못한 방향으로 흘러가면서 기대했던 결과를 얻지 못하기도 한다. 뛰어난 성능을 갖춘 제품이 등장하더라도 막상 이를 뒷받침할 수 있는 사회 제도와 법규, 문화 등 각종 인프라가 이를 수용하지 못하여 좋은 결과를 낳지 못하는 것이다. 특히 각종 제품의 성능이 향상되고 기술의 등장도 빠르게 이루어지는 반면 이를 지원할 수 있는 사회 환경의 변화는 생각보다 매우 느리게 이루어진다. 따라서 새로운 트렌드를 만들고 기존의 판도를 바꾸려는 많은 노력들이 결국 수포로 돌아가고 말았다. 애플의 리사 역시 당시로는 매우 혁신적인 기술을 내장한 컴퓨터였지만 정작 그러한 기술들은 이후 매킨토시가 출시되면서 세간의 주목을 받게 되었다.

오늘날 전 세계 TV의 주류를 이루고 있는 HDTV(High Definition TV)가 등장하기까지도 숱한 우여곡절이 많았다. 1980년대 전 세계의 가전 시장은 소니와 마쓰시타(Matsushita Electric Industrial

---

어려움을 나타낸 벤처 용어이다. 주로 아이디어와 기술 사업화에는 성공했지만 이후 자금 부족으로 인해 상용화에 실패하는 상황을 가리킨다.

Company) 등 일본의 가전 기업들이 주름잡고 있었다. 이들 기업과의 경쟁에서 뒤진 필립스(Philips)는 당시 TV의 화질을 능가하는 새로운 제품을 만들기 위하여 엄청난 자원을 투자했다. 결국 필립스는 기존 TV의 해상도를 뛰어넘는 HDTV의 개발에 성공할 수 있게 되었다.

그러나 새로운 혁신을 통하여 TV 시장을 개척하려던 필립스의 노력은 끝내 실패로 끝나고 말았다. 필립스가 우여곡절 끝에 HDTV를 개발했으나 이를 뒷받침하기 위해서는 HDTV용 방송 프로그램을 제작하고 송출할 수 있는 장비가 필수적이었다. 그러나 당시에는 이러한 장비의 개발이 매우 미비했다. 따라서 HDTV에 맞는 방송 프로그램의 제작이 턱없이 부족할 수밖에 없었으며, 무엇보다도 기업들이 HDTV 방송을 만들기 위하여 필수적인 전송 표준 체계조차 확립되지 않았다.

필립스가 거액을 투자한 HDTV 프로젝트는 결국 큰 실패를 거두고 말았으며, 필립스는 이로 인하여 무려 25억 달러의 자산 가치가 하락하는 수모를 감수할 수밖에 없었다. 이후 HDTV를 위한 방송 환경이 하나 둘 정비되기 시작하면서 HDTV는 20여 년이 지나 본격적으로 상용화될 수 있게 되었다. 그러나 HDTV의 후발 주자인 삼성전자와 LG전자, 소니 등 한국과 일본 기업들이 HDTV 시장의 성장에 따른 이익을 독차지했고 정작 필립스는 이미 TV 시장에서 완전히 물러났기 때문에 아무런 이득도 거둘 수 없었다.

검은 백조는
살아 있다

고대 로마의 시인 유베날리스(Juvenalis)는 '선한 사람은 검은 백조처럼 희귀하다'는 말을 남겼는데, 이후 유럽에서는 도저히 일어날 수 없는 불가능한 사건이 일어날 때 검은 백조라는 용어를 자주 사용하게 되었다. 이후 17세기까지 흰색의 백조만을 보아 온 유럽인들은 검은 백조는 절대 존재할 수 없다고 굳게 믿었지만, 네덜란드 탐험대가 호주를 탐사하던 중 뜻밖에도 검은색의 백조를 발견하게 되었다. 이후 검은 백조는 일반적인 경험을 통하여 사실로 믿어졌던 이론들이 막상 다른 것으로 밝혀지는 경우를 지칭하는 말로 쓰이게 되었다.

검은 백조라는 용어는 2007년 글로벌 금융 위기와 맞물려 새롭게 부각되었다. 레바논 태생의 경제학자 나심 니콜라스 탈레브(Nassim Nicholas Taleb)는 유수의 투자 은행이 하루아침에 몰락하는 등 세계 경제가 큰 혼란에 빠지게 되었을 때, 매우 발생 가능성이 낮은 사건들이 등장하여 엄청난 파급효과를 불러일으키는 것을 검은 백조 현상이라 이름 붙였다. 탈레브는 검은 백조 현상이란 실제 경험한 과거의 사실과 수리적 통계 지식을 기반으로 구성된 정교한 예측 모델로도 쉽게 감지될 수 없는 희귀한 현상으로, 그 실현 가능성이 적으면 적을수록 더욱 큰 파장을 불러일으킨다고 주장했다. 이러한 주장을 담은 그의 책은 불티나게 팔렸고 탈레브는 누리엘 루비니(Nouriel Roubini) 등과 함께 경제 위기가 낳은 스타 경제학자로 큰 명성을 날릴 수 있게 되었다.

탈레브의 검은 백조 이론이 전혀 새로운 것은 아니었음에도 글로벌 금융 위기와 같은 검은 백조 사건이 우리 삶에 미치는 파장이 적지 않다는 점에서 그의 주장은 큰 관심을 끌었다.

2001년 9월 11일 알카에다(Al-Qaeda)에 의한 비행기 납치 테러가 미국 전역을 강타하고 많은 시민들을 공포의 도가니로 몰아넣기 불과 몇 시간 전에도 대부분의 미국인들은 비행기가 뉴욕의 중심인 세계 무역 센터와 충돌하여 빌딩을 통째로 무너뜨리는 사건이 일어나리라 예측하지 못했다. 역사적으로 단 한 차례도 외부의 침략을 받은 적이 없었고 더군다나 세계 최강의 정보력과 군사력을 지닌 미국이었기에 이러한 사건의 발생 가능성은 거의 없다고 보았던 것이다. 그러나 19명의 알카에다 요원이 납치한 비행기는 뉴욕의 110층 쌍둥이 빌딩과 워싱턴의 펜타곤 빌딩과 충돌하여 3천 명 이상의 목숨을 앗아갔다. 위기는 언제든지 발생할 수 있다는 사실을 교훈[10]으로 깨닫지 못한 미국 사회는 큰 충격을 받았다.

하루아침에 발발한 9.11 테러를 기점으로 미국 사회는 예기치 못한

---

10 가까운 곳에서 위기가 발생하는 것을 두고 러셀이 한 이야기는 민중의 교훈으로 남아 있다. 1950년 노벨 문학상을 받은 철학자 버트런드 러셀(Bertrand Russell)은 그의 저서 『철학의 문제들(The Problems of Philosophy)』에서 아무도 예견하지 못하는 위기의 등장을 닭의 죽음을 통하여 비유했다. 닭을 기르는 농부는 날마다 닭에게 모이를 주었고, 이를 먹는 닭은 평생 농부에 의해 안전하게 살 수 있을 것이라 기대하게 되었다. 나중에는 농부의 손만 보아도 닭은 모이를 연상하게 되었지만 결국 농부는 그 손을 사용하여 닭의 목을 비틀어 죽이게 된다는 것이다.

방향으로 변하기 시작했다. 미국의 시민들은 9.11 테러 사건으로 큰 충격에 빠졌고 미국도 결코 안전지대가 될 수 없다고 인식하게 되었다.

결국 조지 부시(George W. Bush) 대통령은 사회 모든 분야에 대한 사법기관의 감시와 통제 권한을 대폭 강화하는 애국자법(USA Patriot ACT)을 통과시켰다. 미국 인기 만화 심슨(Simpson)의 주인공 바트 심슨(Bart Simpson)이 "헌법은 애국자법이 죽여 버렸어"라는 대사를 통해 애국자법을 비판할 정도로 애국자법이 자유의 권리를 강조하는 헌법 정신에 위배된다는 비판이 끊이지 않았다. 그러나 테러의 충격에서 벗어나지 못한 미국 정부는 애국자법을 통과시켰고 이후 FBI와 CIA를 중심으로 강력한 국가 안보 정책을 펼치기 시작했다.

혁신의 기대치가 크면 위기도 크게 온다

『MIT 테크놀로지 리뷰(*MIT Technology Review*)』는 미국 시장에서 유선 전화와 전기, 라디오, 텔레비전, 컴퓨터, 휴대폰, 인터넷 및 스마트폰과 태블릿 PC 등 9가지 기술의 발전 속도를 분석했다. 그 결과 전체 소비자 중 10퍼센트 이상이 기술을 사용하게 되기까지 유선전화는 발명 후 25년, 전기는 30년이 걸렸다고 한다. 그러나 90년대 후반부터 본격적으로 등장하기 시작한 인터넷과 컴퓨터는 9년으로 그 기간이 대폭 줄어들었고 심지어 스마트폰은 8년, 태블릿 PC는 2.5년이 걸렸다는 조사 결과를 발표했다. 특히 기술 보급률이 40퍼센트까지 이르는 데 걸린 시간은 전화가 39년, 전기가 15년인 반면 TV와 스마트폰은 고작 2.5년이 걸렸다고 발표했다.

스마트폰은 아이폰이 등장하기 몇 년 전인 2002년 PDA에 휴대폰 기능이 들어가면서 시작되었다. 그때까지만 해도 PDA는 소수의 사람들만 사용하는 기기로 취급되었다. 그러나 핸드스프링(Handspring)이 팜(Palm) 운영체제를 기반으로 한 트레오(Treo) 시리즈를 선보이고 마이크로소프트가 포켓 PC폰을 선보이는 등 PDA는 조금씩 다양화될 움직임을 보이기 시작했다. 당시 PDA는 아이폰이 출시되기 불과 3개월 전만 해도 미국 휴대폰 보급률의 6퍼센트에 해당하는 71만 5천여 대가 보급되었을 뿐이었고, 이는 과거 10년간 PC의 확산보다 더욱 느린 수준이었다.

하지만 아이폰은 출시된 지 불과 1년 만에 스마트폰이 전체 휴대폰 시장의 11퍼센트를 차지하는 등 보급 속도가 가파르게 증가했다. 스마트폰 시장은 이후 삼성전자 등 새로운 경쟁자들이 진입하면서 더욱 빠르게 성장했는데, 2012년에는 스마트폰이 전체 휴대폰 시장의 3분의 2를 차지할 정도였다.

문제는 기술 발전의 속도가 증가할수록 이에 대한 투자 역시 눈덩이처럼 증가하지만, 이들에 대한 투자의 상당수는 실제 기대만큼의 성과를 거두지 못한다는 점이다.

연구에 의하면 기업들이 2000년부터 5년간 고객 관리 시스템(CRM) 투자에 2,200억 달러를 지출했고 이를 통하여 연간 500억 달러가 넘는 관련 시장이 새롭게 등장했지만 이와 같은 막대한 투자에도 약 55~75 퍼센트의 기업은 기대한 만큼의 수익률 달성에 실패했다고 한다.

냉전 시대 군사용으로 제한적으로 사용되었던 인터넷이 폭발적으로 확산될 무렵 당시 대서양을 횡단하는 해저 광케이블을 가지고 있던 광통신 회사 글로벌 크로싱(Global Crossing)은 2년 안에 19개국 159개의 도시를 연결하는 11만 4천 킬로미터의 광케이블을 설치하고 세계 통신 시장의 85퍼센트를 점유하겠다는 원대한 계획을 발표했다. 많은 투자자들이 글로벌 크로싱의 프로젝트에 거액을 투자했고, 이를 통하여 글로벌 크로싱은 전 세계 대도시를 연결하는 세계 최대의 광통신 망을 확보할 수 있게 되었다.

하지만 실제 사용되는 인터넷 트래픽은 글로벌 크로싱이 구축된 통신망의 5퍼센트에 불과한 것으로 드러났다. 이런 사실이 알려지자 글로벌 크로싱의 가치는 크게 폭락했고 수많은 투자자들은 큰 손실을 입고 말았다. 손실을 만회하고자 결국 부정 회계 스캔들에 휘말리게 된 글로벌 크로싱은 결국 파산을 신청했고 한때 수백억 달러를 호가하던 글로벌 크로싱은 허치슨 왐포아(Hutchison Whampoa) 그룹의 계열사인 허치슨 텔레커뮤니케이션(Hutchison Telecommunication)과 싱가포르 테크놀로지 텔레미디어(Singapore Technology Telemedia)에 헐값에 팔리고 말았다.

혁신적 발명이 여러 방면에 걸쳐 광범위하게 영향을 미칠수록 이에 따른 위기 또한 강력하게 전파되는 특성이 있다. 특히 오늘날과 같이 모든 분야가 촘촘하게 연결되어 있는 사회에서는 혁신 추진으로 인한 긍정적인 면과 한편으로 전혀 예기치 못한 상황으로 더욱 큰 위기를 맞이할 수 있다. 순간적으로 리스크의 가능성을 감지하지 못하는 순간 그 피해는 걷잡을 수 없이 번지게 되는 것이다.

2001년 당시 IT 버블의 붕괴로 수춤했던 미국 경제는 설상가상으로 9.11 테러로 더욱 큰 시련을 맞이하고 있었다. 당시 연방 준비제도 이사회(FRB)의 의장이었던 앨런 그린스펀(Alan Greenspan)은 이를 타개하고자 저금리 정책을 펼치기 시작했다. 그는 국내외의 많은 자금이 미국의 실물 경제에 투자되고 이를 통하여 미국 경제를 다시 부활시키려 했다.

앨런 그리스펀의 정책 아래 많은 투자자들은 저금리 시대의 도래에 대응하기 위하여 부채 담보부 증권(CDO)라는 새로운 투자 상품에 주목했다. CDO는 여러 주택 담보 대출이 시장에서 유통될 수 있도록 만들어진 증권을 말한다. CDO는 보통의 채권보다 높은 수익을 거둘 수 있고 무엇보다도 여러 대출을 조합함으로써 단일 대출보다 부도의 위험을 이론적으로 훨씬 낮출 수 있다는 점이 매력적이었다. 따라서 CDO 발행이 증가함에 따라 보다 많은 사람들이 주택을 구입할 수 있게 되었고, 투자자들 역시 낮은 위험 부담을 지면서도 안정적인 수익을 거둘 수 있을 것이라 기대하게 되었다. 이처럼 CDO는 다양한 주체들에게 도움이 되는 혁신적인 금융 상품으로 소개되면서 발행이 빠른 속도로 증가했다.

　CDO의 기초 자산이 되는 미국의 주택 담보대출은 주로 프라임 (Prime) 대출로 구성되었다. 이는 확실한 수입과 재산을 가지고 있는 사람에게만 가능한 주택 담보대출로서 비교적 안정성이 높은 대출이었다. 그러나 이러한 프라임 대출을 받을 수 있는 대부분의 사람들은 대출이 필요치 않거나 이미 대출을 받고 있었다. 은행은 수익성이 좋은 CDO를 계속 발행하여 더욱 많은 투자자를 모집하기를 원했기 때문에, 신용이 낮은 사람들도 돈을 빌릴 수 있는 서브프라임(Sub Prime) 대출을 판매하기 시작했다.

　은행들은 서브프라임 대출을 활성화하기 위하여 대출 가입 조건을 대폭 완화했다. 자신의 신용 상태 및 미래의 상환 능력을 증명할 필요 없이 그저 서류만 작성하는 것으로 충분했다. 한술 더 떠 은행은 수입과 재산의 현황을 보지 않고 돈을 빌려 주는 NINA(No Income, No Asset)라는 대출 상품을 출시했다. 이를 통하여 파산 직전에 이를 정도로 신용 등급이 나쁜 사람들조차 손쉽게 돈을 빌려 집을 구입할 수 있었다.

　금리 수준이 낮을 때에는 주택의 가격이 오르고 집을 구하려는 사람들도 많기 때문에 이러한 상품들이 큰 문제를 일으키지 않았다. 하지만 경기 상승세를 확인한 미국이 저금리 기조를 완화하기 시작하면서 대출 금리는 가파르게 오르기 시작했다. 신용 등급이 매우 불량한 많은 대출자들이 돈을 갚지 못하는 사태가 발생했고, 따라서 이를 기반으로 한 CDO의 수익률 역시 급락했다. 결국 CDO를 가지고 있었던 투자자들은 엄청난 손실을 보게 되었고 더 큰 손실을 막고자 이를 급하게 팔기 시작했다.

많은 투자 은행을 비롯한 글로벌 금융 기관들은 이러한 CDO의 최대 보유자였다. 이들은 엄청난 투자 손실을 보게 되어 심각한 자금 압박에 시달리게 되었다. 이에 금융 기관들은 급한 불을 끄기 위하여 다른 곳에 투자했던 돈도 서둘러 회수하기 시작했다. 경기가 안정적인 경우에는 보통 만기를 앞둔 대출을 연장하는 것이 일반적이었고, 이를 통하여 기업들은 안정적으로 자금을 확보하고 실물 투자에 나섬으로써 경제를 지탱할 수 있었다. 그러나 이전과 달리 금융 기관들이 만기가 도래하는 대출을 모조리 회수함으로써 많은 기업들이 단시간에 엄청난 대출금 상환 부담을 지게 되었다. 비교적 건실한 재무 상태를 가지고 있었던 기업조차 투자자들의 대출금 회수 바람이 지속되면서 더 이상 견디지 못하고 하나둘 쓰러지기 시작했다. 이러한 기업의 연쇄적인 도산은 고용 감축과 투자 및 소비의 위축으로 이어지면서 실물 경제까지 빠르게 악화시켰다.

세계 경제를 떠받들던 미국의 위기는 곧 세계 경제의 연쇄적인 침몰로 이어졌고 역사와 전통을 자랑하던 여러 글로벌 기업들 역시 금융 위기의 여파를 피하지 못하고 사라지고 말았다. 또한 세계 경제 변화에 취약한 유럽과 아시아의 여러 국가들이 미국으로부터 시작된 혼란 때문에 한동안 극심한 경제적 고통에 시달려야 했다.

집을 구하고자 하는 사람들, 그리고 안정적으로 높은 수익을 추구했던 투자자들에게 서브프라임 모기지 금융은 각각의 수요를 맞출 수 있는 기발한 발명이었다. 그러나 저금리의 안정적 유지와 부동산 가격의 지속적인 상승을 전제로 고안된 이 상품은 예기치 못한 상황으로 결국 큰 실패로 끝나고 말았다. 특히 피해가 늘수록 더 큰 위기가 닥칠 것이라는 공포감이 널리 퍼지면서 예상보다 피해를 더욱 크게 증가시켰다.

블라인드 스팟을 주의하라

17세기 네덜란드는 당시 유럽에서 가장 부유한 국가였다. 1648년 베스트팔렌 조약(Peace of Westphalia)으로 독립국 지위를 인정받게 된 네덜란드는 금융 거래의 중심지로 부상한 암스테르담을 통하여 유럽 전역에서 밀려오는 막대한 부를 끌어모을 수 있었다. 따라서 귀족은 물론이고 장인과 농부 등 서민들도 풍족한 생활을 누리고 남는 소득을 희귀한 상품에 투자하는 것이 유행이었다. 당시에 네덜란드에 새롭게 소개되었던 튤립도 그 중 하나였다. 오늘날에는 네덜란드를 대표하는 꽃으로 인식되고 있지만, 튤립이 들어온 이후 네덜란드는 엄청난 혼란의 소용돌이에 휘말려 들게 되었다.

　본래 튤립은 16세기 중반에 오스만 제국에서 재배되었던 작물이었는데, 유럽에 전파되면서 독특한 외관 덕분에 큰 인기를 얻게 되었다. 그러나 튤립은 단기간에 재배량을 늘리기 어려운 식물이었기 때문에 공급이 수요를 감당하기가 턱없이 부족했다. 튤립의 가격은 빠르게 오르기 시작했고 튤립의 인기를 이용하여 큰돈을 만질 수 있다고 생각한 사람들은 튤립을 사고파는 거래에 경쟁적으로 참여하게 되었나. 수량이 제한적이었던 고급 품종의 튤립 구근을 팔아 일확천금을 거머쥐는 사람들이 등장하는 등 튤립은 본래 관상의 목적에서 벗어나 점차 투기의 대상으로 변질되었다.

　소량의 튤립 구근만으로도 막대한 돈을 벌 수 있다는 소문은 귀족과 상인 등 부유층뿐만 아니라 일반 서민 계층으로도 전파되었다. 그러자 목돈이 부족한 사람들까지 빚을 내어 튤립을 거래하면서 튤립 시장은 폭발적으로 성장하게 되었다. 특히 자본이 부족한 사람들이 튤립 투기에 참여하게 되면서 구근이 출시되기 전 미리 입도선매하는 선물 거래가 등장하는 등 그 방법도 한층 다양화되었다. 고급 튤립 품종뿐만이 아니라 저급 품종의 튤립 가격도 천정부지로 치솟아 튤립 구근 하나가 일반 사람들이 버는 소득의 몇 배에 이를 정도였다. 그러자 많은 이들은 생업을 제쳐 두고 튤립 투기에 혈안이 되었다. 튤립 하나면 국왕도 부럽지 않다는 의미의 '구근 왕자'라는 말도 등장할 정도였다.

　그러나 튤립 구근의 가격이 급등할수록 튤립을 실제로 재배하려는 농민들의 수요는 빠르게 식어 갔다. 고급은 물론 저급 품종의 튤립조차도 쉽게 구할 수 없게 되자 튤립 재배를 포기하는 사람들도 속속 늘기 시작했다. 실제로 많은 튤립 구근들이 매매 후 땅에 심어지기보다는 다시 다른 사람들에게 거래될 정도였다.

이러한 불균형이 극에 달하면서 결국 튤립 구근의 가격은 큰 폭으로 추락했다. 빚을 내어 튤립을 구매한 사람은 물론이고 이들에게 돈을 빌려진 사람들 모두 큰 혼란에 빠졌다. 튤립 구근의 가격은 끝없이 추락했고 채무자들과 채권자들의 다툼과 소송이 폭증하면서 네덜란드의 경제는 아비규환이 되었다. 결국 네덜란드 의회까지 나서 더 이상의 혼란을 막기 위하여 튤립 거래를 제한했고 이로 인하여 튤립 파동은 간신히 진정될 수 있었다.

튤립 파동이 끝났지만 그 여파는 네덜란드 경제에 큰 타격을 주었다. 대다수의 거래 참가자들은 큰 빚을 지고 파산했으며 귀족 등 부자들도 재산을 몰수당하는 등 극심한 경제적 어려움을 겪게 되었다. 결국 막대한 무역 수지를 통하여 황금시대를 누리고 있었던 네덜란드는 한동안 경제적 고통에 휘청거려야 했고 유럽 경제의 주도권을 영국으로 넘겨주고 말았다.

네덜란드 사람들은 언젠가는 튤립의 거품이 터질 것이라는 사실을 전혀 예측하지 못했을까? 사실 튤립 가격의 비이성적인 과열로 인하여 많은 사람들이 튤립을 심지 못하는 지경에 이르게 된 것은 향후 등장하게 될 재앙에 대한 위험 신호나 다름없었다. 그러나 현재의 밝은 측면에 집중하면 집중할수록 어두운 면의 크기는 더욱 작아 보이고 이에 대한 관심을 기울이기도 쉽지 않게 된다. 당시 큰돈을 만지게 된 사람들은 이와 같은 변화를 미처 발견하지 못했고 설령 이를 감지했더라도 대부분 쉽게 간과하고 만 것이다.

심리학자 매들린 반 헤케(Madeleine L. Van Hecke)는 대부분의 사람들이 자주 익숙한 것을 잊거나 혹은 상식적이지 못한 행동을 저지르는 것에 착안하여 맹점, 즉 블라인드 스팟(Blind spot)에 대해 연구를 시작했다. 그녀는 블라인드 스팟이 우리가 다양한 정보를 받아들이고 결정을 내리는 과정에서 발생할 수 있는 자연스러운 행동이라고 주장한다. 이러한 블라인드 스팟을 인위적으로 제거할 수는 없다는 것이다.

그녀의 주장처럼 우리는 자신의 의견에 강하게 몰입하는 경향이 강하며 이로 인하여 다른 사람의 생각과 의견을 쉽게 경시하곤 한다. 대부분 이러한 판단은 객관적인 증거보다는 자기의 의견과 다르다는 사실 하나에 근거하는 것이다. 따라서 사안을 폭넓게 관찰하지 못하는 블라인드 스팟의 실수는 종종 큰 위기를 불러일으킨다. 특히 이러한 실수가 개인적인 판단뿐만이 아니라 기업과 국가, 민족 등 다양한 집단에서도 발생하여 인류의 역사가 한순간에 바뀌는 일도 매우 많다. 그녀는 이러한 사태를 막기 위하여 블라인드 스팟의 위험성을 정확히 인지하는 것이 중요하다고 강조한다.

헤케가 말하는 블라인드 스팟은 종종 혁신의 추구에서 일어나는 리스크를 보지 못하고 간과하게 되는 중요한 원인이 될 수 있다. 혁신을 위한 아이디어와 노력은 그 자체로 많은 위험 요소를 안고 있다. 게다가 이를 추진하는 사람들은 대개 혁신이 이루어질 경우 얻게 될 엄청난 결과에 고무되어 다른 이들의 객관적인 판단과 조언을 쉽게 받아들이지 못한다.

설령 리스크를 미리 알았다고 하더라도 이를 쉽게 받아들이기 역시 쉽지 않다. 이는 엄청난 시간과 돈을 투자하는 노력에 대한 보상 심리가 더욱 크게 작용하기 때문이다. 리스크의 징후들이 하나 둘 드러날수록 실패의 가능성은 점점 고조되지만 사람들은 쉽게 이를 받아들이기 어렵다. 위험을 인정하고 중도에 방향을 바꾸거나 결국 이를 포기하는 것은 물질적인 손실과 피해를 넘어 감정선마저 건드리면서 자책과 괴로움을 더욱 끌어 올리는 일이다.

특히 이는 전문가일수록 더욱 두드러지게 드러나는 경향이 높다. 자신의 전문성과 능력을 과신하는 사람들은 종종 자신의 노력을 혁신으로 포장하고 지나치게 과신하기 쉽다. 약간의 실패 징후가 드러나는 경우에도 이를 순순히 인정하려 하지 않으며 이러한 점에 대한 비판적 시선을 잘못된 판단이라고 반발하기도 한다. 헤케는 이러한 공격적인 태도야말로 자신들조차 모르는 것에 대해 묻기를 두려워하기 때문에 나타나는 자기 방어의 본능이라고 말한다.

실제로 많은 사람들이 인정하는 엘리트들의 어처구니없는 실수는 무수히 많다. 천재들의 가장 비참한 실패 중 하나로 회자되는 롱텀 캐피털 매니지먼트(Long-Term Capital Management) 펀드 역시 대표적인 사례이다. 노벨 경제학상 수상자인 마이런 숄스(Myron Scholes)와 로버트 머튼(Robert Merton) 교수가 참여한 롱텀 캐피탈 매니지먼트 펀드는 역사적 데이터에 기반하여 정확하게 고안된 수학적 모델 아래 안정적인 수익을 거둘 수 있다는 홍보와 두 거장의 명성에 힘입어 많은 투자금을 끌어모을 수 있었다.

로버트 머튼 교수는 다방면에 걸쳐 뛰어난 지식을 소유한 석학이었다. 컬럼비아 대학(Columbia University)를 졸업한 로버드 머튼은 캘리포니아 공과대학(California Institute of Technology)에서 수학을 전공했으나 다시 전공을 바꿔 MIT 경제학과에 진학했다. 이후 박사 학위를 취득한 머튼은 피셔 블랙(Fischer Black)과 마이런 숄스와 함께 옵션 가격 모형을 연구했고 마침내 블랙과 숄즈의 이름을 딴 블랙숄즈 옵션 가격 모형의 개발에 일조했다. 그들은 이를 통하여 월스트리트에서 큰 인기를 얻게 되었고 학계는 물론이고 전 세계 금융시장에서 유명 인사가 되었다. 롱텀 캐피털 매니지먼트 펀드는 바로 이러한 세 사람의 연구가 실제 엄청난 성과를 가져다 줄 것이라는 자신만만함이 이루어 낸 산물이었다. 심지어 1997년 노벨 경제학상 수상식에서 머튼은 롱텀 캐피털 매니지먼트 펀드를 가장 혁신적인 펀드라고 치켜세웠다.

그러나 그의 기대는 오래가지 못했다. 1998년 파산 위기에 몰린 러시아가 채무불이행을 선언하면서 롱텀 캐피털 매니지먼트 펀드는 파산하고 말았다. 아이러니하게도 로버트 머튼 교수는 롱텀 캐피털 매니지먼트 펀드가 무너지기 1년 전 노벨 경제학상을 수락하면서 대중들에게 투자 모델의 위험성을 설명했지만 정작 그 자신은 엄청난 리스크에서 벗어날 수 없었던 것이다.

㉠스크를 뛰어넘는 야성의 충동

1929년 미국의 대공황이 전 세계를 공포로 몰아넣자 전통적인 경제학의 위기가 대두되었다. 인간의 생각과 행동은 자신의 최대 이익을 추구하기 때문에 경제가 외부의 개입 없이도 스스로 가장 효율적인 방향으로 움직일 수 있다는 전통적인 경제학의 가정이 여지없이 무너지게 된 것이다.

대공황 이후에도 전통 경제학의 논리는 자주 무너지기 일쑤였다. 대공황의 교훈에 따라 다양한 정책들이 고안되고 입안되었음에도 불구하고 경제 침체와 공황은 어김없이 나타나 전 세계를 휩쓸었다. 그러나 정작 이를 예견한 사람들은 아무도 없었다. 과거와 현재의 모습에 비춰볼 때 새로운 위기가 찾아올 가능성은 거의 없다는 호언장담했던 전문가들의 전망은 여지없이 빗나가고 말았다.

경제학자 존 메이너드 케인스(John Maynard Keynes)는 그의 대표작인 『고용, 이자 및 화폐에 관한 일반 이론(*The General Theory of Employment, Interest and Money*)』에서 이러한 경제의 불확실성은 바

로 인간 본연에 내포된 리스크라고 정의했다. 그는 인간의 활동 대부분은 정교한 수학에 의한 합리적인 기대에 의존하기보다는 근거 없이 스스로 만든 낙관적 생각에 의존한다고 주장했다. 그러나 한편으로 이러한 미래를 바라보는 감성적인 요인, 즉 야성적 충동(Animal spirit)이야말로 경제 발전의 원동력이라고 설명했다.

그의 주장처럼 야성적 충동은 경제의 불확실성을 야기하는 주범이기도 하지만 한편으로는 세상에 없던 혁신을 만드는 원동력이 되기도 한다. 모든 사업의 시작은 리스크를 안을 수밖에 없지만 이를 감당하는 힘이 바로 야성적 충동이라는 것이다.

실제로 성공한 기업가들은 정교한 계산보다는 해낼 수 있다는 믿음, 즉 야성적 충동을 기반으로 불확실성에 도전하여 큰 성과를 만들 수 있었다. 방대한 자료나 확실한 근거에 기반하여 철저히 준비한 끝에 사업을 전개하기보다는 터무니없는 근거와 환상에 사로잡혀 무모하게 보이는 시도를 밀어붙여 엄청난 부를 거머쥘 수 있었던 것이다. 피터 드러커 역시 혁신을 이루기 위하여 가장 중요한 요인은 바로 위험에 과감히 뛰어들 수 있는 기업가 정신이라고 말한다. 풍부한 자원과 기술을 갖추었다고 하더라도 실패의 위험은 늘 존재할 수밖에 없는데, 이를 극복할 수 있는 유일한 방법이야말로 기업가 정신이라는 것이다. 과거의 경험에서 볼 때 실패의 위험이 클 수밖에 없는 시도를 마지막까지 이끌어 가는 것이 성공과 실패를 결정하게 되는 경우가 많은데, 이를 해내기 위해서는 현실의 상황에서 초연할 수 있는 의지가 필수적이다.

스티브 잡스를 아는 사람들은 그가 가지고 있었던 특유의 기괴한 생각과 행동을 '현실 왜곡장(Reality distortion field)'이라고 불렀다. 그는 현재 주어진 상황을 의도적으로 외면하고 보다 높은 이상을 추구하고자 다른 사람들에게 그러한 기준에 맞출 것을 강요했다. 이런 그의 현실 왜곡장은 당연히 숱한 마찰을 만들었고 결국 그가 애플에서 쫓겨나게 된 결정적인 계기가 되기도 했다. 잡스는 타협과 융통성이라고는 조금도 없었기에 모든 사업에 대하여 본인의 생각만을 고집했고 그와 일하던 많은 사람들을 적으로 만들었다.

그러나 스티브 잡스를 성공으로 이끈 것도 그의 현실 왜곡장이었다. 아이폰을 더욱 얇고 세련되게 만들기 위하여 그는 집요하게 직원들을 몰아붙였다. 그를 제외한 모든 사람들이 결코 성공할 수 없다고 여기는 일임에도 그는 자신의 생각만이 세상을 바꾸는 혁신을 만들 수 있다는 굳은 신념을 가지고 있었다. 신기하게도 그의 야성적 충동은 금세 다른 사람들에게 전이되었고 그의 자기실현적 예언은 현실에 모습을 드러낼 수 있었다.

물론 이러한 막무가내의 충동을 가지는 것만으로 혁신을 만드는 것은 아니다. 때로는 이러한 야성적 충동이 더욱 큰 리스크를 야기하여 다시 일어서지 못할 정도의 실패를 야기하기도 한다. 스티브 잡스의 혁신도 그의 야성적 충동이 만든 숱한 리스크를 경험한 끝에 나온 결과였고 되돌아보면 현명하지 못한 선택도 매우 많았다.

그러나 중요한 점은 그가 감당해야 했던 리스크는 그가 야성적 충동을 버리고 다시 일어서지 못할 정도로 강력한 것이 아니었다는 것이다. 혁신을 일굴 수 있었던 원동력은 새로운 것을 추구하려는 야성적 충동과 이를 버리지 않을 수 있게 한 그의 여건 덕분이었다. 스티브 잡스가 이사회의 결정에 따라 그가 설립한 애플에서 쫓겨났고 이는 그에게 뼈아픈 일로 남았지만 그렇다 하더라도 이것이 그에게 치명적인 실패는 아니었다. 그는 애플 창업의 엄청난 성공으로 여전히 부자였고 새로운 일을 감당할 수 있는 능력이 충분했다. 여기에 자신의 실책에서 비롯된 리스크를 혹독하게 경험하고 난 후라 그의 실행 역량도 한층 배가될 수 있었던 것이다.

혁신을 이끌어 낼
'아주 느린 포착'에 집중하라

1754년 영국의 소설가 호레이스 월폴(Horace Walpole)은 그의 친구에게 보낸 편지에서 '세렌디피티'[11]라는 단어를 처음으로 사용했

---

11 세렌디피티는 그냥 기다리기만 해서는 잡을 수 없다. '가만히 있는 것'이 아니라 '계속 해서 찾고 '움직이고, 노력해야 오는' 행운이다. '세렌디피티'는 마치 쓰레기 더미에서 보석을 찾아내는 것과 비슷하다. 당장 도움이 되지 않을 것 같은 일, 메인이 아니라 보조 업무에서, 허드렛일에서 의외로 회사에 행운을 가져다주는 요인을 찾아내는 것이다.

다. 월폴은 어릴 때 읽었던 「세렌디프의 세 왕자(The Three Princes of Serendip)」라는 동화를 이 편지에서 소개했다. 이 동화는 오늘날의 스리랑카를 뜻하는 세렌디프의 왕자들이 지혜와 우연을 통하여 슬기롭게 모험을 헤쳐 간다는 내용이다. 그는 이 내용을 언급하면서 뜻하지 않게 엄청난 성공을 거둔 발견을 세렌디피티(Serendipity)라고 불렀다. 이후 세렌디피티는 우연한 사건으로부터 놀라운 성과를 달성하는 것을 가리키는 단어가 되었다.

3M이 출시하여 세계적인 성공을 거둔 포스트잇(Post It)은 세렌디피티의 대표적인 사례이다. 3M의 중앙 연구소에서 근무하던 젊은 과학자 스펜서 실버(Spencer Silver)는 새로운 접착제를 만드는 연구를 담당하고 있었다. 그러나 기대했던 접착제 대신 실버가 만든 것은 전혀 엉뚱한 특성이 있었다. 한번 붙으면 떨어지지 않아야 하는 일반적인 접착제와는 달리 이 접착제는 한번 붙었다가 힘없이 떨어지곤 했다. 애초에 그가 기대했던 것과는 전혀 다른 물질이었지만 스펜서 실버는 이 접착제가 다른 용도로 쓰일 수 있다는 확신을 가지고 회사에서 이 접착제에 대한 세미나를 열었다.

하지만 3M 내부에서도 그의 접착제에 관심을 가진 이는 많지 않았다. 테이프 사업부의 아트 프라이(Art Fry)도 우연히 스펜서 실버의 세미나에 참석하게 되었으나 그의 발명에 그다지 흥미를 느끼지 못했다. 그저 접착력이 기대만큼 충분하지 않은 실패한 제품 정도로만 생각했다.

프라이는 취미로 일요일마다 교회 성가대에서 노래를 불렀다. 그런데 그는 연습 때 찬송가를 쉽게 찾기 위해 악보에 끼운 서표가 자꾸 떨어진다는 사실을 알게 되었다. 그는 문득 서표에 실버가 발명한 접착제를 바르면 쉽게 악보에 붙일 수 있겠다고 생각했고, 한발 더 나아가 이를 메모지에도 활용할 수 있겠다고 아이디어를 고안하게 되었다. 그는 곧 자신의 상사인 제프 니콜슨에게 달려가 이 아이디어를 말했고, 이후 스펜서 실버의 연구를 토대로 쉽게 붙였다 뗄 수 있는 포스트잇이라는 새로운 제품을 만들 수 있었다. 이후 포스트잇은 매년 10억 달러가 넘는 매출을 올리는 3M의 대표적인 제품으로 자리 잡게 되었다.

알프레드 노벨(Alfred Nobel)이 발명한 다이너마이트 역시 세렌디피티가 가져온 예기치 못한 혁신이었다. 당시 노벨은 강력한 화약인 니트로글리세린(Nitroglycerin)을 생산하여 큰돈을 벌고 있었다. 니트로글리세린은 폭발력이 좋아 다양한 용도로 활용되고 있었지만 액체로 되어 있었기 때문에 외부에서 작은 자극만을 주어도 쉽게 폭발하여 많은 피해를 낳았다. 노벨 역시 1864년 스톡홀름 공장이 폭발하는 사고를 겪었고 이로 인하여 동생 에밀 노벨(Emil Nobel)을 비롯하여 여러 명의 인부가 사망하는 사고를 겪었다. 주위에서는 그를 동생을 죽게 한 미치광이 과학자라고 비난했지만, 노벨은 이에 굴하지 않고 유럽 전역에 니트로글리세린 공장을 건설하여 사업을 확장했으며 한편으로는 다루기 쉽고 폭발하지 않는 고체 폭탄 연구에 몰두했다.

그러던 어느 날 그는 점검 차원에서 독일의 니트로글리세린 제조 공장을 찾아가 화약 창고를 확인하던 중 액체 화약이 흘러내리는 것을 목격했다. 스톡홀름에서의 사고를 떠올리며 크게 놀랐던 노벨은 그곳에서 뜻밖의 현상을 발견하게 되었다. 액체 화약이 충격을 방지하기 위하여 뿌려 놓은 규조토에 스며들어 고체가 되고 있었던 것이다.

노벨은 니트로글리세린을 규조토와 섞고 건조시키면 운반과 취급이 더욱 간단해질 수 있을 것이라 생각했다. 이윽고 노벨은 니트로글리세린과 규조토를 섞은 새로운 화약을 출시했고, 이를 다이너마이트라고 이름 지었다. 영국과 미국에서 다이너마이트라는 이름으로 특허 출원을 받은 노벨은 이를 통하여 더욱 막대한 부를 축적하고 전 세계에 그의 명성을 더욱 알릴 수 있게 되었다.

스펜서 실버와 알프레드 노벨의 우연한 발견은 이후 그들이 엄청난 혁신을 완성하는 데에 큰 기여를 했다. 사실 상당수의 발명은 순전히 의도한 대로 이루어졌다기보다는 전혀 생각하지 못했던 우연적 사건과 행운이 있었기 때문에 가능했다. 독일의 과학자 아우구스트 케쿨레(Friedrich August Kekulé)는 꿈속에서 뱀이 자신의 꼬리를 물면서 똬리를 틀고 있는 것을 본 후 영감을 얻어 당시에는 추측에만 의존했던 벤젠의 분자 구조가 고리 형태로 되어 있다는 것을 최초로 규명할 수 있었다.

그렇다면 이와 같은 세렌디피티는 과연 소수의 사람들에게만 일어날 수 있는 행운일까? 행운을 얻기 위한 실천적 지침을 다룬 『겟 럭키(Get Lucky)』의 저자 소어 뮬러(Thor Muller)와 레인 베커(Lane

Becker)는 이러한 세렌디피티는 우연한 기회와 더불어 이를 간파하고 놓치지 않는 역량의 조합이라고 설명한다.

대부분의 사람들은 의도하지 않은 사건을 발견했을 때 대부분은 무시하고 지나쳐 버리지만, 아주 소수의 사람들만이 이를 새로운 기회로 만들 수 있는 역량을 바탕으로 큰 성공을 거둘 수 있다. 따라서 스펜서 실버와 알프레드 노벨이 만나게 된 세렌디피티 역시 좀처럼 얻기 힘든 기회를 놓치지 않고 끈질기게 매달릴 수 있었던 개인의 역량이 있었기에 가능한 것이라 볼 수 있다. 사실 뮬러와 베커 역시 여러 번의 사업 실패를 겪었지만 이에 굴하지 않고 "겟 새티스팩션"이라는 온라인 플랫폼을 만들어 큰 성공을 거둘 수 있었다.

뮬러와 베커는 세렌디피티가 쉽게 발생하지 않는 원인은 정작 외부보다는 내부의 요인이 더 크다고 설명한다. 대부분의 사람들은 새롭고 기발한 아이디어를 만들기 원하지만 막상 이를 시도할 수 있는 기회가 다가오면 이를 회의적인 시선으로 바라보는 성향이 강하다고 말한다. 이와 같이 모순적인 반응이 발생하는 것은 그것이 모호하고 불투명하기 때문에 본능적으로 거부감을 불러일으키기 때문이다. 따라서 성공을 위한 기회의 리스크를 기꺼이 감당하는 것이야말로 세렌디피티를 이끌어 낼 수 있는 핵심 요인이라는 것이다.

이들의 주장이 세렌디피티를 의도적으로 만들 수 있다는 뜻은 아니다. 낯선 환경에 스스로를 노출시키고 새로운 지식과 경험을 축적하는 과정을 반복하는 그 자체가 대단한 행운을 만들어 낸다는 보장은 할 수 없다. 다만 절호의 기회와 이를 실현시킬 수 있는 노력이 더해질 때 세렌디피티의 발생 가능성을 조금이라도 높일 수 있는 것이다.

뮬러와 베커는 역사학자 스티븐 존슨(Steven Johnson)이 주장한 혁신을 제대로 발견하기 위한 '아주 느린 포착'이라는 개념이 중요하다고 지적한다. 혁신을 발견하는 것이 순간의 사건으로 지나가거나 혹은 거대한 위험으로 나타날 수 있지만, 실제 이와 같이 성공으로 이어지는 절호의 기회를 놓치지 않기 위해서는 반복적인 학습과 노력을 통하여 튼튼한 역량을 갖추어야 하는 것이다.

혁신이란 노력만으로 이루어지는 것이 아니라 노력을 혁신으로 만들 수 있는 운에 의하여 상당 부분 결정된다. 따라서 끊임없이 공을 들여도 원하는 혁신을 보장할 수 없는 것이다. 그러나 운이 우리가 통제할 수 없는 영역인 이상 우리가 집중해야 하는 부분은 통제 가능한 부분이 될 수밖에 없다. 따라서 가능성이 낮은 운을 무심코 기다리기보다는 운을 수월하게 이용할 수 있는 대응력을 기르는 것이 더욱 합리적이다. 이를 기반으로 운이 정말 찾아왔을 때 이를 놓치지 않거나, 혹은 다른 예상치 못한 운을 활용하여 최고의 기반으로 만드는 것이 중요한 것이다.

혁신에 영향을 미치는 운이란 항상 논리적으로 발생하지 않는다. 따라서 혁신을 추진하기 위해서는 그것이 미칠 최악의 상황을 고려하고 이에 대비할 수 있는 능력을 먼저 고민하여야 한다. 검은 백조 이론을 적극적으로 주장한 나심 니콜라스 탈레브 역시 이와 같은 최악의 상황을 가정하는 투자 전략, 즉 위험 자산에는 돈을 잃어도 아깝지 않을 정도로만 투자하고 나머지는 최대한 안전한 곳에 보관하는 전략이 그나마 오늘날과 같은 불확실성이 극심한 시대에 가장 유용한 방법이라고 주장한다.

혁신이란 길고 지루한 시간 동안 리스크와의 치열한 상호작용의 결과라 볼 수 있다. 따라서 혁신을 추구하기 위해서는 이에 따른 리스크의 영향력을 평가하고 이를 충분히 감당할 수 있는 자산을 확보하는 것이 가장 중요하다. 혁신을 가로막는 리스크가 발생하여 어느 정도까지 부정적인 영향을 미칠 수 있는지에 대한 냉정한 인식과 대응 능력이 필요한 것이다.

이러한 과정 자체도 완벽하게 이루어질 수 없다. 그러나 리스크에 대한 염두와 준비가 철저할수록 혁신의 실행에서 드러나는 블라인드 스팟을 발견할 수 있는 단초가 될 수 있다. 또한 실패를 통하여 혁신을 추진하는 과정에서 부족한 부분을 정확히 파악함으로써 다음 시도에서 더욱 성공적인 혁신을 만들 수 있는 밑바탕을 깔 수 있다. 따라서 적절한 리스크 관리와 혁신 사이의 바람직한 균형을 위해서는 다양한 가능성을 예상하고 이들의 영향을 단시간 내 최소화할 수 있는 유연성을 갖추어야 한다. 대부분의 성공한 혁신가들 역시 리스크를 절묘하게 피한 것이 아니다. 그들은 단지 리스크에 대한 관찰과 이를 감당할 수 있는 역량의 수준이 다른 사람들보다 더욱 많았던 것이다.

chapter 4

속도보다 혁신의 **방향**에 **주목**하라

"속도가 반드시
혁신 추구를 위한
절대적인 요인은 아니다.

오랜 시간 서서히
일어나는 변화가
더욱 큰 영향을 미친다"

— 클레이턴 크리스텐슨

'느림의 덫'을
조심하라

　스티브 잡스가 사망한 후 애플이 더 이상 성장을 지속하기 어려울 것이라는 위기론이 고개를 든 적이 있었다. 그간 애플은 복귀한 스티브 잡스의 강력한 리더십과 창의성으로 새로운 제품을 선보였고 이를 통하여 시장을 이끄는 선도적인 위치에 올라섰다는 평가가 지배적이었다. 그러므로 그의 죽음과 함께 향후에는 경쟁자들을 압도하기 어렵다는 비관론이 확산되었던 것이다.

　특히 애플의 주력인 스마트폰과 태블릿 PC 시장에서 경쟁 기업들이 무서운 속도로 애플을 추격하는 상황에서 그의 뒤를 이어 신제품 개발을 진두지휘할 수 있는 리더가 보이지 않는다는 것이 위기론을 더욱 부채질했다. 그의 후임으로 CEO가 된 팀 쿡은 스티브 잡스와 같이 번뜩이는 천재성보다는 관리형 리더에 더 가까웠다. 사람들의 애플에 대한 우려는 빠르게 고조되었다.

　애플의 미래를 둘러싼 외부의 시각도 그리 호의적이지 않았다. 미국의 폭스 뉴스(Fox news)는 애플 이사회가 스티브 잡스 사후 애플의 혁신 속도에 대해 걱정하고 있으며 팀 쿡의 혁신 창출 역량도 여전히 미지수라는 기사를 실었다. 스티브 잡스와 절친했던 오라클(Oracle)의 CEO 래리 앨리슨(Larry Ellison) 역시 파블로 피카소와 같은 놀라운 발명가였던 스티브 잡스가 죽은 후 애플의 미래가 매우 어둡다는 부정적인 전망을 내놓기도 했다. 앨리슨은 스티브 잡스가 애플을 떠났을 때 애플은 매우 어두운 길을 걸었다면서 이제 애플 역시 그 역사를 되풀이할 가능성이 높다고 지적했다. 특히 애플보다는 안드로이드 운영 체제가 강력한 경쟁 기업들의 지원 아래 더욱 빠른 속도로 혁신을 거듭하고 있기 때문에 애플의 미래는 더욱 암울할 것이라고 주장했다.

기업이 꾸준히 성장할수록 혁신의 동력을 잃고 추락하는 대기업병에 대한 우려는 새로운 것이 아니다. 모토로라는 90년대까지만 해도 휴대폰과 무선호출기 등 새로운 시장을 만들고 각종 첨단 기술을 선도하는 혁신적인 기업이었다. 많은 경영학자들은 모토로라를 가장 혁신적인 기업으로 꼽는 데 주저하지 않았고 식스 시그마(Six sigma) 등 모토로라의 경영 방식을 앞다투어 연구할 정도로 영향력은 매우 컸다.

모토로라가 빠르게 성장하던 시절 직원들은 항상 혁신적인 제품의 연구에 몰두하고 새로운 아이디어를 곧바로 실행하는 데에 주력했다. 그러나 이러한 모토로라의 스피드는 오래 지속되지 못했다. 기업의 규모가 커지면서 신제품보다는 양산 증대와 공정의 효율성에 몰두하는 경향이 심화된 것이다. 결국 모토로라는 전형적인 그저 그런 대기업으로 변모했고 더 이상 혁신적인 제품을 창출하지 못한 채 뒤쫓던 후발 기업에 뒤처지게 되었다.

코닥 이야기는 이미 알려진 사례다. 디지털 카메라를 처음으로 개발한 필름 카메라의 강자 코닥(Kodak)은 1970년대까지만 해도 필름 시장의 90퍼센트를 차지할 정도로 막강한 독점적인 지위를 유지했다.

그러나 가장 먼저 새로운 혁신적인 기술을 개발했음에도 코닥은 주 수입원인 필름 시장이 급격히 무너질 것을 우려하여 디지털 카메라 시장에 적극적으로 진출하기를 꺼렸다. 카메라가 가정의 필수품으로 자리잡은 이상 필름 시장이 사라질 가능성은 거의 없다고 판단한 것이다.

그러나 코닥을 무너뜨리기 위하여 다른 기업들은 디지털 카메라 기술을 습득하여 제품을 출시하기 시작했다. 그러자 디지털 카메라 시장의 잠재력을 간과했던 코닥 역시 뒤늦게 디지털 카메라 판매에 나섰지만 이미 경쟁자들을 따라잡기 힘든 상황이었다. 실적은 매해 빠르게 추락했고 결국 코닥은 파산 신청을 내고 말았다.

붉은 여왕의 역설, 살려면 달려야 하는가

루이스 캐럴(Lewis Carroll)의 소설 『이상한 나라의 앨리스(*Alice in Wonderland*)』의 속편인 『거울 나라의 앨리스(*Through the Looking-Glass and What Alice Found There*)』에는 흥미로운 이야기가 등장한다. 소설에는 거울 나라에 사는 붉은 여왕이 앨리스를 데리고 빠르게 달리는 장면이 있다. 그러나 계속하여 달리고 있음에도 주변 환경이 조금도 바뀌지 않는 것을 의아하게 여긴 앨리스는 여왕에게 다음과 같이 물었다.

"붉은 여왕님, 정말 이상하네요. 우리는 지금 매우 **빠르게** 달리고 있는데, 주변 경치는 조금도 변하지 않아요."

앨리스의 질문에 붉은 여왕은 다음과 같이 대답했다.

"제자리에 남고 싶으면 쉬지 않고 달려야 해."

생물학자 밴 베일른(Van Valen)은 소설에 나오는 일화를 비유하여 제자리에 멈춰 있으면 주변 환경보다 뒤처지기 때문에 현재의 위치에 머무르기 위하여 계속 달려야 하는 상황을 붉은 여왕의 역설(Red queen effect)[12]이라고 불렀다. 그는 붉은 여왕의 역설이 낯설게 들리지만 사실은 환경 곳곳에서 발견되는 자연법칙이라고 주장한다.

난초 속에 대롱을 집어넣어 꿀을 빨아 먹는 나비의 진화는 붉은 여왕의 역설이 드러나는 대표적인 예다. 나비는 대롱을 이용하여 난초의 꿀을 먹는 과정에서 자신의 머리에 꽃가루를 묻히는데, 꿀을 먹은 후 다른 지역을 이동하는 과정에서 꽃가루도 함께 운반하면서 다른 꽃과 수정을 하게 된다. 그러나 시간이 지남에 따라 나비들의 크기는 더욱 커지게 되었고 대롱도 커짐에 따라 머리에 꽃가루를 묻히지 않고도 꿀을 빨 수 있게 되었다.

따라서 난초들은 수정을 위하여 더욱 깊은 꿀샘을 가지도록 진화했고, 결국 가장 깊은 꿀샘을 가진 난초만이 살아남을 수 있게 되었

---

12 어떤 대상이 변화하더라도 주변 환경이나 경쟁 대상이 더 빠르게 변화함에 따라 상대적으로 뒤처지게 되는 현상이다.

다. 한편 꿀샘이 더욱 커짐에 따라 나비 역시 이에 적응하기 위하여 더욱 큰 대롱을 가진 나비만이 살아남게 되었다. 이러한 주장은 자연의 환경에 가장 적합한 종족만 살아남는다는 다윈의 자연 선택설과 배치된다. 오히려 기후와 환경의 변화에 그대로 순응하는 것이 아니라 살아남기 위하여 생물 역시 끊임없이 진화를 거듭하는 것을 보여주고 있다.[13]

오늘날 기업이 직면하고 있는 치열한 경쟁 상황도 마찬가지다. 경쟁에서 뒤떨어진 기업들이 혁신의 중요성을 모르거나 이를 알면서도 소홀히 하는 경우는 거의 없다. 그들 역시 경쟁자들을 물리치기 위한 다양한 시도를 거듭했지만 이들 역시 마찬가지로 이에 뒤지지 않는 새로운 시도를 거듭하게 된다. 따라서 기업들이 막대한 투자를 지속함에도 제자리에 머무르게 되거나 혹은 약간의 방심만으로도 빠르게 뒤떨어지게 되는 것이다.

특히 이러한 현상은 기술과 시장의 추이가 급속히 변화하는 산업

---

13 붉은 여왕의 역설은 다양한 사회 현상을 설명할 때에도 자주 인용된다. 특정 국가가 새로운 무기를 개발하면 이에 자극을 받은 주변의 여러 국가들도 앞 다투어 이를 개발하기 때문에 기존의 대치 국면은 그대로 유지된다는 것이다. 2차 대전 당시 일본과의 전쟁에 마침표를 찍기 위하여 미국은 히로시마와 나가사키에 핵폭탄을 투하했다. 이로 인하여 결국 일본은 항복을 선언했지만 핵무기에 대한 전 세계 국가들의 충격과 놀라움은 뒤이어 연쇄적인 핵무장을 촉발시켰다. 게다가 다른 국가들과의 군비 경쟁에서 우위를 점하기 위하여 핵무기 보유에 그치지 않고 더욱 소형화된 핵무기나 이에 견딜 수 있는 벙커 개발 등 군비 투자를 지속하게 되는 것이다. 이로써 어느 한 국가도 군사력에서 우위를 점하지 못한 상태에서 현상 유지만을 위한 군비 경쟁이 되풀이될 수밖에 없게 된다.

에서 더욱 뚜렷이 드러난다. 보통 이와 같은 시장에서는 그 방향을 예측하기가 쉽지 않다. 따라서 기업들은 다른 경쟁자들의 움직임에 더욱 예민해지고 이들과 동일한 방향으로 움직이려는 관성이 커지게 된다. 결국 이와 같은 현상이 연쇄적으로 일어나면서 대다수의 기업들은 서로 유사한 제품과 서비스를 시장에 출시하게 되면서 치열한 경쟁을 반복하게 되는 것이다.

스마트폰 경쟁 역시 붉은 여왕의 역설이 작용되는 대표적 분야이다. 아이폰의 등장으로 휴대폰 경쟁이 스마트폰으로 새로운 변화의 국면을 맞이했지만, 이후에는 치열한 현상 유지 경쟁이 전개되고 있다. 더욱 높은 성능을 지원하는 스마트폰이 출시되면 대부분 다른 기업의 신제품들도 곧 유사한 성능을 갖추게 된다. 이에 따라 다른 기업을 앞서기 위하여 더욱 부지런히 새로운 제품을 출시하고 품질을 개선하려는 노력을 지속하게 되며 만일 조금이라도 방심한다면 금세 추락하고 말게 된다.

한때 안드로이드 스마트폰의 선제적 출시를 통하여 세계 스마트폰 시장의 강자로 자리 잡았던 HTC 역시 잠깐의 방심으로 좀처럼 선두 기업들을 따라잡지 못하고 있다. 마찬가지로 다른 기업들 역시 HTC의 전철을 밟지 않기 위하여 전전긍긍하면서 기술 개발과 제품 판매에 더욱 심혈을 기울이고 있는 상황이다.

아무리 뛰어난 기술과 전략을 기반으로 혁신적인 제품을 출시했더라도 경쟁 기업들이 금세 따라올 수 있는 여지를 남긴다면 또다시 붉은 여왕의 역설에 빠질 가능성이 높다. 그러므로 붉은 여왕의 역설을 견디기 위해서는 경쟁자보다 더욱 빠른 속도로 새로운 제품을 선보이는 것이 가장 현실적인 방법이다. 기존에 없던 제품과 서비스를 신속하게 출시하여 시장을 먼저 선점하고 경쟁자들이 따라잡기 위한 시간의 격차를 조금이라도 확대하는 것이 최선이라는 것이다.

그러나 신속하게 새로운 기술과 제품을 만드는 것만으로 우위를 지속적으로 이어가는 것도 한계를 가지고 있다. 사실 붉은 여왕의 역설이란 파급력이 큰 혁신을 완성하기에 시간과 투입 자원의 여유가 부족한 상황에서 나타나는 경우가 많다. 차별화를 가져올 가능성이 희박해짐에 따라 기업들이 경쟁의 순환에서 나오기란 더욱 어려워지게 되는 것이다. 따라서 기업은 예측이 어려운 새로운 모험에 투자하여 큰 위험에 빠지기보다는 경쟁자들의 움직임을 예의주시하면서 도태되지 않기 위한 경쟁을 지속하는 것이 안전한 방법임을 깨닫게 되었다.

스마트폰 시장을 뒤흔들 수 있는 기술 발전이 사라지고 있다는 주장도 이와 무관하지 않다. 스마트폰 시장이 열린 이후 경쟁 기업들이 하나 둘 시장으로 들어오면서 제품의 출시 및 기술 개발의 속도는 더욱 빠른 속도로 이루어졌다. 조금이라도 늦게 제품을 출시하면 경쟁 기업들의 새로운 제품에 밀려 금세 사라지게 되는 현상이 고착화되면서 그 주기는 점차 짧아지고 있다. 그러나 이로 인하여 새로운 가치를 줄 수 있는 기술을 연구할 수 있는 여지는 점점 줄어들게 되었다. 결국 기술로 차별화할 수 있는 가능성은 점점 낮아지게 되었고 스마트폰 시장을 새롭게 연 애플조차 이를 극복하지 못하고 점점 다른 경쟁자들과 비슷한 모습을 보이고 있다는 평가를 받고 있다.

혁신을 위한 속도 전쟁

구글이 새로운 서비스를 엄청나게 쏟아 낼 수 있는 비밀을 말할 때 자주 언급되던 것이 바로 구글 랩스(Google Labs)였다. 이곳에서는 소수의 제한된 인원이 기발한 아이디어를 제품으로 만드는 업무를 담당했다. 구글 랩스는 구글의 창의와 혁신 정신의 상징으로 인식되었는데, 구글이 핵심 사업의 집중을 이유로 2011년 7월 구글 랩스의 운영을 중지했을 때에는 구글의 혁신 정신이 퇴색한 것이 아니냐는 예상이 나오기도 했다. 그러나 구글은 구글 랩스의 운영 방침이나 철학은 구글 X(Google X) 프로젝트로 이어져 자리 잡고 있으며 여전히 구글을 이끌어 가는 원동력이라고 주장하고 있다.

구글 랩스의 기여는 적지 않았다. 80여 개의 프로젝트 중 구글 지도, 학술 검색, 문서 도구 등이 정식으로 출시되었다. 구글 랩스가 선보였던 프로젝트들 가운데에는 기발하고 황당한 것이 적지 않았다. 다음 네 가지가 바로 그 대표적인 프로젝트였다.

*인체를 3차원으로 보여주면서 근육과 뼈, 신경 등 인체의 각 부분을 단계별로 볼 수 있는 구글 바디(Google Body),

*즉흥적인 생각과 행동이 만드는 실수를 방지하기 위하여 흥분했을 때 마음을 가라앉힐 수 있도록 돕는 수학 퀴즈,

*16세기 이후 특정 단어가 전 세계의 문헌에서 얼마나 많이 등장하는지를 보여주는 북스 엔그램 뷰어(Books Ngram Viewer),

*25년간 축적된 위성 자료로 지구 기후 변화를 모니터하고 감시할 수 있는 어스 엔진(Earth Engine)

그러나 이들 대부분은 실제 상용화로 이루어지지 못하고 출시 초기에 빠르게 사라졌다.

구글은 모든 아이디어를 빠른 속도로 실험하는 것이 혁신을 창출하기 위한 가장 효과적인 방법이라고 주장했다. 아무리 좋은 아이디어라도 오래 고민할수록 실제 세상에 모습을 드러낼 가능성이 적기 때문에, 덜 정제되고 미성숙한 아이디어라도 일단 다양한 제품과 서비스로 만드는 것이 더욱 낫다는 것이다. 따라서 구글 랩스는 아이디어의 실행을 결정하면 몇 달 혹은 몇 주 만에 이를 구현할 수 있는 시범 서비스를 출시하고 성능을 확인할 수 있도록 해 왔다.

구글 랩스의 반복되는 실패가 전혀 무의미한 것은 아니다. 구글은 새롭고 기발한 실험이 결국 실패로 끝나더라도 이를 통하여 실패의 원인을 검증하고 되풀이하지 않도록 노력하는 것이 더욱 효과적이라고

주장한다. 미래를 무리하게 예측하고 이를 기반으로 오랫동안 잘못된 제품에 매달리기보다는 불확실한 제품이라도 100퍼센트 실패할 각오를 무릅쓰고 출시하는 것이 훨씬 낫다는 것이다. 혁신을 이루기 위해서는 무엇보다도 빠른 속도가 필수적이기 때문에 기발한 아이디어를 즉각적으로 실험하는 것이 구글 전체의 경쟁력으로 귀결될 수 있다는 것이다.

빠른 시도와 도전이 결국 더 많은 혁신을 만들 수 있다는 주장은 특히 IT와 같이 기술과 트렌드의 주기가 짧은 산업을 중심으로 더욱 주목을 받고 있다. 클레이턴 크리스텐슨 교수가 혁신 이론을 중심으로 박사 논문을 완성하기 위하여 연구 대상으로 삼은 것은 바로 하드디스크 드라이브 산업이었다.

당시 하드 디스크 드라이브에서는 크기를 더욱 작게 만들면서 저장 용량을 키우기 위한 경쟁이 치열하게 이루어지고 있었다. 초기에는 14인치 크기였던 하드디스크 드라이브는 이후 8인치로 줄었고 이후 5.25인치와 3.5인치로 빠르게 감소했다. 반면 저장 공간의 크기는 메가바이트에서 기가바이트, 그리고 테라바이트 단위까지 증가했다. 그러나 이러한 기술의 진화 과정에서 기존의 하드디스크 드라이브 기업들이 지속적인 경쟁 우위를 이어가지 못하고 후발 기업에 밀려나는 현상이 빈번하게 발생했고, 크리스텐슨 교수는 여기에서 혁신에 대한 새로운 아이디어를 발견할 수 있었다.

실리콘밸리 기업의 투자환경

오늘날 실리콘밸리(Silicon valley)로 불리고 있는 팰로앨토(Palo Alto)와 새너제이(San Jose), 샌타클래라(Santa Clara) 지역에서는 1800년대 후반부터 창업 활동이 본격적으로 전개되었다. 당시 미국은 제1차 세계 대전에 참전 중이었으므로 첨단 기술을 활용한 군사용 장비에 대한 수요가 빠르게 증가했다.

이를 토대로 이 지역에서는 기술을 기반으로 하는 기업들이 하나둘 등장했고 이후 세계 각지의 인재와 자금을 끌어모으면서 미국의 경제 성장을 이끄는 산업 단지로 발돋움하게 되었다. 오늘날 실리콘밸리는 HP를 시작으로 구글과 애플, 페이스북 등 세계 경제에서 큰 비중을 차지하고 있는 기업을 배출하는 등 혁신이 가장 활발하게 이루어지는 지역으로 평가 받고 있다. 현재도 미국의 성공을 본받기 위한 많은 나라들이 앞다투어 실리콘밸리를 분석하고 모방하고자 노력하고 있다. 그러나 어디에도 아직 실리콘밸리를 능가할 만한 곳이 등장하지 않을 정도로 이 지역의 위상은 독보적이다.

이러한 실리콘밸리 성공의 비결로 흔히 언급되는 것이 바로 기업의 등장과 성장의 속도가 매우 빠르게 이루어진다는 것이다. 젊은이들이 큰 어려움 없이 쉽게 기업을 만들 수 있으며, 기업을 설립한 지 얼마 지나지 않아 기업을 매각하거나 증시에 상장시킴으로써 벼락부자가 되는 사례도 빈번하게 등장하고 있다. 오늘날 실리콘밸리를 기반으로 IT 시장을 주도하는 많은 기업들 역시 그 역사는 대개 수십 년에 불과할 정도로 짧다.

신속한 창업을 뒷받침해 줄 자본 역시 어느 지역보다 풍부하게 조성되어 있다. 현재 미국 내 벤처 캐피털 자본의 약 40퍼센트가 넘는 금액이 실리콘밸리에 집중되어 있기 때문에 많은 벤처 기업들이 비교적 손쉽게 자금을 조달할 수 있다. 특히 실리콘밸리의 성공 신화가 지속되면서 많은 투자 기업들이 더욱 많은 자본을 들여오는 현상이 더욱 뚜렷해지고 있다.

실리콘밸리에서는 설립 형태나 시기에서 다양한 유형의 기업들이 투자를 받으며 성장하는데, 최근에는 갓 태어난 기업에게 자본을 지원하는 앤젤 투자(Angel investment)도 빠르게 성장하고 있다. 과거에는 소수의 지인들만이 소액의 자금을 지원하는 것이 앤젤 투자의 대부분이었다면 지금은 여러 투자 기업들이 적극적으로 돈을 유치하여 투자하고 있으며 그 금액도 수백만 달러에 이를 정도로 커지고 있다고 한다.

오늘날 이러한 앤젤 투자의 특징은 소수의 벤처 기업에게 큰 금액을 투자하는 것이 아니라 이를 다수의 기업에게 적은 금액을 투자하는 것이다. 실리콘밸리의 벤처 캐피털리스트 론 콘웨이(Ron Conway)가 많은 기업에 소규모의 금액을 투자하는 이러한 'Spray and Pray'라고 불리는 투자 전략을 통하여 큰 성공을 거두면서 이러한 방식이 확산되기 시작했다. 대개 앤젤 투자에 나서는 기업들은 각 벤처 기업에게 수만 달러 내외의 소액을 투자하고 있는데, 이들은 투자 실패의 위험을 최소화하기 위하여 기업을 지속적으로 성장시키기보다는 자금 회수가 용이한 기업 상장이나 매각 등을 통하여 투자한 자금을 최대한 신속하게 회수하고 있다.

앤젤 투자에서 강조하는 것은 바로 적은 금액으로 빠르게 새로운 것을 시장에 선보이는 것이다. 사실 실리콘밸리라 하더라도 갓 시작한 기업에 대한 투자 실패의 위험은 매우 클 수밖에 없다. 그러나 이들에게는 적은 금액만이 투자되므로 만일 실패를 하더라도 그 후유증은 그리 크지 않다. 그리고 여러 기업 중 하나라도 큰 성공을 거둘 수 있다면 다수의 실패로 인한 손실을 어렵지 않게 만회할 수 있게 된다. 실제로 많은 기업들이 추진하는 새로운 시도는 높은 실패의 위험을 수반하고 있으며 특히 매몰 비용의 함정에 빠지게 되었을 때 쉽게 빠져나오기 어려운 경우도 많다.

모토로라는 1985년 위성 휴대폰으로 전 세계를 하나로 묶는 서비스를 개발하는 이리듐(Iridium) 프로젝트를 시작했다. 이는 당시 통신 산업을 선도하던 모토로라에게도 오랜 시간과 엄청난 자금이 투입되는 거대한 모험이었다. 그러나 모토로라의 경영진은 이리듐 프로젝트의 성공을 굳게 확신했기 때문에 대규모의 자원을 이 프로젝트에 투입했다.

그러나 이들의 믿음과 반대로 이리듐 프로젝트의 성공 가능성은 더욱 희박해졌다. 벽돌 크기의 투박한 위성 휴대폰은 애초부터 사용이 불편했고 더군다나 위성항법 장치의 특성상 실내에서는 전파의 송수신 자체가 불가능했다. 또한 일반 이동통신 서비스에서도 해외 전화가 가능한 글로벌 로밍(Roaming) 서비스가 등장하면서 위성 휴대폰의 효용가치는 더욱 하락했다. 그러나 모토로라의 경영진들은 거액을 투자한 사업을 쉽게 포기할 수 없다는 이유를 들어 계속 이리듐 프로젝트를 추진했다. 결국 1998년 모토로라는 이리듐 프로젝트를 기반으로 위성 전화 사업을 시작했지만, 출시 다음 해에만 20억 달러 이상의 큰 손실을 기록하고 말았다.

혁신에 맞는 속도는 어떤 것인가

빠르게 새로운 것을 시도하는 것은 실리콘밸리 특유의 문화적 성향에서 비롯된 측면이기도 하다. 실리콘밸리에서도 다양한 시도와 실험이 혁신을 낳는다는 인식이 강하게 자리 잡고 있으며, 실패 자체가 그리 큰 문제가 되지 않는 문화적 환경이 조성되어 있다. 실리콘밸리에서 창업하는 많은 젊은이들 역시 실패한 경험이 이후 경력에 걸림돌이 되기는커녕 성공을 위한 좋은 기반이 되고 향후에도 긍정적인 영향을 줄 수 있다고 생각한다.

오늘날 벤처 창업론으로 큰 인기를 얻고 있는 린 스타트업 역시 이러한 실리콘밸리의 독특한 문화와 그 맥을 같이 한다고 볼 수 있다. 린 스타트업은 실제로 벤처 기업을 설립하여 성공과 실패를 경험한 에릭 리스(Eric Ries)는 자신의 경험을 바탕으로 고안했다. 그는 토요타의 린 경영 방식에서 아이디어를 얻어 자신이 고안한 경영 전략이 불필요한 낭비를 줄이고 반복적인 학습을 통하여 혁신을 추진할 수 있을 것으로 생각하여 린 스타트업이라 이름 지었다.

대부분의 기업들은 기밀을 유지하기 위하여 조용히 제품을 개발하고 완성 후에 공개한다. 아니면 출시 직전에 소비자들에게 공개하여 부분적인 성능을 시험한다. 그러나 린 스타트업의 저자 에릭 리스는 소비자들의 기대 심리를 끌어올리기 위한 베타 테스트는 실패의 가능성만을 높일 뿐이라고 말한다. 그는 시간과 자원이 부족한 벤처 기업들이 시장의 선택을 받지 못하고 실패하는 제품을 뒤늦게 시장에 선보여 큰 손해를 보는 것보다는 차라리 초기에 빠른 수정을 통하여 성공의 가능성을 높이는 것이 최선의 전략이라고 주장한다.

따라서 린 스타트업에서는 모든 기능을 구현한 제품을 출시하느라 시간과 자원을 허비하기보다 사용자들의 관심을 끌 수 있는 가장 최소한의 기능만을 가진 제품(Minimum Viable Product)을 만들어 신속히 시장에 출시해야 한다는 것이다.

이는 완전한 제품이 아니지만 소비자들의 평가를 받아 제품의 문제점을 반복적으로 보완하거나 혹은 일찍 잘못을 깨닫고 방향을 전환하는 것이 궁극적인 성공 가능성을 더욱 높일 수 있다는 것이다.

린 스타트업의 핵심은 바로 창업자들이 시장을 직접 관찰하고 영감을 얻는 것이다. 고객의 성향과 기호를 책상에서 상상하기보다는 잠재적인 고객들과 끊임없이 접촉하여 기회를 발견하고 초기 아이디어를 검증하는 과정이 효과적이라는 주장이다. 실제로 시장과 고객이 원하는 것을 알기란 매우 어렵기 때문에, 많은 벤처 기업들은 모호한 추측으로 제품을 출시하고 실패를 반복하고 있다. 따라서 지속적인 실험으로 고객과 접촉하는 빈도를 높임으로써 기존의 가설을 빨리 검증하는 것이 중요하다고 말한다. 실제로 연구에 의하면 대부분의 창업자들은 필요한 것보다 훨씬 많은 것들을 준비하느라 시간과 자원을 허비한 것을 가장 후회한다고 응답했다.

그러나 이러한 전략이 혁신을 위한 최선의 방안인지에 대해서는 이견도 있다. 일단 실행에 나서고 가능성이 희박하다고 판단되면 무조건 철수하는 것이 옳지만은 않다는 것이다. 이는 지속적으로 추진했을 때 더욱 큰 성과를 창출할 가능성의 싹을 미리 자르는 것이나 마찬가지라는 주장이다. 특히 시간을 두고 충분히 검토하고 연구해 온 제품은 높은 완성도로 시장의 선택을 받게 되는 경우도 있기 때문에 무리한 속도로 혁신을 추진하는 것은 실패의 횟수를 더욱 늘릴 뿐이라는 견해이다.

기업의 경영 역사와 사례를 연구해 온 짐 콜린스 역시 실리콘밸리에서 유행하는 속도 전략이 반드시 바람직하지는 않다고 지적한다. 실패의 가능성을 줄이고 시장의 트렌드를 확인하는 것은 가장 기본적이면서 중요한 활동이다. 그러나 새로운 시도를 빠르게 검증하고 수정하기보다는 긴 호흡으로 일관되게 추진할 때 보다 큰 성과를 창출하는 경우도 많다는 것이다. 실제로 많은 기업들은 숱한 실패를 겪고 사업을 포기할 위험에 처했지만 이를 딛고 꾸준히 추진한 결과 마침내 성공한 기업으로 자리 잡을 수 있게 되었다.

실리콘밸리를 대표하는 기업 HP 역시 빌 휴렛(Bill Hewlett)과 데이비드 패커드(David Packard)가 사업을 시작한 이후 출시한 제품마다 실패를 거듭했지만 새로운 전자 기기를 만든다는 목표를 포기하지 않았기에 성장의 발판을 마련할 수 있었다. 이외에도 GM과 디즈니(Disney) 등 각 산업을 대표하는 기업들도 실리콘밸리의 속도 전략과는 다르게 목표를 일관되게 꾸준히 추진한 결과 오늘날까지 시장을 이끄는 기업으로 살아남을 수 있었다는 것이다. 따라서 짐 콜린스는 실리콘밸리의 방법으로는 혁신을 기반으로 지속적으로 성장할 수 있는 기업이 등장하기 더욱 어려워질 수 있다고 주장한다.

린 스타트업의 효과에 대해서도 상당수 실리콘밸리의 전문가들 역시 의견이 엇갈리고 있다. 벤처 캐피탈리스트인 마크 앤드리슨은 린 스타트업이라는 전략이 혁신 창출에 유용한 도구가 될 수 있지만, 이를 잘못 해석할 여지도 높다고 지적한다. 그는 많은 기업들이 목표를 꾸준히 추진하기보다는 몇 번의 실패를 일상적인 것으로 간주하는 경향이 높아지므로 혁신을 통한 성공 가능성은 더욱 낮아질 수 있다고 주장했다. 또한 린 스타트업과 같이 빠르게 실행에 옮길 수 있는 기업은 전자와 인터넷 기업이 대부분이고 상대적으로 긴 호흡을 가지고 추진해야 할 제약과 화학 등 다른 산업의 기업들은 오히려 일관되고 지속적인 연구와 준비 과정이 필요하다고 주장도 많다.

혁신을 위한 속도란 어디에나 필요한 요건이 아니라 특정 제품과 서비스에 맞는 특징이라고 말한다. 휴대폰과 TV 등 전자 기기는 값싸고 부족한 기능 때문에 실패한다고 하더라도 그 파급 효과가 그리 크지 않고 실패의 위험도 상대적으로 작을 수 있다. 그러나 인간의 생명을 좌지우지하는 의약품과 화학물질 등은 기초적인 연구부터 개발, 그리고 실제 시장 출시까지 검증해야 할 부분이 적지 않다. 만일 소비자의 검증을 받기 전 하나의 단계라도 잘못된다면 그 파장은 상상을 초월할 수밖에 없다. 결국 성급한 출시는 성급한 실패만을 반복하게 된다는 것이다.

클레이턴 크리스텐슨 교수 역시 혁신을 추구하기 위한 속도의 중요성을 강조하지만, 속도가 반드시 혁신 추구를 위한 절대적인 요인은 아니라고 말한다. 그는 혁신을 성공적으로 추진하기 위해서는 무엇보다도 해당 산업의 성격과 특성을 정확히 파악해야 한다고 강조한다. 특히 IT와 달리 상대적으로 기술과 시장 속성의 변화가 그리 크지 않은 환경이라면 빠르게 시도하고 결과를 얻는 과정을 통하여 혁신을 얻기 위한 노력이 그리 효과적이지 않을 수 있다고 말한다. 오히려 오랜 시간의 누적을 기반으로 서서히 일어나는 변화가 더욱 큰 영향을 미칠 수 있다는 것이다.

시간 압박에 따른 무리한 서두름은 종종 최악의 결과를 가져오기도 한다. 1986년 1월 28일 미국의 챌린저 우주왕복선이 발사 후 73초 만에 폭발하여 7명의 승무원들이 목숨을 잃은 사고가 발생했다. 미국 로켓 발사 역사상 최악의 참사로 기록되고 있는 이 사고의 원인은 의외로 쉽게 밝혀졌다. 예정 일정이 촉박하다는 이유로 사고 원인을 간과한 경영진의 명백한 실책이었던 것이다.

당시 발사를 앞두고 우주 왕복선을 설계한 모튼 치오콜(Morton Thiokol)의 한 기술자는 보조 추진 로켓의 고무 패킹인 O링이 당시 추운 날씨로 얼게 되어 제 기능을 수행하지 못할 것이라며 챌린저호 발사의 연기를 건의했다. 그러나 예정된 발사 일정이 얼마 남지 않은 가운데 NASA와 모튼 치오콜의 고위 임원들은 기존의 발사 성공 경험만을 믿고 그의 말을 귀담아듣지 않았다. 그러나 O링의 결함을 우려한 그의 말은 결국 현실이 되었다.

환경 변화는 혁신보다 느리다

혁신의 수용은 새로운 기술이나 제품의 등장과 같은 속도로 이루어지지 않는다. 많은 제품들이 대중에게 각인되고 확산되기까지는 오랜 시간이 소요되었는데, 이러한 시간이 어느 정도 지속되는지를 예측하기도 쉽지 않다. 주부들의 설거지 수고를 덜어 줄 수 있는 자동 식기

세척기는 1893년에 등장했지만 이것이 일상적인 제품으로 확산되기까지는 무려 50년이 넘게 걸렸다.

성공적인 혁신이란 상당한 시일이 지나 사람들이 이를 받아들일 수 있는 기반이 충분히 형성된 후 실현될 가능성이 높다. 새로운 것을 받아들이기 위해서는 실제 사용자를 포함하여 생각 이상으로 많은 부분이 바뀌어야 한다. 혁신을 이끌 수 있는 기술이 날로 빠르게 발전하고 있다고 하더라도 실제 이를 받아들이는 속도는 이보다 훨씬 느릴 수밖에 없는 것이다. 따라서 세상을 바꾼 많은 혁신 제품 역시 가시적인 성과가 드러나기까지는 예상보다 매우 오랜 시간이 걸렸다.

내연기관이란 연료와 공기를 내부의 연소실에서 연소하여 추진 에너지를 얻는 동력 기관을 말한다. 연소가 이루어지면 높은 온도와 압력을 가진 기체가 생성되어 내연기관의 피스톤을 움직여 엔진을 가동시키게 된다. 이러한 내연기관은 19세기부터 대중에게 알려지기 시작했지만 사실 그 역사는 매우 오래되었다.

1206년에 피스톤과 크랭크축으로 구성된 2행정 방식의 내연기관이 고안된 이후 1509년 레오나르도 다빈치 역시 오늘날과 유사한 형태의 내연기관을 구상했다. 이후 내연 기관과 관련된 다양한 발명이 이루어진 가운데, 1838년 영국의 윌리엄 바넷(William Barnet)은 실린더 방식으로 움직이는 내연기관에 대한 특허를 출원했다. 그러나 1870년 오스트리아의 지크프리트 마르쿠스(Siegfried Marcus)가 가솔린 엔진을 단 손수레를 발명하면서 내연기관을 이용한 최초의 운송기가 세상에 모습을 드러내게 되었다.

마차보다 빠르게 움직이는 내연 기관 자동차가 등장했지만 마차를 만들던 기업들은 내연기관 자동차에 그리 큰 관심을 보이지 않았다. 마차의 친숙함과 편리함을 내연기관이 대체하지 못했기 때문이었다. 사람들은 내연기관을 이용하여 사람과 짐을 나르는 자동차를 신기한 눈길로 바라보았지만, 그들의 마차를 바꿀 정도의 매력을 느끼지 못했다. 갖가지 내연기관 자동차기 등장했지만 일부 부유층들의 전유물로만 인식될 뿐 많은 사람들은 여전히 도시 곳곳을 누비는 마차를 구입했다. 결국 헨리 포드(Henry Ford)가 1913년 모델 T 자동차를 출시하기까지 무려 40여 년 동안 내연기관은 대중의 주목을 받지 못했다.

따라서 새로운 발견과 기술이 파급력이 큰 혁신으로 이어지기 위해서는 혁신을 수용할 수 있는 환경의 변화를 이끌어 내는 것이 중요하다. 그러나 이는 새로운 기술과 제품을 만드는 것 이상으로 더욱 오랜 시간을 요구한다. 특히 지속적인 행동이 관습과 문화로 고착화된 시간이 길면 길수록 이를 단숨에 바꾸기란 더욱 어렵다. 따라서 역사적으로 가능성이 풍부한 다양한 시도들이 환경의 완고한 저항을 극복하지 못하고 결국 사라져 버렸다.

현재 탄소 기반의 에너지 구조는 여러모로 많은 폐해를 야기하고 있다. 매일 수많은 자동차와 공장에서 이산화탄소를 내뿜고 있으며 이로 인하여 각종 기상 이변이 속출하고 있다. 그러므로 태양광, 옥수수 등을 원료로 한 바이오 에탄올, 수소 등 각종 청정에너지가 빠르게 도입되어야 한다는 주장이 제기되고 있다. 그러나 과연 이들 에너지의 도입이 모든 문제를 해결할 수 있을까? 태양광을 채화하기에는 넓은 면적의 태양광 에너지 집적판을 설치해야 하고 건물 곳곳에 흉물스런 태양광 발전기를 설치해야 한다. 바이오 에탄올을 얻기 위하여 옥수수 재배 면적을 늘린다면 인간이 식량으로 사용하기 위하여 재배해야 할 작물을 심을 땅이 그만큼 줄어드는 것이고, 이는 식량 가격의 폭등을 야기할 수 있다.

나무에서 석탄, 그리고 석유의 시대로 변해 온 에너지 패러다임이 본격적으로 변해 온 과정을 비춰 본다면 청정에너지의 빠른 도입은 그리 쉽지 않을 수 있다. 게다가 이와 같은 문제점들이 새로운 혁신을 도입하기 위하여 치러야 할 대가라면 이를 지불하고서라도 이를 수용할 가능성은 높지 않다. 설령 그 대가보다도 혁신의 가치가 매우 높다고 하더라도 손실 가능성을 최소화하려는 인간 본연의 성향을 바꾸기란 매우 어렵기 때문이다. 그러므로 혁신 그 자체를 위한 노력과 더불어 도리어 혁신을 수용할 수 있는 환경을 새롭게 바꾸기 위한 노력이 더욱 강조되어야 한다.

혁신의 대중적 파급을 다루고 있는 이론 가운데 가장 유명한 것이 바로 에버렛 로저스(Everett Rogers)가 주장한 혁신의 확산 이론이다. 그는 여기에서 새로운 혁신이 등장하고 확산되는 경로를 각 시장 소비자들의 성향에 따라 분류했다.

이론에 따르면 최초로 혁신을 수용하는 모험심을 갖고 있는 사람들은 전체의 2.5퍼센트 수준이며 이후 혁신을 자발적으로 수용하고 경험하는 초기 사용자들이 13.5퍼센트 정도 존재한다. 이들을 거치면 혁신은 급격하게 확산되는데, 이를 통하여 신중하게 혁신을 받아들이기 시작하는 34퍼센트의 초기 다수 사용자 그룹과 또 다른 34퍼센트의 후기 다수 수용자 그룹이 구분되고 마지막까지 혁신을 받아들이기 거부하다 결국 대세를 인정하고 이를 받아들이는 마지막 소비자 그룹이 16퍼센트 정도 존재한다고 한다.

물론 에버렛 로저스의 이론이 현실 세계에 정확히 적용되는 것은 아니다. 혁신이 시장에 스며드는 동안에는 수많은 변수와 불확실성이 존재한다. 혁신의 발생부터 소멸까지의 시간 자체는 매우 유동적이기에 이론이 주장하는 수치 그대로 혁신의 발전 및 수용 정도를 판단하는 것은 무리라는 주장도 있다. 그러나 이 이론 자체의 가치가 완전히 틀린 것은 아니다. 에버렛 로저스의 주장은 초기 혁신의 발생이 전면적인 수용으로 이어지기까지는 혁신의 등장 그 자체보다 더욱 오랜 시간과 침투의 과정의 소요된다는 것을 강조하고 있다. 이러한 사상은 이후 제프리 무어(Geoffrey Moore)의 캐즘(Chasm) 이론 등 혁신에 관한 수많은 연구에 많은 영향을 미쳤다.

창조와 혁신에 긍정적이라 응답하는 사람들조차 막상 새로운 것을 접할 때는 당황하고 심지어는 극도의 거부 반응을 보이기도 한다. 대개 기업들은 소비자들이 새로운 제품에 부정적인 태도를 보일 것이라는 가정을 거의 하지 않기 때문에 이와 같은 반응에 당황하는 경우가 매우 많다. 왜 우리는 새로운 것을 신속하게 받아들이지 못하는 것일까?

선더버드 경영 대학(Thunderbird School of Global Management)의 선데어슨 램(Sundaresan Ram) 교수는 소비자가 세그웨이 같은 혁신적 발명품에 저항하는 심리적 장벽을 다음과 같이 다섯 가지로 구분한다. 첫 번째는 혁신이 기존의 생활 및 관습과 상이하여 쉽게 호환되지 못하는 것, 두 번째는 새로운 혁신이 등장했지만 사람들이 쉽게 그 가치를 인지하지 못하는 것, 세 번째는 혁신을 너무 위험하다고 생각하기 때문에 그 위험이 사라질 때까지 적용을 미루는 것, 네 번째는 혁신이 기존에 유지되었던 질서와 통념을 무너뜨릴 정도로 영향의 파괴력이 매우 큰 것, 그리고 마지막은 혁신 자체에 대한 부정적인 이미지가 완고하여 그것의 수용을 거부하게 된다는 것이다.

세그웨이(Segway)의 전동차는 2001년 출시되기까지 10년에 걸쳐 약 1억 달러가 소요될 정도로 엄청난 시간과 자원이 투입되었다. 스티브 잡스가 PC보다 재미있는 장난감이 될 것이라고 말한 세그웨이는 출시되었을 당시 큰 선풍을 불러일으켰다. 세그웨이에 열광한 사람들은 세그웨이가 교통수단의 혁신을 가져왔다고 주장했고 유명 벤처 캐피털리스트 존 도어(John Doerr)는 심지어 인터넷보다 위대한 발명이라고 극찬하기도 했다.

그러나 이러한 전문가들의 기대와 전혀 다른 일이 일어났다. 막상 사람들은 세그웨이를 구매하기는커녕 오히려 거부감만을 느끼게 된 것이다. 결국 세그웨이는 2년간 고작 수천 대가 팔릴 정도로 초라한 실적을 거두었고 역사에 실패한 발명품으로 기록되었다. 현재는 관광 명소의 여행 상품이나 할인 매장의 직원들이 이용하는 수준으로 간신히 그 명맥을 유지하고 있지만 확산 가능성은 여전히 요원해 보인다.

여러 사례를 보더라도 혁신에 대한 사람들의 반응은 대부분의 고정관념보다 매우 느리다. 때로는 전통적인 구식 기술들도 새로운 기술이 들어왔다 하더라도 꽤 오랜 기간, 혹은 영원히 명맥을 유지하는 것을 볼 수 있다. 인터넷이 미디어의 경계를 파괴하고 상당 부분을 대체하는 시대이지만 우리는 여전히 책과 신문을 사고 CD와 LP로 음악을 듣고 있다. 심지어 15세기 금속 활자가 도입된 지 수백 년이 넘었지만 목활자로 인쇄되거나 필경사들이 직접 손으로 쓰는 방식은 여전히 우리 곁에 남아 있다.

꾸준함이
혁신의 결실을 맺는다

신경 과학자 대니얼 레비틴(Daniel Levitin)은 그의 저서에서 어느 분야든 최고의 경지에 오르기 위해서는 1만 시간의 연습이 필요하다고 설명했다. 또한 심리학자 허버트 사이먼(Herbert Alexander Simon)과

윌리엄 체이스(William Merritt Chase)는 관찰 결과 체스 경기에서 최고수의 경지에 오르기 위해서는 약 1만에서 5만 시간을 보냈을 것으로 추정된다는 논문을 발표하기도 했다.

그 후 1만 시간 법칙은 한동안 근면의 중요성을 강조하기 위하여 간간히 언급되는 수준이었다. 그러나 『티핑 포인트(*Tipping Point*)』를 통하여 단숨에 경영 베스트셀러 작가로 떠오른 말콤 글래드웰이 저서 『아웃라이어』를 통하여 1만 시간 법칙을 소개하면서 전 세계적인 인기를 불러 모았다. 1만 시간 법칙을 자세히 설명하거나 실행 방법을 다룬 책들이 한꺼번에 소개되었으며, 심지어는 1만 시간 동안의 노력을 달성할 수 있게 해준다는 소프트웨어도 선보일 정도로 큰 신드롬을 불러 일으켰다.

1만 시간 법칙은 유명세만큼 많은 화제를 불러일으켰다. 또한 노벨 경제학상 수상자인 심리학자 대니얼 카너먼(Daniel Kahneman) 프린스턴 대학(Princeton University) 교수 역시 자신이 쓴 『생각에 관한 생각(*Thinking, Fast and Slow*)』에서 1만 시간의 법칙이 글래드웰의 설명처럼 효과적인 성공 법칙이라고 적극적으로 옹호했다. 그러나 한편으로 상당수의 전문가들은 1만 시간의 법칙이 공통적으로 들어맞는 현상은 아니라고 반박했다. 일부의 사례를 근거로 마치 1만 시간의 법칙이 모든 경우에 공통적으로 적용될 수 없다는 것이다.

글래드웰이 1만 시간 법칙의 대표적인 사례로 예를 든 악기 연주와 체스 실력에서도 꾸준한 노력 이외에 재능과 환경이 큰 요소로 작용한다는 연구 결과가 발표되기도 했다. 미국 미시간 주립 대학(Michigan State University)과 라이스 대학(Rice University), 사우스 일리노이 대학(South Illinois University) 등 5개 대학교의 공동 연구진들은 음악 연주자와 체스 선수의 실력과 연습 시간의 관계를 분석한 14편의 연구 결과를 토대로 1만 시간의 법칙이 그대로 적용되는 경우가 전체의 30 퍼센트도 되지 않았다고 주장했다. 체스 선수의 약 66퍼센트, 음악 연주자의 70퍼센트는 지능과 성격, 초기에 시작한 연령 등 다양한 요소에 의하여 실력의 차이가 드러났다는 것이다. 연구를 주도한 잭 햄브릭(Zach Hambrick) 미시간 주립 대학 교수는 이러한 결과를 볼 때 아무리 노력을 기울여도 성과를 드러내지 못하는 분야도 있기 때문에, 개인의 자질과 능력을 엄격하고 공정하게 평가하는 것이 필요하다고 지적했다.

성공을 얻기 위하여 과연 어느 정도의 시간이 필요한지에 대한 논쟁은 여전히 계속되고 있지만, 절대적인 시간의 비교가 1만 시간 법칙의 본질은 아니다. 이는 성공의 가능성이 보인다면 지속적인 추진을 하는 것이 성과 창출을 위하여 중요하다는 점을 강조하는 것이다. 자질과 가능성을 가졌을 뿐 아무것도 없는 상태에서 혁신적인 성과를 만들기 위해서는 정도의 차이를 떠나 상당한 시간의 투입이 필요하다.

사실 시장을 새롭게 정의하고 큰 영향을 미친 제품들 역시 오랜 기간의 연구와 노력에 의하여 만들어진 결과이다. 오늘날 무선 통신 역시 기술의 토대가 된 다양한 물리학과 전자기학 이론이 발전하고 활용되기까지 매우 오랜 시간이 소요되었다. 1873년 최초로 전자기파의 존재를 이론적으로 설명한 영국의 물리학자 제임스 맥스웰(James Clerk Maxwell) 이후 독일의 하인리히 헤르츠(Heinrich Rudolf Hertz)는 1888년 이를 실험적으로 증명했다. 공교롭게도 이탈리아 물리학자였던 굴리에모 마르코니(Guglielmo Marconi)는 1894년 헤르츠가 사망했다는 기사를 보고 무선 통신을 본격적으로 연구하기로 결심했다. 그는 전파의 송수신에 필요한 각종 기술을 일일이 조합하여 마침내 1895년 3킬로미터 거리에서 음성을 송수신하는 무선 통신을 성공할 수 있었다. 당시 사람들은 이러한 기술의 필요성에 대하여 고개를 갸웃거렸지만 마르코니의 성공은 1백 년이 지나 인류의 삶을 바꾸는 혁신을 창출하는 기폭제가 되었다.

한편으로 음악 산업의 변화 역시 그리 빠르게 이루어지지 않았다. 1877년 에디슨이 축음기를 최초로 발명한 이후 여기에 사용된 왁스 실린더는 1880년대에야 대중화되기 시작했다. 약 20년 후 평판 디스크가 등장하면서 실린더의 인기는 줄어들었지만 그래도 그 수명은 무려 30년이나 지속되었다. 평판 디스크의 수명도 마찬가지였다. 카세트 테이프가 등장하기까지 80년간 지속되었으며 오늘날에도 음악 애호가들을 중심으로 그 생명을 이어가고 있는 것이다. 한편으로 오늘날 대부분의 음악을 기록하는 MP3의 역사도 그리 짧지만은 않다. 90년 후반에 대중화가 이루어지기 훨씬 전인 1970년대에 이미 MP3 기술이 모습을 드러내었다.

군사용을 비롯하여 방송 촬영, 장난감, 그리고 아마존과 구글 등 여러 기업들의 택배 수단 등 활용 범위가 증가하고 있는 무인 비행체 드론(Drone) 역시 갑자기 등장한 것은 아니었다. 뜨거운 공기를 이용하여 하늘을 날 수 있는 원시적인 형태의 드론은 이미 프랑스 혁명에서 등장했다고 한다. 비행기를 최초로 만든 미국의 라이트 형제는 1백여 년 전 사람이 타지 않는 무인 비행체의 개념을 고안했으며, 자이로 컴퍼스를 발명한 엘머 스페리(Elmer Sperry)의 아들인 로런스 스페리(Lawrence Sperry) 역시 1912년에 자동 비행 장치를 발명했다. 심지어 에디슨의 맞수로 알려졌던 교류 전기의 발명자 니콜라 테슬라(Nikola Tesla)까지 1915년 자동 비행체에 대해 구체적인 개념을 연구하기도 했다. 오늘날 드론이라는 혁신이 등장하게 된 것은 바로 이러한 노력이 축적된 결과인 셈이다.

chapter 5

영리한 모방으로
혁신을 불러내라

"새로운 시도보다
모방을 적극적으로
활용했을 때
더욱 높은 가치를
창출할 수 있다"

— 오데드 셴카

카피캣과 산자이, 혁신 논란을 부추기다

2011년 3월 3일, 병가를 떠난 스티브 잡스는 미국 샌프란시스코에서 열린 아이패드 2의 발표 행사장에 모습을 드러내었다. 췌장암이 더욱 악화되면서 6주의 시한부 인생만이 남았다는 소문이 나돌았으니 잡스의 참석 여부는 행사의 최대 관심사였다. 청중들은 그가 등장하자 환호성을 지르며 기립 박수를 보냈다. 자신의 트레이드 마크가 된 검은색 티셔츠와 청바지, 그리고 운동화 차림의 잡스는 태블릿 PC라는 새로운 시장을 개척한 아이패드를 발표했을 때와 마찬가지로 자신만만한 어투로 신제품 아이패드 2를 소개헸다. 아이패드 2는 아이패드에서 한 단계 진일보한 제품이며 애플은 여전히 태블릿 PC의 선두 주자가 될 것이라는 장밋빛 전망을 제시했다. 그의 말 한 마디 한 마디에 청중의 이목이 집중되었다.

이날 스티브 잡스의 연설은 이전과는 사뭇 달랐다. 여느 신제품 발표처럼 제품의 완벽함과 새로운 기능에 대한 극찬만을 늘어놓지 않던 것이다. 스티브 잡스는 아이패드 2를 설명하면서 한편으로는 빠르게 떠오르고 있는 안드로이드 운영체제 기반의 제품에 대하여 날카롭게 비판했다. 여위고 병색이 완연했지만 그는 연설의 상당 부분을 이들 기업에 대한 비판으로 할애할 정도로 극도로 민감한 반응을 보였다.

스티브 잡스는 "아이패드 앱이 6만 5천 개가 넘지만 안드로이드 허

니콤(Honeycomb) 운영체제 앱은 단지 1백 개에 불과하다"고 운을 뗐다. 그는 삼성전자와 모토로라, HP, 블랙베리를 단지 아이패드를 베끼는 데 혈안이 되어 있는 그저 그런 기업에 불과하다고 평가 절하했다. 그가 쉰 목소리로 날카로운 공격을 하는 동안 화면에는 "2011: Year of the Copycats?"라는 문구가 전면에 부각되었다. 애플 외에 나머지 기업들은 모두 애플의 제품을 모방하는 데에만 급급하다는 조롱이었다.

스티브 잡스는 애플이 개척한 스마트폰과 태블릿 PC 시장에 이들 기업들이 유사한 제품을 만들면서 무임승차하고 있다고 비판하면서 이들 기업들이 애플을 넘기는 어려울 것이라고 주장했다. 이 행사 이후 언론은 애플이 다른 기업들과 전면전을 선포했다는 내용을 대서특필하면서 막상 발표된 아이패드 2보다 더욱 큰 관심을 받았다. 애플이 드디어 선전포고를 개시했다면서 본격적인 공방이 시작될 것이라는 보도가 줄을 이었다.

스티브 잡스가 공식 석상에서 많은 기업들을 모방자라는 뜻의 '카피캣(Copycat)'이라고 일갈하자 순식간에 모방자로 낙인찍힌 기업들은 애플이야말로 숱한 기술을 베낀 모방의 원조라고 맞받아쳤다. 이에 따라 스마트폰과 태블릿 PC를 두고 혁신과 모방에 대한 논쟁이 뜨겁게 달아오르기 시작했고, 카피캣이라는 단어가 순식간에 전 세계적인 유행어로 급부상했다.

이로 인해 혁신과 모방은 어떻게 구분할 수 있는지, 그리고 모방이 혁신의 지속적 발전에 걸림돌이 되는지에 대한 의견이 팽팽하게 맞서게 되었다. 애플의 이러한 경고는 단지 스티브 잡스의 독설로만 끝나지 않았다. 실제로 애플은 삼성전자를 상대로 세계 곳곳에서 특허 소송을 제기하면서 그들의 제품에 대한 복제와 모방 행위를 좌시하지 않겠다는 의지를 분명하게 드러내었다.

스티브 잡스는 유독 다른 기업들이 애플의 제품을 모방하는 것에 대하여 극도로 민감한 반응을 드러내 왔다. 마이크로소프트가 1987년 기존 흑백 스크린 대신 선명한 그래픽 기반으로 작동하는 윈도우즈 2.0 운영체제를 출시하자 스티브 잡스는 빌 게이츠가 매킨토시의 그래픽 인터페이스를 베꼈다고 주장했다. 이후 애플과 마이크로소프트는 이를 두고 '룩 앤 필 소송(Look and Feel lawsuit)'이라 불리는 치열한 법정 공방을 거쳐야 했다.

비록 스티브 잡스의 주장과 달리 애플은 마이크로소프트와의 소송에서 패했지만, 스티브 잡스는 애플 특유의 디자인과 성능에 대하여 더욱 집착하게 되었다. 스티브 잡스는 아이폰과 유사한 형태의 삼성전자 갤럭시 스마트폰이 아이폰을 빠르게 잠식하기 시작하자 룩 앤 필 소송의 아픈 기억을 떠올리며 크게 분노했던 것이다. 특히 노키아와 달리 재빠르게 스마트폰의 성공 방정식을 제품에 도입하는 데에 성공한 삼성전자에 대한 경계는 극에 달했다.

애플이 아이폰을 통하여 이룩한 성공이 뒤이은 경쟁자들의 모방으로 한순간에 무너질 수 있다는 스티브 잡스의 우려는 빠르게 현실로 다가왔다. 애플의 아이폰과 비슷한 제품을 만들려는 기업들의 시도가 줄기차게 이어졌다. 구글의 안드로이드 운영체제를 기반으로 삼성전자 등 여러 기업들은 스마트폰 사업을 통하여 큰 성공을 거두었고 애플의 아성을 위협할 지경까지 이르렀다. 애플이 아이폰을 출시한 지불과 십 년이 지나지 않았음에도 스마트폰 시장이 조만간 포화될 것이라는 예측이 등장할 정도로 많은 기업들은 수백 가지의 제품을 하루가 멀다 하고 빠르게 쏟아 내고 있다.

애플의 성공을 그대로 따라 하려는 시도를 통하여 톡톡한 재미를 본 기업도 속속 등장하고 있다. 중국의 스마트폰 기업 샤오미(Xiaomi)는 자신들의 스마트폰을 애플의 제품 외관과 유사하게 만들면서 가격은 파격적으로 내려 중국의 많은 고객을 확보할 수 있게 되었다. 샤오미는 스마트폰 모서리의 둥근 디자인이나 타원형의 스피커 등 애플 특유의 디자인을 모방했으며, 'MI 1S', 'MI 2' 등 각 모델 번호 사이에 S 버전을 추가하는 등 제품의 이름도 애플의 방식을 그대로 따랐다.

특히 샤오미는 제품 발표회를 애플과 거의 똑같이 따라 하여 큰 화제를 불러일으켰다. 샤오미의 CEO 레이쥔(Lei Jun)은 스티브 잡스처럼 검은 티셔츠와 청바지를 입고 자사의 신제품을 선보이는 등 스스로를 애플의 동생이라고 스스럼없이 칭할 정도로 애플과 스티브 잡스의 팬임을 강조했다. 이렇듯 스스로를 짝퉁 기업이라 말해 온 샤오미였지만 첫선을 보인 지 3년 만에 중국 스마트폰 시장에서 애플을 제치고 이제는 중국 시장을 장악해 온 삼성전자를 넘어 설 정도로 무섭게 성장했다. 이쯤 되면 누가 원조인지 헷갈릴 정도다.

사실을 말할라 치면 모방이라는 관점에서 볼 때 애플 역시 다른 기업보다 자유로울 수는 없다. 기업의 모방 전략을 연구해 온 UCLA의 칼 라우스티알라(Kal Raustiala) 교수와 버지니아 대학(University of Virginia)의 크리스 스프리그먼(Chris Sprigman) 교수는 애플이 30년 전부터 다른 기업을 철저하게 모방하여 현재의 위치에 올랐다고 주장했다. 스티브 잡스의 주장에 동감하여 많은 사람들이 애플의 혁신이 수많은 카피캣 기업들에 의하여 위협받게 되었다고 우려를 표했지만, 사실 애플 역시 한편으로 모방의 역사에서 그리 자유롭지 못하다는 것이다.

스티브 잡스의 가장 유명한 모방 사례는 제록스 팔로알토 연구소가 발명한 마우스와 그래픽 인터페이스를 자사의 매킨토시에 처음으로 적용한 것이다. 1979년 팔로알토 연구소를 방문한 스티브 잡스는 여기에서 개발한 마우스와 그래픽 기술을 보자마자 매혹되었다. 그는 이 기술들을 곧장 매킨토시에 적용했고 큰 성공을 거두었다. 그러나 정작 애플은 제록스의 기술에 대하여 어떤 비용도 지불하지 않았다. 팔로알토 연구소의 기술을 아무런 대가 없이 사용했음에도 불구하고 정작 스티브 잡스 자신은 이러한 사실을 그리 부끄러워하지 않았다. 그는 기술의 발명 자체가 중요한 것이 아니라 빛을 보지 못한 기술을 새롭게 재조명하는 것이 더욱 가치 있다고 강조했다.

스티브 잡스의 독설로 단번에 유명한 단어로 떠오른 카피캣[14]은 맹

---

14 19세기에 본격적으로 등장한 것으로 추정되는 카피캣의 어원에 대해서는 여러 설이 분분하다.

목적인 추종, 모방 살인 등 여러 의미를 가지고 있다.

　원래 카피캣은 주로 모방 범죄(copycat crime), 모방 자살(copycat suicide)과 같이 주로 부정적인 의미로 많이 사용되었다. 일반인들에게 카피캣이라는 단어가 뚜렷이 각인된 것은 바로 1982년 미국 시카고에서 발생한 타이레놀(Tylenol) 독극물 사건이었다. 시카고의 한 근교에서 타이레놀을 복용한 주민 7명이 연이어 사망했고 이 사건은 언론을 통하여 빠르게 전파되었다. 연방 당국이 사건을 조사한 결과 사고의 원인은 독극물의 일종인 시안화물(cyanide)이 캡슐형 타이레놀에 투입되었던 것으로 밝혀졌다. 당시 타이레놀의 캡슐형 제품은 쉽게 뜯어 이물질을 주입할 수 있기 때문에 범인이 쉽게 독극물을 넣을 수 있었던 것이다.

　결국 타이레놀 사건은 범인을 검거함으로써 일단락되었지만 이는 또 다른 사건의 시작이었다. 미국 전역에서 사망한 사람들 중 약 2백 50여명이 타이레놀과 관련 있다는 의심을 받게 된 것이다. 유사 사건을 제보하기 위한 전화 문의가 언론사에 폭주하는 등 타이레놀에 대한 소비자들의 공포는 급속도로 확산되었다. 특히 타이레놀 사건이 발생한 몇 달 후 또 다른 약과 음식에서도 독극물이 발견되자 경찰

보통 고양이란 단어의 cat이 중세 영국에서는 교활하고 비겁한 사람을 경멸하는 표현으로 주로 사용되었는데, 이 단어가 베끼기를 의미하는 copy와 결합하여 다른 사람을 교묘하게 흉내 내는 사람이라는 뜻이 되었다는 주장도 있다. 그러나 한편으로는 어린 새끼 고양이가 어미 고양이의 사냥 모습을 그대로 따라 하는 것에서 유래되었다는 설도 있다.

은 이를 카피캣 범죄라고 맹렬히 비난했다. 특히 1995년 시고니 위버 (Sigourney Weaver)가 범죄 심리학자로 등장하여 모방 살인을 저지르는 범죄자를 체포하는 스릴러 영화 「카피캣」이 큰 인기를 끌면서 카피캣은 전 세계적으로 유명한 단어로 떠올랐다.

중국의 짝퉁 제조업이 빠르게 성장하면서 모방을 뜻하는 중국어 '산자이(山寨)' 역시 카피캣과 더불어 새로운 유행어로 떠올랐다. 본래 산자이라는 말은 중국의 고전 수호지에 등장하는 산적 소굴이라는 뜻인데, 주류 세력에 강력하게 저항하는 민중 정신을 뜻하기도 말이기도 하다. 마치 수호지에 등장하는 산적들이 산촌에 산채를 세우고 귀족들에게 저항했듯이, 유명 제품을 그대로 모방한 중국 중소 업체들의 제품 역시 글로벌 기업들의 자국 진출에 대항하는 중국의 노력을 상징한다는 것이다. 산자이는 최근 중국 광동 지역에서 생산된 짝퉁 휴대전화가 빠르게 확산되면서 널리 쓰이게 되었고 점차 중국의 기상천외한 모방 제품을 상징하는 의미로 사용되고 있다.

세상에 존재하는 모든 제품을 똑같이 모방하는 산자이 기업들의 기술력은 전문가들조차 쉽게 제품의 진위를 구분하지 못할 정도로 대단하다. 신제품이 등장한 지 얼마 지나지 않아 중국에서는 이를 그대로 따라 한 제품들이 버젓이 시장에 유통되고 있는 것이다. 특히 최근의 산자이가 제품을 그럴듯하게 흉내 내는 차원을 넘어 오히려 한 단계 나은 성능을 보여주는 수준으로까지 올라섰다는 평가도 나오고 있다. 이에 여러 기업들은 자신들의 제품을 전시회장에서 그대로 노출시키는 것에 대하여 극도의 거부감을 보이고 있으며 정보 유출의 방지에 투자를 강화하는 등 산자이의 피해 방지에 총력을 기울이고 있다.

산자이로 인하여 중국 시장에서 큰 피해를 입고 있는 기업들은 산자이를 적극적으로 금지해야 한다는 목소리를 높이고 있다. 과거와 달리 중국이 경제 대국으로 떠오른 이상 창작과 발명의 노력을 저해하는 산자이 제품들을 적극적으로 규제해야 한다는 것이다. 그러나 산자이를 비판적으로 바라보는 해외 시선과 달리 중국 국민들은 이러한 산자이 문화에 우호적이다. 한 조사에서는 중국인의 과반수가 산자이를 규제하기보다는 더욱 자유롭게 발전시켜야 한다고 응답했다. 더군다나 중국 정부도 산자이에 대한 규제를 그다지 철저히 시행하지 않음으로써 산자이 문화를 더욱 확대시켰다는 의심을 받고 있다.

모방, 혁신을 만드는 인간의 본능

사실 모방 자체가 인간의 자연적 본성이라는 견해가 많다. 주변 환경을 스스로 판단하고 따라 하면서 생존에 필요한 지식과 능력을 익혀 간다는 것이다. 모방 본능설은 인간의 모방 능력을 강조하는 학설인데, 인간이 다른 동물보다 모방 성향이 유달리 강하고 모방을 하면서 즐거움을 느끼고 새로운 것을 창조할 수 있게 되었다는 것이다. 사자와 호랑이 등 맹수보다 훨씬 나약한 체력을 지녔음에도 지구를 지배할 수 있게 된 것도 바로 이 모방 능력이 큰 역할을 했다.

그리스 철학자 아리스토텔레스(Aristotle)는 인간이란 어린 시절부터 다양한 사물을 보고 따라 하는 본능이 있다고 주장한다. 따라서 이를 통하여 학습하고 희열을 느끼는 과정을 지속적으로 거침으로써 성장할 수 있게 된다는 것이다. 스승인 플라톤이 모방이 진정한 진리를 추구하는 것보다 낮은 수준의 영역으로 규정한 것과 달리, 그는 모방을 통하여 기존에 없던 새로운 것을 활발하게 창조할 수 있다고 강조했다. 모방을 단지 표면적인 외관을 그대로 모사하는 행위로 바라본 플라톤과는 달리 아리스토텔레스는 모방이 자연적인 욕구인 미적 쾌락을 추구하고 창의성을 발현할 수 있는 능력이라고 생각했다. 이러한 모방을 통하여 진정한 예술이 꽃피울 수 있다는 것이다.

모방이 예술을 추구하기 위한 내재적 속성이라는 의견 외에도 경제학적 측면에서도 중요한 의미를 지닌다는 주장도 있다. 모방은 인간의 소비와 생산 활동을 촉진하는 데에 큰 역할을 담당한다는 것이다. 이와 같이 모방과 경제의 관계를 가장 잘 나타낸 사람이 바로 '베블런 효과'라는 단어를 만들어 낸 영국의 경제학자 소스타인 베블런(Thorstein Veblen)이다. 베블런은 다른 경제학자와 달리 기존의 정형화된 경제학이 가지고 있는 한계를 인식하고 이를 다양한 학문, 즉 인류학과 심리학, 사회학, 철학 등 새로운 관점에서 바라보아야 한다고 주장하여 큰 관심을 끌었다.

베블런 역시 아리스토텔레스처럼 모방을 인간의 내재적 본성이라고 주장했다. 그는 인간은 다른 사람의 모습을 그대로 흉내 내려는 성향이 강하기 때문에, 노동으로 일군 부를 모으기보다는 자신들이 동경하는 대상의 모습 및 행동과 따라 하는 데에 소비한다고 주장했다. 이를 통하여 자신의 허영심을 만족시키고 유명인들과의 동질감도 느낄 수 있게 된다는 것이다. 이런 주장이 담긴 베블런의 첫 저작이자 대표적 저서 『유한 계급론(The Theory of the Leisure Class)』은 출판되자마자 예상 밖으로 큰 반향을 불러일으키면서 엄청난 성공을 거두었다.

베블런은 상류층에 속하는 부유한 사람들을 유한계급이라고 지칭했는데, 이들은 하층민들과 자신을 구분하기 위하여 지속적으로 과시적인 소비를 즐긴다고 설명했다. 유한계급 사람들이 생산과 무관한 다양한 취미 생활을 즐기고 보통 사람들과 다른 예법과 예절을 익히는 것은 바로 자신을 드러내고 차별성을 강조하기 위한 자연스러운 행동이라는 것이다.

그는 이 책에서 과시적 소비란 단지 필수적인 욕구와 만족을 충족시키는 것이 아니라 자신이 축적한 부를 남들에게 보여 주기 위한 수단으로 사용하는 것이라고 주장했다. 이러한 과시적 소비는 고대 사회에서 이루어진 약탈 문화에서부터 나왔는데, 다른 부족과의 경쟁에서 승리하여 재물을 많이 소유하면 이를 통하여 자신의 명예를 드러내는 습성이 이어지면서 재산을 매력의 과시에 소비하는 부자들의 모습이 드러나게 되었다는 것이다.

자본주의 사회에서는 자원의 절반 이상이 과시욕으로 낭비된다고 지적하는 베블런의 주장은 이후 경제학자들의 이론에 큰 영향을 미쳤다. 경제학자 제임스 듀센베리(James Stemble Duesenberry)는 베블런의 과시적 소비에서 영향을 받아 사람들이 자신에게 필요한 소비 수준보다는 다른 사람과 비교하여 느끼게 되는 상대적 소비 수준에 더욱 관심을 가지고 있다고 바라보았다. 그는 이러한 생각 아래 대부분의 소비가 현재의 수득뿐만 아니라 과거의 소비 수준에도 많은 영향을 받는다는 상대 소득 가설을 주장했다. 또한 베블런의 이론은 인간의 비합리적 행동이 경제에 미치는 영향을 연구하는 행동주의 경제학 등 새로운 학문의 발전에도 많은 영감을 주었다.

모방과 혁신의 모호한 경계

최초의 특허 제도는 1474년 이탈리아 베네치아가 제정한 것으로 알려져 있다. 당시 베네치아는 근대 르네상스를 주도하면서 각종 학문과 예술이 활발하게 발전하고 있었던 도시였다. 베네치아의 장인들은 여러 분야에서 독창적인 기술을 갖추고 있었기 때문에 베네치아의 발전에 큰 공헌을 했다. 그러나 이들은 자신들의 기술이 공개될 경우 경쟁력을 잃어버리게 될 것을 염려했다.

그러므로 장인들 사이에서는 자신들의 노하우를 암호 등 다른 사람들이 알기 힘든 방법으로 표현하는 등 이를 감추는 것이 새로운 유행이 되었다. 장인들이 기술을 드러내길 꺼리자 베네치아에서는 새로운 발명이 비밀로 감춰지는 한 새로운 지식 창조 활동이 어려울 수 있다는 우려가 확산되었다. 이에 베네치아 공국은 새롭고 창의적인 장치에 대한 권리를 보호받으려면 국가에 신고해야 한다는 특허법을 제정하게 되었다.

세계 최초의 특허법은 베네치아에서 만들어졌지만, 사실 오늘날과 가장 근접한 성문화된 특허 제도는 영국에서 탄생했다. 17세기 초 영국은 다른 유럽 국가에 비하여 제조업에서 한참 뒤처져 있었다. 따라서 영국은 자국의 기술 발전과 공업을 발전시키기 위하여 기술을 가진 자에게 권리를 부여하는 전매 조례법을 만들어 다른 국가 기술자들을 적극적으로 유치하기 시작했다.

전매 조례법이 제정되자 유럽의 많은 기술자들이 영국으로 이민을 오게 되었고 이를 기반으로 산업혁명을 주도하게 된 영국은 빠른 속도로 성장하여 세계 제일의 공업국으로 발돋움하게 되었다. 한편으로 오토 폰 비스마르크(Otto von Bismarck)가 통일을 이룰 당시 다른 국가에 비해 기술 수준이 매우 낮았던 독일 역시 비슷한 움직임을 보였다. 독일은 영국과 마찬가지로 기존의 기술을 간단하게 개량한 경우에도 이를 보유할 수 있는 권리를 부여하는 실용신안 제도를 세계 최초로 도입하여 기술 대국으로 성장하는 기틀을 마련했다.

법적 제도의 정비와 개선만이 기술과 산업의 발전을 이끈 원동력은 아니었다. 거의 모든 국가들은 자신보다 앞선 다른 지역의 문물을 베끼는 데에도 열심이었다. 다른 나라의 문물을 베끼고 이를 기반으로 보다 새로운 것을 만들어 내는 것은 뒤처진 수준을 빠르게 끌어올릴 수 있는 가장 효과적이고 유용한 수단이었기 때문이다. 실제로 거의 모든 국가들에서 기술을 훔치려는 노력과 이를 막으려는 노력이 치열하게 전개되었다.

　영국이 산업 혁명을 통하여 세계 제일의 공업 국가로 성장하자 미국을 비롯한 많은 국가들은 다양한 수단과 방법을 동원하여 영국의 기술을 훔쳤다. 이들은 기술과 제조에 숙련된 노동자들을 자국으로 데려오거나 혹은 진귀한 기계들을 몰래 밀반출했고, 심지어는 스파이를 통하여 중요한 기술을 훔치기까지 했다. 이처럼 다른 국가들의 기술 약탈 행위가 극심해지자 결국 영국은 기술 유출을 막기 위하여 1719년에 숙련 노동자 이주 금지령을, 1785년에는 핵심 기계의 수출을 금지하는 공구법 등 여러 법령과 규제를 만들었다. 그러나 갈수록 교묘해지는 기술 유출을 막기에는 역부족이었다. 특히 두 차례의 세계 대전을 기점으로 기술의 모방과 탈취는 더욱 기승을 부리게 되었고 여러 국가에 걸쳐 제품의 모방 활동이 활발히 이루어지게 되었다.

　이후 문자로 표현되기 힘든 암묵적 지식보다는 성문화된 지식이 더욱 중요하게 취급되면서 세계 여러 나라들은 특허법을 마련하여 자국의 기술을 적극적으로 보호했다. 그러나 특허법의 제정 역시 모든 국가에서 거의 같은 시기에 이루어진 것은 아니었다. 스위스는 1888년 이전까지는 어떤 종류의 특허법도 제정하지 않았으며 이후 제정된 특허법도 기계적인 형태로 표현되는 발명만을 특허로 간주하는 등 특허의 인정에 매우 소극적이었다. 네덜란드 역시 1817년 제정된 특허법을 1869년에 폐지하고 이후 몇십 년이 지난 1912년에 다시 도입했는데, 이 시기에 네덜란드에 특허법이 없던 것을 틈타 필립스는 토머스 에디슨(Thomas Edison)의 기술을 이용하여 백열전구를 생산할 수 있게 되었다.

모방의 역사가 상당히 오래되었음에도 모방이 혁신에 미치는 영향에 대해서는 여전히 의견이 분분하다. 모방에 반대하는 사람들은 모방이 빈번하게 이루어질수록 새로운 것을 창조하려는 발명가들의 의지를 무너뜨리고 더 이상 혁신을 창출할 수 있는 원동력을 방해한다고 주장한다. 특히 이들은 모방은 결국 또 다른 모방을 불어 일으키는 악순환을 가져온다고 말한다. 어떤 기업이 모방을 통하여 혁신을 창조한 기업을 능가한다고 하더라도 그 기업 역시 다른 기업의 모방에 의하여 시장에서 사라져 버리는 연쇄적 공멸이 확산된다는 것이다.

한편으로 모방을 억제하는 것이 혁신에 바람직하다는 주장을 인정한다고 하더라도 문제가 사라지는 것은 아니다. 외관과 기능이 유사하게 보이는 서로 다른 제품을 두고 어느 수준까지를 모방으로 규정하느냐는 것이다. 모방과 혁신의 뚜렷한 경계선을 정하는 것은 중요한 문제로 인식되지만, 막상 이는 그리 쉬운 문제가 아니다.

기술의 권리를 인정하기 위하여 제정된 특허 제도 역시 이러한 논쟁에서 자유롭지 못하다. 특허에 표현되는 발명의 권리를 어느 수준까지 해석해야 하는지를 두고 치열한 공방이 벌어지고 있다. 대개 이러한 판단은 사건을 담당하는 재판관의 재량으로 결정되지만, 사실 이마저도 일치된 기준이 없는 까닭에 잡음이 끊임없이 제기되고 있는 것이다. 사실 특허 그 자체도 모든 이들이 동의할 수 있도록 명확하게 기술과 제품의 특성을 기술되어 있지 않기 때문에 논란 자체를 원천적으로 봉쇄하기란 사실상 불가능하다.

게다가 특허에 대한 판결은 각 국가의 관습과 문화, 그리고 시대 상황 등 외부적인 요인에 따라 큰 차이를 보이게 된다. 일반적으로 독일 등 유럽의 경우에는 특허의 의미를 정확히 파악하고 그 적용 범위를 좁게 해석하는 경향이 있지만, 미국의 경우에는 특허에 기술된 내용을 보다 포괄적으로 해석하는 경향이 있다. 따라서 유사한 발명에 대해서도 판결되는 지역에 따라 특허 침해에 대한 서로 다른 판결이 내려지는 경우도 많다.

스티브 잡스가 삼성전자를 카피캣이라고 비난한 직후 시작된 애플과 삼성전자의 특허 소송은 엄청난 배상액과 더불어 제품의 창조와 모방의 경계선이 과연 무엇인지에 대한 첨예한 논쟁을 불러일으켰다. 애플은 독창적인 디자인이라고 주장한 스마트폰의 둥근 모서리 사각형 외관을 삼성전자가 베꼈다고 주장했다. 애플은 이를 집중적으로 부각시켜 첫 판결에서 삼성전자로부터 1조 2천억 원이라는 어마어마한 배

상금 결정을 받아 내게 됐다.[15]

이는 트레이드 드레스(Trade Dress)라는 규약에 대한 뜨거운 논쟁을 불러일으켰다. 1989년에 개정한 상표법을 통하여 미국에서 중요한 지적재산권으로 등장한 트레이드 드레스는 제품의 외관에서 드러나는 색상과 모양, 이미지 등 디자인적인 요소를 제품의 중요한 창작물로 간주하고 있다. 따라서 어떤 제품이 세부적인 요소를 분석했을 때 상이하게 보인다 하더라도 이를 구성하는 전체적인 모습이 이전에 존재했던 다른 제품과 흡사하다면 이는 해당 제품을 모방한 것으로 판단한다는 것이다.

특히 트레이드 드레스는 다양한 분야에까지 포괄적으로 적용되어 그 중요성이 커지고 있다. 상점의 외관 및 간판, 유니폼의 특징 등 심미적 요소를 갖추고 있는 대부분의 사물이 트레이드 드레스 조항에 적용되는 것이다. 그러나 여러 차례의 판례를 통하여 확립된 비기능성, 식별성, 혼동 가능성 등 세 가지 요건은 이를 판단하는 사람들의 주관적인 사고에 따라 달라질 수 있다. 따라서 트레이드 드레스는 여전히 그 해석을 두고 많은 논란을 야기하고 있다.

15 2015년 5월 삼성과 애플 간의 특허 공방이 또 한 번 화제를 낳았다. 미국 연방항소법원이 5월 18일 애플 트레이드 드레스 침해를 인정했던 1심 판결을 기각했기 때문이다. 이에 따라 삼성은 9억 3천만 달러에 달했던 배상금 중 40퍼센트 가량을 경감할 수 있게 될 전망이다. 지난 2012년 처음 시작된 삼성과 애플 간 특허 소송은 1심 재판이 두 차례나 열리는 등 사상 유례 없는 각축을 벌여 왔다. 이런 상황에서 이번에 항소법원이 또 다시 1심 판결 일부를 기각함에 따라 또 한 차례 재판이 열릴 가능성이 많아졌다. 그렇게 될 경우 삼성과 애플은 같은 사안으로 세 번이나 1심 재판을 하는 진기록을 수립할 전망이다.

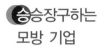

승승장구하는
모방 기업

애플이 강력하게 주장했던 디자인 혁신이라는 개념도 명쾌하지 않
다는 지적이 많다. 디자인이 과연 혁신이 될 수 있는 것인지, 그리고
만일 혁신성을 인정한다 하더라도 어느 범위까지를 정의해야 하는지
등이 여전히 논란으로 남는다. 전문가들 역시 애플의 주장에 대하여
다양한 의견을 쏟아 냈다. 누가 보아도 삼성전자의 모방이 명백하다는
스티브 잡스의 의견에 동의하는 주장과 더불어 디자인에서 혁신이 존
재할 수 있는지에 대한 의문을 드러내는 사람들도 적지 않았다.

모방에 대한 논란은 명확한 기준이 뚜렷하게 드러나지 않는 분야
일수록 더욱 심하게 나타난다. 대규모 자본보다는 지식을 중심으로 한
비즈니스가 성장하면서 이러한 경향은 한층 두드러지고 있다. 인터넷
을 기반으로 정보의 소통이 활발하게 이루어지고 표절 프로그램 등 디
지털 기술을 통하여 표절과 복제를 판별하기 위한 노력이 강화되고 있
음에도 불구하고, 여전히 많은 창작물에서 기술과 아이디어가 그대로
도용되고 있는 것을 막지 못하고 있다.

IT 칼럼니스트 헤이든 쇼네시(Haydn Shaughnessy)는 애플의 디자
인은 독창적인 지적재산권이라기보다는 유행에 가깝다는 주장을 펼쳤
다. 그는 디자인이란 오늘날 패션과 같이 유행에 따라 다양하게 변할
수 있다는 것이라고 말했다. 따라서 애플이 말하는 디자인도 최근 트

렌드와 절묘하게 맞아떨어진 유행이므로 독창적인 혁신으로는 볼 수 없다는 것이다. 특히 디자인은 대중들이 보편적으로 공감할 수 있는 일정한 틀 안에서 이루어지는 것이므로 어느 한 쪽의 일방적인 소유가 될 수 없다고 지적했다.

쇼네시는 패션에서는 디자인이 특정 기업의 지적재산권이 아닌 모두가 공유할 수 있는 재산이기 때문에 어느 한 쪽이 피해를 보는 것이 아니라 모두에게 이로울 수 있다고 설명한다. 자라(Zara)와 유니클로(Uniqlo) 등 패스트 패션 역시 루이뷔통(Louis Viton) 등 세계적인 명품 브랜드의 제품 디자인을 재빨리 모방하고 이를 창의적으로 재해석했기 때문에 성공할 수 있었다는 것이다. 또한 패스트 패션 브랜드의 신속한 유통과 판매를 통하여 트렌드는 전 세계로 빠르게 전파될 수 있고, 이러한 현상은 결국 명품 브랜드의 제품 판매에도 긍정적인 영향을 미치게 되므로 결국 패션 산업 전체의 발전에 이롭다고 말한다.

모든 발명을 '새롭다'와 '새롭지 않다'의 이분법으로 명쾌하게 구분하기란 쉽지 않다. 모든 제품은 기존에 나와 있는 유사한 제품, 혹은 전혀 다른 범주에 속해 있는 제품으로부터 일정 부분 영향을 받을 수밖에 없기 때문이다. 우리가 눈으로 직접 보고 경험하지 않은 새로운 것을 창조하기란 사실상 불가능하므로 어느 정도의 유사성은 포함될 수밖에 없다. 이와 같은 논리라면 명백한 모방이라고 비판받는 것 역시 원본과 완전히 같지 않은 이상 모방이 아니라고 항변할 수 있게 된다.

또한 모방에 대한 판단은 사람들의 주관적 성향이 개입될 수밖에 없기 때문에 어느 국가에서도 표절과 모방에 대한 정확한 정의를 마련하지 못하고 있다. 문학과 예술의 지적 재산권 보호를 위하여 마련된 베른협약(Berne Convention for the Protection of Literary and Artistic Works)은 세계 대부분의 국가들이 참여하고 있음에도 불구하고 표절의 범위와 수위는 각 국가의 실정법과 현실에 맞게 차등적으로 적용한다는 원론적인 내용만을 담고 있다. 결국 모방을 둘러싼 논란은 명확한 해답을 찾지 못한 채 앞으로도 평행선만을 이어갈 가능성이 크다.

사실 모방이란 여러 분야에서 다양하게 일어나고 있다. 빈번한 법정 투쟁을 벌이고 있는 대기업은 물론이고, 혁신적인 기업이 등장하여 새로운 질서를 만들고 있는 실리콘밸리에서도 기존 아이디어의 모방 및 차용이 빈번하게 등장하고 있다. 이들은 이전에 등장한 성공 사례를 바탕으로 새로운 기능이나 개선점을 덧붙인 제품과 서비스를 선보인다. 얼핏 새로운 기업들의 비즈니스가 혁신적인 것으로 보이지만 자세히 들여다보면 다른 성공한 기업들의 잔상을 발견하기 어렵지 않다.

재미있는 것은 기존의 성공 방식과 유사한 사업을 시작하는 벤처 기업들의 상당수가 모방자라고 비난을 받는 대신 도리어 많은 투자를 받을 수 있다는 것이다. 투자자 입장에서도 전혀 새로운 형태의 비즈니스에 대한 부담감을 떨칠 수 없기 때문에 아주 새롭고 기발한 것보다는 친근하고 익숙한 모습을 띠고 있는 기업들에게 더욱 호의적일 수밖에 없다. 결국 창업가나 투자가를 막론하고 모방이란 실패를 가장 낮추기 위한 최선의 전략이라는 인식을 공유하고 있는 셈이다.

뉴욕타임스는 벤처캐피털 기업으로부터 투자를 받는 기업들의 정보가 담긴 앤젤리스트(AngelList)을 조사했다. 그 결과 가장 성공한 벤처 기업으로 이름 높은 에어비앤비(AirBnB)와 우버(Uber)는 가장 빈번하게 모방당하는 기업으로 밝혀졌다. 주변의 택시를 실시간으로 예약하는 서비스로 큰 성공을 거둔 우버의 전략을 참고하여 가정 청소부와 의사 등 다양한 서비스의 예약에 우버와 비슷한 방식을 적용하는 기업들이 많아지고 있다는 것이다. 에어비앤비 역시 유사한 개념의 서비스 혹은 이를 변형한 형태의 경쟁 기업이 우후죽순으로 등장하고 있다. 음식을 제공하는 집의 숙박, 해외 여행객을 위한 숙박 등 에어비앤비를 모방한 비즈니스를 도입하는 기업들이 늘고 있는 것으로 파악되었다.

선도기업의 이득은
그리 크지 않다

창조적인 제품을 출시한 기업들이 지속적으로 선발자의 이점을 누리는 경우는 많지 않다. 월등한 기술력을 가진 기업들은 이전에 없던 시장을 창조할 수 있었지만, 후발 주자들의 맹렬한 추격을 이기지 못하고 시장의 주도권을 내주고 마는 것이다. 특히 기술의 공유 및 확산이 더욱 빠르게 이루어지는 오늘날 주도권 바뀜의 주기는 더욱 단축되고 있다. 실제로 애플이 스마트폰이라는 새로운 시장을 창출했지만 이를 삼성전자 등 다른 기업들이 비슷한 수준까지 따라잡기까지는 불과 10년도 채 걸리지 않았다.

콘스탄티노스 마르키데스 런던 경영 대학 교수는 새로운 제품을 통하여 시장을 창조한 기업들은 반짝 성공에 그칠 뿐 시장을 지속적으로 지배하는 경우는 매우 드물다고 말한다. 정작 시장을 지배한 기업들은 선두 기업들의 움직임을 면밀히 관찰하고 적절한 시점에 시장에 들어갔기 때문에 성공할 수 있었다는 것이다. 새로운 시장을 만든 개척자들은 시장이 일정한 규모로 성장하기 전에 대부분 사라져 버리지만, 이들의 뒤를 이어 따라온 기업들이 초기 제품을 대중의 기호에 맞게 새롭게 개선함으로써 성장하는 시장의 이익을 차지하게 된다.

월마트와 K마트의 할인 판매업 경쟁은 시장의 선발 기업이 후발 기업의 전략적 모방으로 따라 잡힌 유명한 사례이다. 1957년 K마트의 모기업이었던 S.S. 크레스지(S.S. Kresge) 부사장이었던 해리 커닝엄(Harry Cunningham)은 주력인 잡화점 사업을 대신할 수 있는 비즈니스를 구상하고 있었다. 다양한 사업을 두고 고민하던 커닝엄은 시어스(Sears) 등 당시 미국에서 빠르게 성장하고 있었던 할인 매장들을 방문한 후 할인 판매업에 뛰어든다는 결심을 하게 되었다.

할인 판매업에 뒤늦게 뛰어든 K마트였지만 커닝엄은 기존 할인 매장과 다른 전략을 실행했다. 그의 전략은 할인 판매의 패러다임을 바꾸었다는 찬사를 받으며 큰 성공을 거둘 수 있었다. 당시 다른 할인 판매 기업들은 소비자에게 보다 저렴한 가격에 상품을 판매하기 위하여 자체 제작한 상품을 주로 취급하고 있었다. 그러나 K마트는 브랜드 제품을 원하는 소비자들의 수요를 충족시키기 위하여 다양한 브랜드 제품을 엄청난 대량으로 구입하여 최대한 저렴하게 판매했다. 또한 K마트는 1962년 당시 할인점 매장의 10배가 넘는 크기의 1호점을 연 것을 시작으로 주로 중대형 도시의 고속도로 근처에 대형 매장을 개장하여 접근성을 크게 높였다. 이를 통하여 K마트는 할인 판매업의 후발 주자임에도 단시간 내 전국적 인지도를 얻어 1960년대 후반 업계 1위로 올라설 수 있었다.

월마트(Wal Mart)의 설립자인 샘 월튼(Sam Walton)도 훗날 그의 자서전에서 다음과 같이 기록했다.

"커닝엄의 뛰어난 전략과 K마트의 운영을 모방하기 위하여 오랜 시간 노력했고, 때로는 K마트와의 경쟁이 불가능하다고 느낄 정도였다. 커닝엄은 가장 뛰어난 소매상 중 한 사람이었으며, K마트가 없었다면 월마트가 지금처럼 훌륭한 기업이 되지 못했을 것이다."

승승장구하던 K마트와 달리 월마트의 시작은 초라했다. 1972년 증시에 상장되었을 때만 해도 월마트는 알칸소와 미주리, 오클라호마 주 등지에서 겨우 30여 개의 매장을 가지고 있을 정도였다. 샘 월튼은 커닝엄을 부러워하여 K마트의 사업 방식을 적극적으로 모방했음에도 막대한 자금력을 갖춘 K마트와의 직접적인 경쟁에서 승산이 없음을 깨달았다. 그는 대도시 대신 운영비가 상대적으로 저렴한 시골에 대형 할인점을 짓기로 결심했다.

월마트의 이런 전략은 뜻밖의 큰 성공을 거두었다. 이를 통하여 다른 경쟁 기업보다 더욱 낮은 가격에 제품을 공급할 수 있게 된 것이다. 또한 북적거리는 도심을 떠나 교외의 한적한 곳에서 저렴한 가격으로 쇼핑을 즐기려는 사람들도 빠르게 증가했다. 월마트는 새로운 강자로 부상하여 K마트를 위협하면서 무서운 속도로 성장을 거듭했다.

월마트는 설립된 지 10년 만에 전포수를 6백 50개로 늘렸고 1987년에는 무려 1천 2백 개의 매장을 보유할 수 있게 되었다. 특히 월마트는 K마트보다 앞서서 물품 공급 및 관리 시스템을 체계적으로 구축하고 각 매장의 재고를 정교하게 추적하는 등 비용을 극도로 절감하는 노력을 통하여 경쟁 기업보다 더욱 싼 가격으로 제품을 공급할 수 있었다. 모든 상품을 매일 최저가로 제공한다는 'Everyday Low Price(ELP)'를 달성하기 위한 월마트의 공격적인 행보는 연이어 큰 성공을 거두었다. 반면 K마트는 월마트와 달리 별다른 변화를 추진하지 못했고 경영 상태는 날로 악화되었다. K 마트는 혁신에 실패한 셈이었다.

결국 1991년 월마트는 처음으로 K마트의 매출을 능가했고 이후 두 기업의 격차는 점점 벌어졌다. 월마트와의 무리한 가격 경쟁으로 K마트의 수익성은 더욱 빠르게 악화되었고 여기에 식품 기업 플레밍(Fleming)이 판매 대금의 납부 지연을 이유로 K마트에 물품 공급을 중단하기로 결정함에 따라 K마트는 더욱 큰 타격을 입었다. 이후 자금

조달의 압박에 어려움을 느낀 K마트는 더 이상의 실적 부진을 견디지 못하고 결국 파산하고 말았다.

한편으로 자동차 산업에서도 선발 기업들의 이득이 오래가지 못하고 오히려 후발 기업들이 선도 기업들의 제품을 모방하고 새롭게 가치를 더하여 시장을 주도할 수 있게 되었다. 많은 사람들이 1909년 자동차 기업 포드가 만든 T형 자동차를 최초의 자동차로 기억하고 있지만, 사실 T형 자동차가 등장할 무렵에는 이미 1천 개가 넘는 자동차 기업들이 치열하게 경쟁하고 있었다. 실제로 1902년부터 1910년까지 미국에는 매년 48개 기업, 1911년부터 1921년까지는 11개의 기업이 새롭게 진입했지만, 대부분 기업들이 가격과 기술 경쟁에서 밀려나면서 1970년대와 80년대 이후 포드와 GM, 크라이슬러 등 3개의 회사만이 시장에 살아남을 수 있었다.

기존 자동차의 성능과 기술을 적극적으로 모방하던 포드의 창업자 헨리 포드(Henry Ford)는 자동차가 여전히 소수 귀족들의 전유물로 자리 잡고 있기 때문에 자동차 시장의 성장이 빠르지 않다는 사실을 간파했다. 그는 다른 자동차 기업들의 빈틈을 노리고 대중을 위한 전혀 새로운 종류의 자동차를 만들기로 결심했다. 그는 "대중의 5퍼센트가 아닌 95퍼센트"를 위한 차를 선보이겠다는 대담한 계획을 세우고 T형 자동차 출시에 박차를 가했다. 이런 헨리 포드의 전략은 완벽하게 들어맞았다. T형 자동차가 시장에 출시되자마자 많은 사람들이 앞다투어 구매하면서 생산 공장이 최대한 가동되어도 부족할 지경이었다.

T형 자동차는 10년 뒤 전 세계의 자동차 중 70퍼센트를 차지할 정도로 큰 성공을 거두었고 포드는 시장을 지배하면서 엄청난 수익을 거둘수 있게 되었다.

혁신, 거인의 어깨 위에 선 난쟁이

　영국의 과학자 아이작 뉴턴(Isaac Newton)은 "내가 조금 더 멀리 바라볼 수 있었다면 그 이유는 거인들의 어깨 위에 서 있었기 때문이다"라는 유명한 격언을 남겼다. 그러나 사실 이 말도 그의 독창적인 말은 아니다. 그보다 앞선 12세기에 성직자인 베르나르 드 샤르트르(Bernard de Chartres)가 '거인의 어깨 위에 선 난쟁이'라는 표현을 사용했던 것이다.

　『모방자(Copycat)』를 쓴 오데드 셴카(Oded Shenkar) 오하이오 주립대학(Ohio State University) 교수는 흔히 중요한 혁신으로 간주되는 창조적 파괴가 실제로 현실에서는 매우 드물게 발생한다고 말한다. 오히려 새로운 시도보다는 모방을 적극적으로 활용했을 때 더욱 높은 가치를 창출할 수 있다는 것이다. 그는 역사적으로 높은 수익을 창출한 제품의 사례를 살펴보면 대부분 전에 없던 것을 새롭게 만들었다기보다는 기존에 성공한 제품들을 적극적으로 모방했다고 설명한다. 따라서 기업이 성공 확률을 높이기 위해서는 새로운 것을 창조하는 것만큼 모방을 중요하게 취급해야 한다고 주장한다.

모방이 혁신에 부정적인 것이 아니라 오히려 모방을 통하여 새로운 가치를 만들 수 있다는 주장도 많다. 학문과 예술을 막론하고 많은 유명인들 역시 대부분 모방을 통하여 성공적인 창조를 이룰 수 있었다는 것이다. 20세기의 가장 뛰어난 미술가로 손꼽히는 파블로 피카소(Pablo Picasso) 역시 실제로는 교묘한 모방을 통하여 자신만의 작품세계를 구축했다. 그는 "뛰어난 예술가는 모방하고, 위대한 예술가는 훔친다"는 말을 남겼는데, 스티브 잡스 역시 1996년 한 방송에 출연하여 그의 말을 인용하면서 "위대한 아이디어를 훔쳤다는 사실에 한 점 부끄러움이 없다"고 말했다.

피카소의 말을 인용할 만큼 스티브 잡스도 베끼는 데에 있어서는 누구에게도 뒤지지 않는 사람이었다. 그가 거둔 성공의 대부분은 기존 제품들을 상당 부분 모방하고 이를 새롭게 재해석한 것이었다. 음악 산업의 패러다임을 바꾸었다는 평가를 받은 아이튠스(iTunes)는 사실 인터넷을 통하여 자유롭게 노래를 공유하고 다운로드할 수 있는 냅스터(Napster) 프로그램 기술을 상당 부분 차용했다. 그러나 스티브 잡스는 아이튠스가 냅스터와 같이 음원의 저작권 시비 논란을 불러일으킬 수 있다는 것을 예상했다. 따라서 그는 아이튠스가 합법적으로 음원을 사고팔 수 있게 하는 프로그램으로 개선하여 출시했다. 아이튠스는 큰 성공을 거두었고 이후 아이팟을 시작으로 아이폰과 아이패드로 이어지는 더욱 큰 성공의 기반이 될 수 있었다.

　기존 제품의 모방과 새로운 해석을 통하여 성공한 기업은 애플만이 아니다. IT 산업을 흔드는 거대한 인터넷 기업으로 성장한 구글의 설립 모태가 된 인터넷 검색 알고리즘 역시 사실 그리 새로운 것은 아니었다. 구글의 페이지 검색 알고리즘은 인용 횟수에 따라 우선순위를 도출하는 방식인데, 이미 학술 논문 평가 등 다른 분야에서는 일반적으로 적용되고 있었기 때문에 그다지 새로운 것은 아니었다. 그러나 스탠퍼드 대학 컴퓨터 공학과 대학원생이었던 세르게이 브린(Sergey Brin)과 래리 페이지(Larry Page)는 이 개념을 인터넷 웹사이트 검색이라는 전혀 다른 분야로 차용했다. 이들은 이런 기본적인 개념 아래 웹사이트를 검색하고 분류하는 성능을 개선하는 알고리즘을 더하여 독창적인 검색 엔진에 대한 논문을 발표했다. 이 논문은 큰 화제를 불러일으켰고 결국 이들은 이를 상용화한 구글이라는 기업을 설립할 수 있었다.

　헤이든 쇼네시와 마찬가지로 칼 라우스티알라 교수도 베끼는 것이 무조건 해로운 것이 아니며 때로는 산업에서 창조와 혁신을 촉발할 수 있는 힘이 된다고 설명한다. 패션과 요리 및 금융 등 지적재산권의 개념이 비교적 명확하지 않은 분야에서는 모방이 매우 빈번하게 일어나지만 그러한 산업들이 망하기는커녕 오히려 더욱 번성하고 있다. 고정관념과 달리 창조와 모방이 서로 영향을 미치면서 기술과 시장의 발전을 활발하게 촉진하고 있는 것이다.

1980년대 VCR(Video Cassette Recorder)이 처음 출시됐을 때 미국 영화 업계는 비디오테이프를 통한 영화의 복제가 증가하여 영화 제작자들의 창작 의욕을 꺾고 시장을 고사시킬 수 있다고 주장했다. 따라서 이들은 사법부에 VCR의 유통을 금지시켜 달라고 강력하게 요청했다. 대법원 판결까지 이어지는 치열한 재판이 거듭되었고 결국 VCR은 간신히 합법화될 수 있었다. 대법원의 판결을 두고 영화 업계는 VCR를 '강간범'이라고 맹렬하게 비난할 정도로 거세게 반발했다. 결국 영화 시장은 무너지게 될 것이라는 비관론도 빠르게 고개를 들었다.

그러나 영화 업계가 전혀 예상하지 못한 일이 일어났다. 사람들은 비디오테이프로 영화를 보기 위하여 기꺼이 돈을 지불하려 했으며, 이를 통하여 비디오테이프의 제작과 유통 및 판매를 통하여 영화를 제작하는 기업들이 VCR이 출시되기 이전보다 더욱 큰 수입을 얻게 된 것이다. 따라서 영화 산업은 VCR의 등장으로 더욱 빠른 속도로 성장했고 이를 계기로 VCR에 대한 논쟁 역시 조용히 사라지게 되었다.

벤치마킹도 예술이다

애플의 수많은 실패작 중 하나가 바로 PDA이다. 새로운 휴대용 컴퓨터 패러다임을 제시한 애플의 PDA 뉴턴(Newton)은 화려한 기능을 앞세워 소비자들의 이목을 집중시켰지만 정작 시장의 승자는 1996년 US 로보틱스(US Robotics)가 뒤늦게 출시한 팜 파일럿(Palm Pilot)이었다. US 로보틱스는 뉴턴이 어렵고 비싸서 잘 팔리지 않는다는 사실을 간파했다. 따라서 US 로보틱스는 뉴턴의 주요 특징들을 모방하면서도 보다 쉽게 사용할 수 있도록 기능을 개선하고 가격을 낮춘 팜 파일럿을 출시했다. US 로보틱스의 전략은 큰 성공을 거두었고 팜 파일럿은 어렵지 않게 PDA 시장을 석권할 수 있게 되었다.

실제로 우리가 알고 있는 많은 성공들은 선발 기업들의 시도와 실패를 기반으로 완성되었다. 선발 기업들이 새로운 시도에 대한 찬사에 도취되어 있을 때, 이를 추격하는 후발 기업들은 그것을 바탕으로 전혀 새로운 가치를 만드는 공세를 펼침으로써 전세를 뒤엎을 수 있었던 것이다. 역전에 성공한 기업들은 공통적으로 상대방이 만든 혁신이 무엇인지, 그리고 그것의 문제점이 무엇인지를 철저히 이해했으며 이를 기반으로 더욱 월등한 제품을 제시하여 시장의 주도권을 가져올 수 있었다.

그러나 이러한 모방은 여전히 떳떳하게 드러내기 어려운 방법이다. 오데드 셴카 교수는 기업들이 모방자라는 세간의 비판과 오명을 뒤집어쓰는 것을 두려워하여 과감한 모방 전략을 수립하지 못하고 있다고 말한다. 그러나 기업들은 모방이 가장 효과적인 대응 방안이라는 것을 알기 때문에 이를 대부분 암암리에 행하고 있다고 지적한다. 오늘날 벤치마킹으로 이루어지고 있는 수없이 많은 활동들이 실은 모방의 또 다른 이름인 셈이다.

다른 기업을 베끼고 있다고 자신 있게 말하는 기업은 거의 없다. 그러나 많은 기업들이 시장의 선두 기업을 따라잡기 위하여 치밀하게 제품 및 서비스, 시스템을 베끼면서 보다 저렴한 가격과 편리한 기능 등 유리한 조건을 내세워 도전하고 있다. 이는 시장을 선도하는 기업이라고 다를 바 없다. 시장에 진입하는 기업의 특징을 예의주시하면서 강점을 재빠르게 흡수하고 있는 것은 더 이상 놀라운 일이 아니다. 구글과 페이스북, 아마존 등 많은 기업들은 베끼는 것을 넘어 아예 이들을 인수하는 방법으로 대응하면서 끊임없이 새로운 기술과 전략을 배우고 있다.

흔히 벤치마킹이란 기존에 참고할 만한 제품과 서비스가 있기 때문에 비교적 어렵지 않게 할 수 있을 것이라 인식되기 쉽다. 그러나 벤치마킹이 실제로는 결코 간단한 것이 아니다. 단지 상대의 강점만을 파악하고 이를 그대로 복제하려는 시도는 대부분 실패로 끝날 수밖에 없었다.

경쟁 기업을 베끼려는 상당수 기업들은 성공보다는 실패의 성적표를 받아 든 경우가 더욱 많았다. GM은 미국 시장에서 돌풍을 일으키던 토요타의 생산 방식을 배우기 위하여 토요타와 절반씩 지분을 투자하여 누미(NUMMI)를 설립했다. 그러나 누미는 토요타 특유의 문화와 고유 업무 방식을 성공적으로 적용하지 못했기 때문에 결국 문을 닫고 말았다.

또한 북미 오토바이 시장에서 닛산(Nissan)과 혼다(Honda)를 비롯한 일본 기업들의 공세에 고전을 거듭하던 할리데이비슨은 이들 기업들에 임직원들을 파견하여 생산 운영과 품질 관리 등 여러 핵심적인 부분을 벤치마킹했다. 그러나 일본 기업들의 표면적인 강점만을 파악하고 이를 현재 내부의 상황을 적절히 고려하지 않고 무리하게 도입하려 한 까닭에 할리데이비슨의 벤치마킹은 결국 실패할 수밖에 없었다.

반면 글로벌 커피 기업 스타벅스(Starbucks)는 기존 기업들의 강점을 적절히 모방하여 새로운 가치를 창조함으로써 당시 사양 산업이나 다름없었던 커피 시장에서 큰 성공을 거둘 수 있었다. 스타벅스의 창립자 하워드 슐츠(Howard Schultz)는 이탈리아에서 경험한 에스프레소(Espresso) 카페에 매료되어 시애틀에서 조르날레(Giornale)라는 이탈리아식 카페를 창업했다. 그는 이탈리안 카페의 특징을 미국에서도 완벽하게 재현하고자 노력했다. 매장에서는 이탈리아 방식의 유지방 커피만을 판매했고 메뉴 또한 모두 이탈리아 말로 적어 놓았다. 매장에는 하루 종일 이탈리아 오페라를 틀어 놓았고 의자 대신 서서 음료를 마실 수 있는 바(bar) 형식으로 가게를 꾸몄다. 이를 통하여 슐츠는 이탈리아의 이국적인 이미지가 미국의 소비자들에게 큰 호응을 얻을 것이라 확신했다.

새롭게 등장한 조르날레는 초반에는 소비자들의 호기심을 끄는 데에 성공했지만 한편으로는 적지 않은 문제점을 드러냈다. 조르날레의 색다른 이미지는 시애틀 주민들의 기호와 어울리지 않았던 것이다. 소비자들은 에스프레소 대신 여전히 기존의 커피를 선호했다. 또한 매장의 이탈리아 음악에도 거부감을 표시했으며 앉아서 편안하게 음료를 즐길 수 있는 공간이 없다는 점에 불만을 토로하기도 했다.

이러한 문제점을 인식한 슐츠는 재빠르게 행동에 나섰다. 그는 이탈리아 카페의 분위기를 보존하는 동시에 여러 변화를 시도했다. 무지방 커피를 메뉴에 추가했으며 매장의 음악을 바꾸고 의자를 갖다 놓는 등 시애틀 주민들의 선호를 적극적으로 반영했다. 이는 그가 창업 당시의 목표로 내세운 이탈리아 카페의 완벽한 재현과는 다른 것이었다. 하지만 시애틀 주민들은 이런 변화 덕분에 이탈리안 카페 스타일을 보다 친숙하게 접할 수 있게 되었고 조르날레는 점차 주민들의 입소문을 타고 승승장구하기 시작했다.

모방을 적극적으로 재해석하려는 슐츠의 노력은 성공적이었다. 고유의 이미지를 잃지 않으면서 현지의 분위기에 맞게 적극적으로 변화를 시도한 덕분에 소비자들은 생소하고 이국적인 커피 문화를 거부감 없이 받아들일 수 있게 되었다. 이후 스타벅스로 새롭게 출범하게 된 슐츠의 사업이 전 세계적으로 카페 열풍을 불러일으키며 엄청난 시장을 창조할 수 있었다.

모방으로 성공을 거두기 위해서는 선발 제품의 성공 비결을 명확히 파악하여 모방하는 동시에 기존에 줄 수 없었던 새로운 가치를 더해야 한다. 시장을 석권한 많은 후발 기업들은 선도 기업들을 적극적으로 모방하는 동시에 대중의 트렌드를 파악하고 이에 대응할 수 있는 독창적인 실행을 통하여 큰 성공을 거둘 수 있었다.

애플을 그대로 모방하는 샤오미 역시 모방을 기본으로 하되 몇몇 색다른 차별화를 시도했고 그것이 성공에 톡톡한 기여를 했다. 샤오미는 다른 기업들과 달리 온라인을 통한 한정 수량 판매 등 대중의 호기심을 유발하는 독특한 마케팅 전략을 통하여 전국적인 관심을 끌었다. 또한 안드로이드 운영체제를 자체적으로 개조한 운영체제를 스마트폰에 탑재하고 매우 짧은 기간마다 주기적으로 개선하는 등 지속적 성능 개선에 주력했다. 사실 이러한 노력은 제품에 그리 큰 변화를 가져오는 것은 아니다. 그러나 제품의 완성도를 지속적으로 개선하고 있다는 인상을 주었기 때문에 최신 스마트폰 기능을 원하는 젊은 소비자들의 열렬한 호응을 얻을 수 있었던 것이다.

chapter 6

혁신의 완성을
유행에서 찾아라

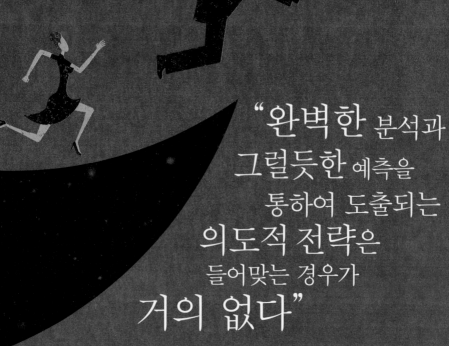

"완벽한 분석과
그럴듯한 예측을
통하여 도출되는
의도적 전략은
들어맞는 경우가
거의 없다"

― 헨리 민츠버그

역사를 뒤흔든 유행

무역업에 종사했던 독일 부텐하임 출신의 리바이 스트라우스(Levi Strauss)는 새로운 터전에서의 성공을 꿈꾸어 왔다. 그는 당시 금광의 발견으로 큰 주목을 받고 있었던 미국 서부의 샌프란시스코에 정착했다. 그러나 그는 함께 건너온 사람들처럼 금을 캐는 대신 금광에서 일하는 광부들에게 천막이나 질긴 천을 파는 것이 좋겠다고 생각하여 1853년 직물 점포를 개업했다. 그러나 예상과 달리 그가 판매하는 직물은 잘 팔리지 않았다.

리바이 스트라우스는 직물을 팔기 위하여 금광에서 일하는 광부들을 만나면서 한 가지 재미있는 사실을 발견했다. 광부들은 금광에서 오랜 시간 힘든 노동을 하다 보니 옷이 쉽게 낡고 해지기 일쑤였다. 그러나 당시에는 광부들만을 위한 튼튼한 작업복이란 없었다. 이를 본 리바이 스트라우스는 광부들을 위한 작업복을 만들어 팔기로 결심했다.

리바이 스트라우스는 그의 고객이었던 재단사 제이콥 데이비스(Jacob Davis)와 함께 기발한 바지를 만들기 시작했다. 주로 마차의 천막 등 다양한 목적으로 사용하던 갈색 캔버스 천을 적당한 크기로 잘라 헤지지 않는 튼튼한 실로 꿰맸다. 또한 곡괭이나 삽 등 무거운 작업도구 등을 넣어도 옷이 쉽게 터지지 않도록 굵은 구리 리벳으로 주머니 부분을 단단히 고정한 후 푸른색으로 바지를 염색했다. 옷을 염색하기 위해서는 주로 인디고라는 청색 염료가 사용되었다. 인디고는 값도 저렴하고 따갑기로 유명한 캘리포니아의 햇살에도 쉽게 바래거나 때가 타지 않았기 때문에 당시 많은 사람들이 인디고로 염색한 옷을 즐겨 입었다. 육체노동자들을 뜻하는 블루칼라라는 단어도 바로 인디고로 염색한 옷에서 유래한 것이다.

두 사람은 1873년 5월 20일 특허청으로부터 새로운 형태의 바지에 대한 특허까지 얻었다. 당시 단돈 1달러에 불과한 이 새로운 옷은 튼튼한 옷을 찾고 있었던 광부들 사이에서 큰 인기를 끌게 되었다. 빚더미에 앉아 있었던 리바이 스트라우스 역시 순식간에 큰돈을 벌고 이후 자신의 이름을 따 '리바이스(Levis)'라는 회사를 설립할 수 있게 되었다. 그가 만든 이 희한한 작업복이 바로 훗날 전 세계 사람들이 가장 많이 구입하는 청바지의 시초였던 것이다.

리바이 스트라우스가 만든 청바지는 광부들의 몸통을 보호할 수 있도록 가슴 부분까지 올라오는 형태로 만들어졌기 때문에, 1880년대까지는 가슴까지 올라오는 옷이라는 뜻의 '웨이스트 오버롤스'로 불렸다. 이후 청바지가 불티나게 팔리면서 옷감이 부족해지자 리바이 스트라우스는 프랑스 남부의 님 지방에서 청바지를 만들기 위한 질긴 직물을 들여왔다. 이때부터 사람들은 청바지를 님 지방의 직물로 만든 옷이라는 뜻의 세르주 데 님(Serge de Nîmes)라고 부르기 시작했다. 오늘날 청바지를 의미하는 '데님'은 이 이름에서 유래한 것이다.

리바이 스트라우스가 광부들을 위하여 만든 작업복이었던 청바지는 이후에도 값싸고 육체노동에도 쉽게 상하지 않았기 때문에 많은 노동자들의 사랑을 받았다. 목장에서 일하는 카우보이나 건설 현장에서 일하던 목수나 작업 인부 등이 주로 청바지를 즐겨 입었다. 반면 부유한 사람들은 대부분 거칠고 투박한 청바지를 입는 것을 기피했다.

그러나 1950년대를 거치면서 청바지의 위상은 달라졌다. 청바지가 젊은이들을 상징하는 세련된 옷으로 각인되기 시작한 것이다. 「이유 없는 반항」과 「에덴의 동쪽」, 「자이언트」 등 청춘 영화로 젊은이들의 우상으로 떠오른 배우 제임스 딘(James Dean)은 영화에서 자주 리바이스 청바지를 입고 출연했으며, 당시 그와 쌍벽을 이루던 배우 말론 브랜도(Marlon Brando) 역시 청바지를 입고 영화에 출연하여 남성성을 한껏 드러내었다. 이들의 영향으로 청바지는 고된 노동자들의 옷에서 순식간에 기성세대의 체제와 문화에 반항적인 젊은이들을 상징하는 옷으로 각인되었다. 또한 매릴린 먼로(Marilyn Monroe)와 엘비스 프레슬리(Elvis Presley) 등 여러 할리우드의 스타들도 영화와 콘서트 등에서 다양한 청바지를 입고 나오면서 청바지에 대한 관심이 한껏 고조되었다. 특히 엘비스 프레슬리의 엘비스라는 이름이 알파벳 순서만 바꾸면 리바이스가 된다는 사실이 새삼스럽게 화제로 떠오르기도 했다.

이후 1960년대를 휩쓴 히피 문화를 통하여 혁신과 변화, 청춘의 상징으로 자리 잡은 청바지는 누구나 간편하고 부담 없이 입을 수 있다는 장점이 부각되면서 더욱 빠른 속도로 판매되었다. 1970년대 말 미국의 청바지 판매량은 역대 최고조에 이르러 매 시간당 6만 벌씩 팔려 나갔지만, 청바지를 구입하려는 수요는 그보다 훨씬 많았기에 데님 직물의 부족분만도 1억 야드에 달했다.

또한 청바지에 다양한 염색 기법이 도입되면서 기존의 청색이 아닌 여러 색깔과 모양의 청바지가 등장하기 시작했고, 1980년대에 이르러 캘빈 클라인과 샤넬 등 유명 의류 업체들도 경쟁적으로 청바지를 선보이면서 청바지가 항상 저렴하고 튼튼한 옷이라는 인식도 바뀌었다. 따라서 부담스러운 수준의 큰돈을 주어야만 살 수 있는 고가의 청바지도 팔리기 시작했다.

역사를 뒤흔든 많은 유행들은 대개 아무도 예상하지 못하는 형태로 등장하곤 한다. 청바지가 등장할 당시만 해도 일꾼들의 작업용이었던 옷이 시대를 거치면서 가장 대중적인 옷이 될 것으로 예상한 사람들은 아무도 없었다. 이러한 유행의 흐름을 적절히 이용할 수 있었던 소수의 사람들은 큰 성공을 거둘 수 있었지만, 대부분의 사람들은 유행이 전반적인 사회 현상으로 고착되었을 무렵 이를 체감하게 된다. 특히 유행이란 고정된 형태로 존재하는 것이 아니라 지속적으로 재생산되는 등 다양한 변화의 과정을 거치게 되므로 유행의 크기와 방향을 사전에 예측하기란 여전히 쉽지 않다.

누가 전기 자동차를 죽였는가

미국의 영화감독 크리스 페인(Chris Paine)은 2006년 「누가 전기 자동차를 죽였나(Who Killed the Electric Car?)」라는 다큐멘터리를 제작했다. 그는 이 다큐멘터리에서 전기 자동차가 일찍이 등장했음에도 불구하고 왜 대중의 각광을 받지 못하고 현재까지도 일부 사람들의 호기심을 충족시키는 전유물에 그치는지를 꼼꼼하게 파헤쳤다. 이 다큐멘터리에서 페인은 전기 자동차가 시장성이 부족하여 성공하지 못한 것이 아니라, 전기 자동차가 인기를 끌게 되면 수입이 줄어들게 될 것을 우려한 정유 회사와 자동차 기업들의 계략에 의하여 대중의 외면을 받게 되었다는 색다른 주장을 제기했다. 가솔린 자동차를 통하여 막대한 이익을 거머쥐었던 거대 기업들이 전기 자동차의 싹을 자르는 바람에 전기 자동차가 유행을 탈 수 있는 기회가 사라지고 오늘날까지 발전이 늦어지게 되었다는 것이다.

전기 자동차는 사실 가솔린 자동차보다 앞서 1835년 네덜란드의 크리스트 파벡카가 처음으로 만든 것으로 알려져 있고, 실제로 1900년대 초반까지도 거리에서 전기 자동차를 구경하는 것이 그리 어렵지 않았다고 한다. 그러나 1920년대 이후 석유를 채굴하는 기술이 비약적으로 발달하고 석유 시추에 자본이 집중되면서 원유 가격이 급속히 떨어지기 시작했다. 게다가 가솔린 자동차는 전기 자동차보다 훨씬 저렴한 가격으로 대량 생산이 가능했으며, 전기 자동차와 달리 강력한 추진력과 장거리 운전 능력을 가지고 있었기 때문에 순식간에 시장의 주류로 자리 잡을 수 있었다. 반면 이러한 약점을 극복하지 못한 전기 자동차의 생산은 나날이 감소하여 결국 시장에서 자취를 감추게 되었다.

이후 오랜 시간이 지나 1996년에 이르러 전기 자동차는 다시 세상에 모습을 드러내었다. 캘리포니아 주 정부의 대기 자원국은 날로 심각해지는 캘리포니아 주 도시들의 심각한 매연 공해를 더 이상 방치할 수 없다는 이유로 모든 자동차 기업들이 판매량의 일정 부분에 해당하는 양만큼 의무적으로 전기 자동차를 만들어야 한다는 '배기가스 제로법'을 제정했다. 이에 따라 GM과 포드 등 여러 자동차 기업들은 어쩔 수 없이 전기 자동차의 생산 및 판매에 나서게 되었는데, 당시 미국에서 가장 많은 자동차를 판매하고 있었던 GM은 EV1이라는 전기 자동차를 선보였다.

주 정부의 압력에 마지못해 EV1을 생산했기 때문에 GM 역시 전기 자동차의 판매에 전력을 기울이지 않았다. GM은 EV1을 매우 적은 양으로만 생산한 후 로스앤젤레스와 피닉스(Phoenix) 등 캘리포니아 주 몇 개의 도시에서 할리우드의 유명 스타 등 극히 일부 사람들만을 대상으로 한 달에 4백 달러 정도로 3년간 계약할 수 있는 리스 형식으로 판매했다.

GM이 EV1에 그리 큰 관심을 기울이지 않았지만 사실 EV1은 당시 가솔린 자동차에 필적할 만한 성능을 가지고 있었다. 2인승의 쿠페 자동차였던 EV1은 교류형 전기 모터와 납축전지를 장착하고 있었는데, 이후 납축전지는 1999년 2세대 모델부터 더욱 친환경적이고 성능이 우수한 니켈 수소 전지로 교체되었다. EV1은 알루미늄 섀시와 플라스틱 차체 패널 및 마그네슘으로 만든 시트 프레임 등 다양한 최첨단 기술을 적용하여 약 132킬로그램에 불과할 정도로 가벼운 무게를 자랑했다.

무엇보다도 EV1은 시속 1백 킬로미터까지 가속되는 데에 단 10초도 걸리지 않았으며 최고 속도도 1백 30킬로미터까지 가능할 정도로 성능이 우수했다. 게다가 EV1은 4시간 정도면 충전이 가능했고, 당시에도 캘리포니아 주 내에 1백 50개가 넘는 전기 충전소가 있었기 때문에 장거리 운전자들이 EV1에 전기를 보충하는 것도 그리 어렵지 않았다. 따라서 반신반의하면서 EV1을 처음으로 접한 소비자들은 EV1의 성능에 매우 만족했고, EV1을 직접 타 보고 싶다는 사람들도 빠르게 증가했다. EV1의 예상치 못한 성공으로 머지않아 가솔린 자동차가 전기 자동차로 대체될 것이라는 예상이 등장하기도 했다.

페인은 EV1의 성공을 보면서 미래의 수익에 심각한 위협을 느낀 정유 회사들이 자동차 기업들과 은밀히 결탁하여 전기 자동차의 생산과 유행을 가로막는 조치를 취했다고 주장한다. 그들은 전기 자동차의 약점을 문제 삼고 가솔린 자동차의 성능이 더욱 우수하다는 것을 집중적으로 홍보했다. 특히 GM 역시 EV1의 인기에도 불구하고 전기 자동차가 비용이 비싸고 배터리 충전만으로는 100킬로미터밖에 달리지 못하는 등 가솔린 자동차를 대체할 수 없다고 주장했다. 이와 같은 압력을 이기지 못하고 결국 2003년 캘리포니아 주 정부는 배기가스 제로법을 철폐했다.

가장 큰 장애물을 제거하는 데에 성공한 GM은 곧장 EV1의 생산 라인을 전격적으로 폐쇄했고, 사용자들의 반대를 무릅쓰고 리스 중이었던 EV1도 회수하여 사막 한가운데서 모두 폐차시켰다. GM은 여기서 그치지 않고 한번 충전으로 5백 킬로미터나 달릴 수 있는 전기 자동차 배터리를 개발한 천재 발명가 스탠포드 옵신스키(Stanford Ovshinsky)의 회사를 인수한 후 다시 정유 기업에 팔아 버리는 등 가솔린 자동차의 잠재적 위협 요인마저도 제거했다. 이로써 GM이 출시한 혁신적인 전기 자동차 EV1은 시장에 모습을 드러낸 지 단 7년 만에 역사에서 사라지고 말았다.

크리스 페인의 주장처럼 과연 전기 자동차가 음모에 의하여 유행을 타지 못하게 된 것인지에 대해서는 여전히 논란이 분분하다.

GM의 전기 자동차 생산 중단은 여러 가지 생각을 하게 만든다. 오늘날 토요타와 닛산, 폴크스바겐(Volkswagen)을 비롯하여 실리콘밸리의 신생 기업 테슬라(Tesla) 등 여러 자동차 기업들이 전기 자동차 생산에 앞다투어 뛰어드는 오늘날의 트렌드와 비교해 보게 만들기 때문이다. 페인의 다큐멘터리와 같이 당시 GM이 만약 정유 기업 등의 반대를 무릅쓰고 EV1의 생산을 지속했다면 전기 자동차가 유행을 이어나가면서 가솔린 자동차를 상당히 대체했을지도 모른다.

페인 역시 이러한 정유 회사의 음모와는 별개로 소비자들이 전기 자동차를 그리 선호하지 않은 것도 실패의 한 부분이었다고 말한다. 당시 대부분의 미국 소비자들은 출력이 세고 많은 짐을 실을 수 있는 큰 자동차를 더욱 좋아했던 것이다. EV1에 대한 관심도 부를 과시하기 위한 일부 사람들의 제한적인 성향이었을 뿐 실생활에 유용하게 사용되기에는 많은 한계를 지니고 있었다. 실제로 GM 내부에서도 EV1을 계속 생산해야 한다는 주장이 제기되기도 했지만, 자동차를 구매하는 사람들이 아직 전기 자동차를 선호하지 않는다는 논리를 극복하지 못하고 결국 생산을 중단하고 말았다.

그럼에도 친환경을 소재로 한 전기 자동차는 다시 고개를 들고 있다. 유행은 바람처럼 자꾸 바뀌는 것이다.

ㅌ핑 포인트가 만드는
유행에 주목하라

유행이란 특정 시기에 광범위하게 전파되어 많은 사람들에게 수용되는 새로운 생각과 습관, 행동 등 여러 사회 문화적 현상을 말한다. 대개 유행은 시대와 지역에 따라 천차만별이고 당시 대중의 기호 및 성향을 반영하고 있다. 따라서 많은 역사학자들은 과거 유행의 변천을 통하여 해당 시대의 여러 모습들을 유추하고 있다.

유행이 발생하는 원인과 관련하여 다양한 주장들이 제기되고 있다.

평범한 사람들보다 큰 영향력을 미칠 수 있는 개인 및 조직의 특성이 나머지 사회 구성원들의 호기심과 욕구를 만족시킬 때 유행이 형성된다는 주장이 있다. 한편으로는 나약한 개인이 사회 집단으로부터 유리되는 것에 대한 심리적 두려움과 불확실성을 회피하기 위하여 특정 행동을 맹목적으로 추종하는 과정에서 새로운 유행이 발생한다는 연구 결과도 발표되었다.

크게 유행은 도입과 성장을 거쳐 성숙 단계에 이르고 이후 쇠퇴가 일어나는 네 단계의 과정을 밟는다. 유행의 초기 단계에 적극적으로 반응하는 사람들은 대개 대중의 여론과 동향을 이끌어 가는 이들로서 다른 사람들과의 차별화를 드러내기 위하여 새로운 유행에 민감하게 반응한다. 이들은 대부분의 사람들에게 낯설고 익숙하지 않은 제품이라도 적극적으로 구입하여 자신들의 존재를 드러내려는 성향이 강하다. 흔히 이들을 얼리 어댑터(Early adapter)라고 불리는데, 오늘날 많은 기업들은 새롭게 등장하는 기술 및 제품에 대한 초기 반응을 알아보는 데에 이들을 적극적으로 활용하고 있다.

반면 유행이 전면적으로 확대되었을 때 수용하는 사람들도 존재한다. 이들은 다른 사람들과 동질감을 느끼고 사회 구성원으로서의 일체감을 갖추기 위하여 유행을 수용한다. 재미있는 사실은 집단적 성향이 강한 문화일수록 초기에 유행을 과감히 수용하기보다는 시간이 흐름에 따라 서서히 받아들이는 사람들의 비중이 더욱 높다고 한다. 이러한 사람들은 자신이 속한 집단의 사람들과 유사하다는 친근감을 느낌으로써 소속과 안도감을 느끼는 것을 가장 중요한 가치로 여긴다. 그러므로 유행이 시대의 주류로 자리 잡았을 때 비로소 이를 거부감 없이 받아들이게 되는 것이다.

말콤 글래드웰이 같은 이름의 책을 낸 이후 임계점이라는 뜻의 '티핑 포인트(Tipping Point)'는 '유행'이라는 주제어에서 가장 인기 있는 단어로 떠올랐다. 티핑 포인트란 미국의 북동부 지역에 살고 있었던 백인들이 교외로 이탈하는 현상을 연구하는 과정에서 등장한 단어인데, 소수에게만 머물러 있던 유행이 급속히 확산되는 비율을 지칭하는 용어이다. 연구와 조사에 의하면 미국 내 특정 지역으로 이주하는 흑인들이 전체 인구의 약 20퍼센트에 이르는 시점에서 백인들의 이탈이 급격히 증가했다고 하는데, 바로 이 20퍼센트가 바로 변화가 시작되는 티핑 포인트였다.

말콤 글래드웰은 이와 같이 아무도 예상하지 못하는 상황에서 극적인 사건이 발생하는 이러한 지점의 특성과 이를 통하여 유행을 창출하기 위한 전략을 담은 저서 『티핑 포인트』를 통하여 큰 성공을 거둠으로써 순식간에 유명 인사로 떠올랐다. 당시 『뉴요커(New Yorker)』의 기자였던 글래드웰은 이 책을 통하여 순식간에 전 세계에서 가장 유명한 작가이자 경영학계의 구루 중 한 사람으로 인정받게 되었는데, 이 책이야말로 그의 인생을 극적으로 바꾼 티핑 포인트였던 셈이다.

글래드웰은 티핑 포인트가 시대와 지역을 막론하고 다양한 분야에서 매 순간 발생하는 사회적 현상이자 법칙이라고 말한다. 1984년 미국에 최초로 저렴한 가격의 팩스가 등장했으나, 그 해에는 고작 8만 대의 팩스만이 팔렸다고 한다. 1985년과 1986년에도 팩스 판매량이 조금씩 늘어나기는 했으나 대체로 판매량은 기대에 한참 못 미치는 수준이었다. 그러나 무슨 이유에서였는지 팩스는 1987년에만 무려 1백만 대가 넘게 팔렸다고 한다. 또한 남태평양의 미크로네시아는 원래 자살이라고는 거의 일어나지 않는 평온한 섬이었다. 그러나 1980년대를 기점으로 자살이 크게 치솟아 10만 명당 무려 160명이 자살하는 등 세계 최대의 자살 지역으로 변했다.

글래드웰은 이러한 티핑 포인트의 발생을 이끄는 요인으로 소수의 법칙, 고착성 요소, 상황의 힘 등 세 가지 요인을 들고 있다. 특별한 능력을 지닌 소수에 의하여 새로운 유행이 빠르게 전파될 가능성이 높고, 특정한 주제의 메시지가 대중에게 크고 강력한 울림을 전달하게 될 때 잠재되었던 유행이 폭발적으로 확산된다는 것이다. 사람들은 현재의 위치와 상황에 따라 인식과 행동이 판이해지기 때문에 특정 환경이 조성되어 변화의 원동력이 제공될 때 새로운 유행이 발생할 가능성이 높아진다는 의미이다.

글래드웰은 티핑 포인트의 원리를 알면 누구나 유행을 창조할 수 있다고 말한다. 그는 티핑 포인트에 기반한 멋진 전략의 사례로 바로 1990년대 중반 갑자기 큰 유명세를 탄 에어워크(Airwalk) 운동화를 꼽는다. 1990년대 중반까지 에어워크는 캘리포니아 주를 기반으로 한 평범한 운동화 기업이었는데 1993년 매출액이 고작 1천 6백만 달러에 불과했다. 그러나 에어워크의 매출은 1995년 1억 5천만 달러로 가파르게 상승했고 나이키와 아디다스의 뒤를 이어 전 세계 10대들 사이에 가장 근사한 신발 브랜드 3위로 선정되었다.

에어워크의 마케팅을 지원했던 광고 회사 램베시스(Lambesis)는 유행에 민감하고 또래 계층의 유행을 선도하는 소위 '메이븐(Maven)'이라 불리는 10대 청소년들을 자사의 통신원으로 고용했다. 이들은 10대들의 기호와 성향 등 다양한 데이터를 수집하고 그들의 유행이 언제 어느 시점에서 빠르게 확산되고 있는지를 분석했다.

에어워크는 메이븐으로부터 수집한 정보를 적극적으로 반영하는 제품을 출시했고, 한편으로는 한창 관심이 높았던 티베트의 승려를 소재로 한 새로운 광고 캠페인을 선보였다. 이는 큰 성공을 거두었고 에어워크의 제품은 10대 청소년들에게 폭발적인 인기를 얻으면서 최고의 스포츠 브랜드로 거듭날 수 있었다. 그러나 빠른 성장 이후 에어워크는 이러한 기발한 전략을 버리고 다른 경쟁사와 비슷한 방법으로 제품을 판매했다. 그러자 에어워크의 운동화에 열광했던 젊은이들은 순식간에 등을 돌리게 되었고 에어워크는 예전의 평범한 기업으로 추락해 버렸다.

그러나 티핑 포인트, 즉 유행이 발생하기 위한 중요한 요인들을 알고 있다 하더라도 이를 의도적으로 조성하는 것 또한 결코 쉬운 일은 아니다. 많은 기업, 그리고 유명 인사들이 저마다 새로운 유행을 창조하기 위하여 갖은 노력을 다하고 있지만 실제 성공한 사례는 생각보다 많지 않다. 각각의 법칙에는 언제나 이들의 실현을 어렵게 하는 장애 요인도 등장하기 마련이다. 실제로 티핑 포인트가 어떤 요인에 의해 이루어졌는지를 아는 것은 대개 그것이 한바탕 시대를 뒤흔든 이후에 가능한 경우가 많다. 게다가 유행을 창조하려는 시도가 예상과 달리 큰 역풍을 맞고 기업을 위기에 몰아넣는 원인이 되기도 한다는 점은 유의할 대목이기도 하다.

전문가도 유행을 알지 못한다

노벨 경제학상을 수상한 폴 새뮤얼슨(Paul Samuelson) 교수는 경제학의 특성을 재미있는 비유로 설명하고 있다. 어느 무인도에 물리학자와 화학자 그리고 경제학자가 세 명이 남겨지게 되었다. 어느 날 그 무인도에 캔 수프 통조림 하나가 떠내려왔다. 이를 본 물리학자는 돌맹이로 내리쳐 캔을 따자고 말했고 화학자는 불을 지펴서 캔을 가열하여 열자고 주장했다. 그러나 경제학자는 다음과 같이 말했다.

"여기 캔 따개가 있다고 가정을 해 봅시다……"

경제학이란 기본적으로 인간 행동에 대한 가정에 기초하여 그것이 확고하다는 전제에서 발생할 수 있는 여러 현상을 논리적으로 설명하려는 학문이다. 그러므로 현상의 분석과 예측이 정확하게 이루어지기 위해서는 무엇보다도 이를 위한 전제가 확고하게 수립되어야 한다. 만일 이러한 전제가 사실과 다르다면 이는 거의 틀린 예측과 결정만을 반복하게 될 뿐이다.

경제학뿐만이 아니라 다가올 미래상에 대한 예측은 오류투성이인 경우가 많다. 시대가 바뀌고 정확한 예측을 위한 다양한 방법이 등장하고 있지만 예측의 신뢰성이 이전보다 높아졌다는 증거를 찾기란 쉽지 않다. 기술의 발전에도 불구하고 여전히 미래를 정확히 예측하는 것은 미지의 영역으로 남아 있는 것이다.

오늘날 각광을 받고 있는 빅 데이터 분석조차도 미래를 정확히 바라보고 예측하는 데에는 적지 않은 한계를 드러내고 있다. 하루에 몇십억 건이 넘는 검색어를 입력받는 구글은 사람들이 독감을 키워드로 입력한 횟수를 기초로 전 세계의 독감 발생을 예측할 수 있는 독감 예측 시스템을 선보여 큰 화제를 불러일으켰다. 실제 독감 예측 시스템은 발생 시기와 지역 등을 비교적 정확히 맞추는 것으로 소개되면서 빅 데이터 분석의 능력을 대표하는 전형적인 사례로 부각되었다.

그러나 미국 워싱턴 대학교의 연구진은 독감 예측 시스템의 정확도가 실제로는 질병 관리 센터(Center for Disease Control)의 예측보다 약 25퍼센트 정도 낮다는 연구 결과를 발표했다. 이는 시스템의 기술적인 문제가 아니라, 독감에 걸리지 않은 사람들도 독감과 비슷한 증세를 가지게 되는 경우에도 구글에서 독감 정보를 검색했기 때문이다. 실제로 독감 유행 기간에 증세를 보이는 사람들이 실제 바이러스에 걸린 경우는 약 20~70퍼센트에 불과하다고 한다.

아이러니하게도 미래 예측에 대한 성공 확률이 그리 높지 않음에도 불구하고 여전히 전문가를 자처하는 사람들은 더욱 풍부해지고 있다. 예측이 어려울수록 대중의 불안감이 더욱 고조되면서 특정 분야의 전문가에 대한 일반 대중들이 기대 수준이 비례하여 증가하고 있는 것이다.

불확실한 미래에 대한 두려움을 느끼고 그것을 미리 알 수 있기를 원하는 것은 인간의 자연스러운 특성이다. 미국 로널드 레이건(Ronald Reagan) 전 대통령의 영부인 낸시 레이건(Nancy Reagan)은 남편과 미국의 앞날에 두려움을 느끼고 백악관 안에 심령술사를 불러들이기도 했다. 실제로 불황과 전쟁 등 불안정한 사회 현상이 지속될수록 종교와 무속 신앙이 더욱 기승을 부린다는 연구 결과도 있다.

우연히 경제의 흐름을 사전에 정확히 맞춘 사람이 등장하더라도 그가 먼 미래 현상까지도 정확히 예견할 수 있는 것은 아니다. 경제 자유주의의 선구적 경제학자 밀턴 프리드먼(Milton Friedman) 교수는 현실에는 수많은 변수와 우연이 숨어 있기 때문에 6개월이 넘는 경제 예측은 할 수 없다고 단언했다. 실제로 많은 업적을 남긴 뛰어난 경제학자들, 그리고 투자의 전문가들조차 잘못된 예측과 판단 실수를 숱하게 범했다. 당대 최고의 투자가로 손꼽히던 제시 리버모어(Jesse Livermore)는 거액을 번 이후 거듭되는 투자 실패로 엄청난 파산 위험에 직면하자 고통을 견디다 못하고 권총으로 생을 마감하기도 했다.

비주류에서
혁신을 찾아내라

새로운 기술과 아이디어로 찬사를 받은 제품들이 등장과 동시에 이 전의 제품들을 빠르게 밀어내는 경우는 그리 많지 않았다. 오히려 이 들이 시장의 주류로 자리 잡기에는 꽤 오랜 시간이 걸렸으며, 상당수 는 시장에 자리를 잡지 못하고 사라지고 말았다. 혁신의 가능성에 열 광하고 무리하게 투자를 단행한 많은 기업들 역시 큰 손해를 입고 상 당수는 실패의 부담을 극복하지 못하고 역사 속으로 사라지고 말았다.

따라서 혁신이란 그 자체의 특성과 더불어 주변 환경의 요인, 특히 대중의 유행을 탈 수 있는 가장 적합한 시기에 추진되었을 때 성공할 가능성이 높다. 시대를 너무 앞서 등장한 제품들은 대개 소비자들의 외면을 받기 때문에 이를 개발한 기업들은 대부분 큰 보상을 받을 수 없었다. 반면 혁신의 수혜를 가장 많이 입은 기업들은 대개 새로운 제 품의 성능이 어느 정도 완성도를 갖추고 사람들에게 어느 정도 알려지 기 시작할 무렵 시장에 뛰어든 기업이었다.

세계 최초의 디지털 카메라는 1975년 코닥(Kodak)의 연구원이었던 스티브 새슨(Steve Sasson)에 의해 발명되었다. 그는 이미지를 촬영하 는 CCD(Charge-Coupled Devices)와 카메라 렌즈 등을 결합하여 투 박한 모양의 시제품을 만들어 코닥의 임원들에게 선보였다. 약 1만 화 소의 사진을 찍을 수 있었고 사진을 카세트테이프로 저장하는 등 디지털 카메라는 기존에 없던 전혀 새로운 제품이었다. 그러나 조악한 품질의 흑백 사진만 촬영이 가능했으며 사진을 카세트테이프에 저장하는 데에도 23초라는 터무니없이 오랜 시간이 소요되었다. 게다가 3.6킬로그램의 제품은 가지고 다니기에는 너무 무거웠기 때문에 새슨의 제품은 실제 출시되지 못하고 쉽게 잊혀졌다.

이후 1981년 소니는 세계 최초로 상업용 디지털 카메라를 출시했다. 'Magnetic Video Camera'라는 긴 이름에서 따온 마비카(Mavica)라고 붙여진 이 카메라는 당시 저렴한 가격으로 PC에 대중화되었던 플로피 디스켓을 사진 저장 매체로 사용할 수 있었다. 필름을 종이에 인화하던 기존 방식 대신 마비카는 TV와 모니터에 연결하여 사진을 바로 확인하고 마음에 들지 않는 사진을 지울 수 있다는 점을 부각하여 출시 초반에는 일본과 미국을 중심으로 큰 인기를 모았다. 마비카를 출시한 소니는 초기의 성공적인 반응에 고무되어 필름 카메라의 시대는 이제 끝났다는 도발적인 선언을 하기도 했다.

그러나 사람들은 여전히 필름 카메라의 간편한 휴대성과 저렴한 가격을 선호했고 더군다나 사진은 종이로 인쇄해야 한다는 고정 관념을 쉽게 버릴 수 없었다. 결국 초기 돌풍과 달리 마비카는 더 이상 성장하기 어려웠고 여전히 필름 카메라에 눌려 이렇다 할 선전을 보여주지 못했다. 그러나 디지털 카메라 시장은 엉뚱하게도 소니의 경쟁 기업인 캐논이 차지할 수 있었다. 디지털 카메라의 큰 성공으로 세계 제1위의 카메라 기업으로 거듭난 캐논은 소니와 달리 새로운 기술의 타이밍을 절묘하게 포착하여 큰 성공을 거둘 수 있었던 것이다.

당시 캐논은 코닥과 아그파(Agfa), 미놀타(Minolta) 등에 밀려 고전을 거듭하고 있었다. 그러나 캐논은 다른 카메라 기업들이 자신들의 필름 카메라 사업이 승승장구하기 때문에 디지털 카메라를 판매하기 꺼린다는 사실을 알게 되었다. 특히 세계 최초로 디지털 카메라를 개발할 정도로 핵심 기술을 보유하고 있었던 코닥조차도 회사의 주력 제품인 필름의 판매가 부진할 것으로 예상하고 디지털 카메라의 시장 출시에 매우 소극적이었다.

미타라이 후지오 캐논 사장조차 캐논의 성공은 너무 빠르거나 늦지 않은 최적의 타이밍에서 시장에 진입했기 때문이라고 말한다. 캐논은 새로운 기기를 자연스럽게 받아들일 수 있었던 당시 시대의 흐름과 절묘하게 맞아떨어지면서 시장에서 큰 성공을 거둘 수 있었던 것이다. 이전까지만 해도 디지털 카메라의 화질을 기존 필름 카메라 수준까지 맞추는 것은 쉬운 일이 아니었다. 마비카와 같이 이미 출시된 디지털 카메라의 크기와 성능은 기대에 훨씬 미치지 못했기 때문에 필름 카메라의 우위는 한동안 이어질 것으로 전망되었다.

그러나 캐논이 우여곡절 끝에 시장에 디지털 카메라를 출시했을 당시에는 이러한 문제점들이 하나 둘 개선되면서 디지털 카메라에 대한 새로운 수요가 막 싹트기 시작하는 시점이었다. 캐논은 이러한 시장의 흐름을 정교하게 포착하고 대중의 기호에 맞출 수 있는 새로운 제품을 잇달아 선보이면서 마침내 카메라 시장의 새로운 강자로 떠오를 수 있게 되었다.

꾸준히 혁신을 만들기 위하여 노력했던 소니의 경우, 오랜 기간에 걸쳐 야심 차게 준비했던 전자책 분야에서 유행을 제대로 맞추지 못한 아픈 기억을 갖고 있다. 1990년대 초반 처음으로 등장했던 전자책은 다른 제품과 마찬가지로 조악한 품질과 소비자의 무관심 때문에 시장에서 사라졌다. 이후 소니는 다시 세계에서 가장 앞선 전자 기술로 전자책 시장에 도전했다. 소니의 재도전이었다.

구체적인 과정을 보면 2004년 소니는 글씨를 화면에 선명하게 구현할 수 있는 전자 잉크 기술을 개발했고 이를 이용하여 리브리에(Librie)라는 전자책을 출시했다. 약 6인치 크기의 스크린에 500권 이상의 책을 담을 수 있었던 리브리에는 전력 소비가 매우 적은 데다 전원이 없어도 책을 볼 수 있었기 때문에 종이책의 모습과 가장 닮은 기기라는 호평을 얻을 수 있었다. 당시 소니는 삼성전자와 LG전자 등 한국 가전 기업들의 맹추격으로 실적이 빠르게 악화되어 가던 상황이었다. 그러므로 소니는 리브리에가 주춤하던 소니의 성장을 이끌어 갈 수 있는 신제품이 될 것으로 기대했다.

결론을 말하자면 리브리에는 결국 종이책의 견고한 아성을 넘지 못하고 역사 속으로 사라졌다. 편리성과 기술력을 앞세운 리브리에였지만 여전히 사람들은 쉽고 값싸게 구입하여 볼 수 있는 종이책을 더 선호했다. 특히 오랜 시간에 걸쳐 굳어진 종이책 독서에 대한 관성을 깨뜨릴 만큼 리브리에가 매력적인 기기는 아니었으며, 더군다나 리브리에를 통하여 읽을 수 있는 책의 숫자도 매우 제한적이었다. 따라서 리브리에는 초기의 성공 이후 좀처럼 유행을 타지 못하고 금세 시들해졌다.

오히려 전자책은 아마존이 킨들이라는 새로운 전자책을 출시한 이후 본격적으로 성장할 수 있게 되었다. 아마존은 기술적으로는 킨들보다 훨씬 우위에 있는 리브리에가 실패한 요인을 정확히 간파했다. 따라서 아마존은 리브리에보다 훨씬 낮은 가격으로 킨들을 출시하면서 킨들이 방대한 아마존의 콘텐츠를 이용할 수 있는 최적의 기기라고 집중적으로 홍보했다. 소비자들은 킨들을 통하여 비로소 전자책의 매력을 발견할 수 있었고 아마존은 킨들을 통하여 전자책 시장에서 성공을 거둘 수 있었다.

굿바이 잭 웰치

지금까지 혁신과 관련된 숱한 이론과 방법들이 등장했지만 오늘날까지 지속적으로 영향력을 발휘하고 있는 경우는 극히 드물다. 특히 트렌드가 빠른 속도로 변하고 있는 오늘날에는 새로운 사상과 이론의 가치 역시 반짝 인기를 끌고 조용히 사라지곤 한다.

GE의 부흥을 이끈 잭 웰치(Jack Welch) 전 회장의 주장도 퇴임 후 논쟁에 휘말렸다. 그는 쇠락해 가던 GE를 세계 최고의 제조 기업으로 탈바꿈시키는 데에 큰 역할을 했다. 그는 지구 상에서 가장 위대한 CEO이자 기업 성과를 극대화할 수 있는 전문가라는 극찬을 얻을 수 있었다. 많은 기업들은 중성자탄이라는 별명답게 주주의 가치를 극대화하고 핵심 사업 위주로 공격적인 경영 전략을 펼친 그를 연구하는 데에 여념이 없었다.

그러나 그가 현직에서 물러난 이후 그에 대한 긍정적인 평가는 점차 잦아들기 시작했다. 그가 재임하던 시대와 전혀 판이한 경영 환경이 조성되면서 잭 웰치를 재평가해야 한다는 주장이 제기되었다. 때마침 글로벌 금융 위기가 발발하여 그의 전략을 신봉하던 많은 기업들이 휘청거리자 잭 웰치의 주장에 대하여 비판하는 목소리도 늘게 되었다.

경영 전문지 『포천(Fortune)』은 "잭 웰치의 경영 교본을 찢어 버려라"라는 내용의 기사를 작성하는 등 이러한 움직임은 더욱 확대되었다. 『포천』은 과거에는 잭 웰치의 전략이 경영학의 주된 연구 소재로 꼽힐 정도로 큰 인기를 모았으나 오늘날에는 맞지 않는 것이라고 주장했다.

일리노이 대학(University of Illinois)에서 화학 공학으로 박사 학위를 받은 잭 웰치는 같은 해에 GE에 입사하여 탁월한 실적을 바탕으로 승진을 거듭하여 1981년 46세의 나이로 GE의 최연소 회장이 될 수 있었다. GE의 고질적인 문제를 낱낱이 경험했던 그는 취임 직후 효율성이 떨어지는 GE의 수많은 사업들을 신속하게 검토하고 정리했다.

그는 "시장에서 1위 혹은 2위인 비즈니스만을 남기고 나머지는 모조리 매각한다"는 철학 아래 미래에 살아남을 가능성이 없다고 판단되는 사업들을 매각하는 방식으로 GE의 체질 개선에 나섰다. 그는 재임 기간 내내 "고쳐라, 매각하라, 아니면 폐쇄하라"는 경영 전략을 GE에 일관되게 주입했고 그 결과 10만 명이 넘는 직원을 해고했다.

언론으로부터 '중성자 폭탄 잭'이라는 달갑지 않은 별명을 얻게 되었지만, 그는 이에 아랑곳하지 않았다. 잭 웰치는 살아남은 사업부도 강도 높은 구조 조정을 실시했고 한편으로는 새로운 사업에 맞는 다양한 기업들을 거침없이 매수했다. 그의 이러한 노력은 때마침 미국의 부흥과 맞물려 큰 성과를 거둘 수 있었다. 그가 재임한 20년에 걸쳐 GE는 미국을 대표하는 제조 기업으로 자리 잡게 되었다.

『포천』은 잭 웰치의 전략이 이전에는 전 세계 기업들이 숙지해야 필수적인 경영 지침으로 인식되었지만 이제는 더 이상 통하지 않는다고 비판했다. 그의 방식 자체가 완전히 잘못된 것은 아니지만, 이전과 달리 기업이 더욱 큰 불확실성과 어려움에 직면하고 있는 지금은 GE가 추구했던 방식으로 문제를 해결할 수 없다는 것이다. 『포천』은 이러한 분석을 통하여 이제는 "잭 웰치가 아닌 애플이나 구글을 배워야 한다"고 강조했다. 물론 『포천』의 이러한 주장이 반드시 옳은 것은 아니다. 오늘날 시대 상황에 무리하게 맞추기 위하여 GE가 추구하던 방식의 문제점을 다소 과장한 측면도 없지 않다. 잭 웰치 또한 『포천』의 기사가 실제를 왜곡한 것이라고 반박하는 등 어느 한 쪽의 주장만을 일방적으로 받아들이기는 어렵다.

그러나 GE가 승승장구하던 당시만 하더라도 금과옥조로 여겨지던 방식에 대한 비판이 대중들의 공감을 얻고 있다는 것은 주목할 만하다. 과거 다른 이론 및 방법과 마찬가지로 잭 웰치의 주장이 시대의 변화에 대응하기 어려운 방식이라고 인식되면서 이를 대체할 수 있는 새로운 것을 찾게 되는 것이다.

재미있는 것은 『포천』이 잭 웰치를 대신할 수 있는 새로운 모델로 소개한 스티브 잡스조차도 과거에는 실패한 경영인으로 낙인 찍혔다는 점이다. 그는 기술 트렌드의 변화를 읽지 못해 개인용 컴퓨터 시장에서 IBM에 밀려 큰 어려움을 겪고 결국 자신이 영입한 CEO 존 스컬리(John Sculley)에 의하여 애플에서 쫓겨났다. 당시 언론들은 한목소리로 스티브 잡스의 천방지축의 독선가적 경영이 결국 실패했다고 주장했다. 어느 누구도 20여 년 후 그가 전 세계를 뒤흔들 신드롬이 될 것이라고 예측하지 못했다.

혁신 전략도 유행의 산물이다

지금까지 등장했던 혁신 전략은 주로 대학의 학자들 혹은 컨설턴트가 만들었다. 이들은 여러 사례와 연구를 통하여 기존의 방법과 다른 관행을 스스로 생각해 내거나 혹은 외부의 현장에서 발견한다. 이는 이해하기 쉬운 모델로 추상화되고 세부적으로 원리를 설명할 수 있는 구체화 작업이 더해지면서 혁신을 달성할 수 있는 효율적인 도구로 포장된다. 이와 같은 과정을 거친 이론들은 책과 방송, 강연 등 다양한 미디어로 알려지면서 기업들의 이목을 끌게 된다.

이런 과정을 거쳐 완성된 많은 전략 이론들은 대부분 일반화의 오류에서 벗어나기 힘들다. 이들 대부분은 몇몇 성공적인 사례들에 기반하고 있기 때문에 모든 경우에 적용되기 어려운 것이다. 이론을 만든 학자들은 주장을 뒷받침할 수 있는 몇몇 요인만을 집중적으로 들여다보기 때문에 이에 대한 반박에 제대로 대응하기 어렵다.

파괴적 혁신으로 전 세계적 명성을 얻은 클레이턴 크리스텐슨 교수조차 여러 경영 이론들에서 발견되는 이러한 문제에 빠지지 않기 위해서는 기업 스스로의 신중한 결정이 필요하다고 주장한다. 그는 특히 모든 기업에 적용될 수 있다고 강조하는 이론이나 특정 요인에 기초하여 현상을 단편적으로 구분하는 연구에 대해서는 보다 신중한 접근이 필요하다고 설명했다.

그러나 이와 같은 문제점에도 불구하고 대부분의 기업들은 이를 무비판적으로 수용하는 경우가 많다. 실제로 유행하는 혁신 기법을 통하여 성공을 일군 기업들은 생각보다 많지 않았다. 그럼에도 불구하고 왜 기업들은 이처럼 혁신 이론을 경쟁적으로 배우려 할까? 이러한 이론들이 기업의 성과를 극대화할 수 있는 특수한 마법을 가진 것으로 인식되면 어쩔 수 없이 받아들여야 한다는 압력이 강하게 작용하기 때문이다. 기업의 주주와 이사회, 그리고 나아가서는 고객 등 기업의 이

해에 관련되어 있는 사람들에게 호의적인 신호를 보냄으로써 효율적으로 경영이 이루어진다는 명분을 획득하는 것이다.

기업의 이러한 모습은 전문 경영인 체제에서 더욱 두드러지게 나타난다는 주장이 많다. 주주와 경영인의 관계를 설명하는 대리인 이론에서는 경영인들이 주주의 부를 증가시키기 위하여 다양한 노력을 전개해야 한다는 압박을 받는다고 주장한다. 이러한 노력의 일환으로 그들은 주주의 부를 증식시킬 수 있다고 여겨지는 새로운 이론에 많은 관심을 보이게 되는 것이다.

주주들의 수익을 증가시키는 것이 경영인의 가장 우선적인 목적이지만, 오늘날과 같이 수많은 주주들이 분포해 있는 상황에서 주주 각자의 수익을 눈에 띄게 증가시키기란 어렵다. 따라서 그들은 다른 수단, 즉 주주들의 가치를 증식시키기 위하여 성실히 일하고 있다는 것을 보여 줄 필요가 있다. 이를 위한 노력 중의 하나가 바로 세련되게 포장된 이론과 방법을 서둘러 도입하는 것이다.

식스 시그마(Six sigma)는 1979년 모토로라가 제품의 품질 문제를 해결하기 위한 노력에서 비롯된 대표적인 혁신 이론이다. 당시 일본 기업보다 낮은 생산성으로 고전하고 있었던 모토로라는 불량품을 고치는 데 연간 매출액의 10퍼센트나 지출하는 등 품질 관리에 애를 먹고 있었다. 이에 모토로라의 엔지니어였던 빌 스미스(Bill Smith)는 생산 공정 중 결함이 있는 제품이 사후에도 품질 불량을 일으킬 가능성이 높다는 사실을 알아냈다. 그는 제품의 결함을 발견하고 사후에 고치는 것보다는 초기의 제품 설계와 제조 공정 개선을 통해 품질 문제를 관리하는 것이 더 낫다고 주장했다.

이후 모토로라는 전사적으로 품질 관리에 대한 체계적인 분석 및 개선 방법을 구체화했고 이를 통하여 식스 시그마를 완성했다. 이후 식스 시그마는 1980년대 일본 기업의 승승장구와 미국 기업의 상대적 부진이 가속화되면서 큰 주목을 받게 되었다. 많은 미국 기업들이 모토로라로부터 식스 시그마를 받아들이기 시작했는데, 텍사스 인스트루먼트가 1988년 식스 시그마를 도입한 것을 시작으로 얼라이드 시그널(Allied signal)과 GE 등 여러 기업들도 경쟁적으로 식스 시그마를 적용하기 시작했다.

식스 시그마의 열기는 빠르게 확산되었다. 모토로라가 식스 시그마로 12년간 160억 달러나 절감했다고 주장했으며 포드와 다우(Dow)도 엄청난 비용을 절감했다고 발표하는 등 식스 시그마를 통한 기업의 성과 사례가 다수 발표되었다. 많은 기업들은 모토로라에서 식스 시그마에 익숙한 직원들을 채용하거나 모토로라와 제휴를 맺으면서 식스 시그마를 자사에 적용하기 시작했다.

특히 잭 웰치의 강력한 리더십으로 식스 시그마를 전사적으로 추진한 GE의 성과가 크게 부각되면서 식스 시그마는 당시의 대표적인 혁신 전략으로 자리 잡게 되었다. 식스 시그마의 모태가 된 제품 품질 개선과 더불어 서비스, 연구 개발 등 업종과 분야를 막론하고 식스 시그마를 배우기 위한 열풍이 불었다. 2005년에는 『포천』 선정 5백 대 기업 중 무려 2백 개 이상이 식스 시그마 추진을 공식적으로 발표하기도 했다.

하지만 GE 등 초기에 식스 시그마를 도입한 기업 외에 다른 많은 기업들은 식스 시그마의 도입으로 큰 성과를 거두지는 못한 것으로 조사되었다. 특히 IBM은 식스 시그마를 도입하고도 이를 철회한 이후에 오히려 성과가 향상되었고 식스 시그마를 도입한 코닥, 제록스, 폴라로이드 등의 기업은 오히려 식스 시그마 도입 이후 실적 부진을 겪었다는 연구 결과도 발표되었다. 특히 식스 시그마를 개발한 모토로라도 레이저(Razor) 휴대폰으로 한때 승승장구했지만 이후 노키아와 삼성전자, 애플 등의 공세를 이기지 못하고 휴대폰 사업부를 구글에 매각하는 등 식스 시그마로 성과를 올리던 시절과 비교할 수 없는 초라한 행보를 보여주었다.

게다가 식스 시그마에 대한 비판도 증가했다. 식스 시그마 자체가 기존의 품질 관리 및 개선을 위한 여러 방법들과 비교하여 그다지 새로울 것이 없다는 주장이 제기된 것이다. 심지어는 식스 시그마의 무리한 추진이 기존의 경영 방식을 심각하게 저해하는 원인이 될 수 있다는 의견도 등장했다. 또한 식스 시그마의 실행과 기업의 성과 지표가 일정한 상관관계를 보이지 않았으며, 식스 시그마를 도입한 기업들의 주가도 단기와 장기 모두 평균적인 기업의 성과와 크게 다를 바 없다는 연구 결과도 발표되었다. 이런 논란이 거듭되면서 결국 식스 시그마 역시 다른 혁신 이론과 마찬가지로 그 열기가 빠르게 식었다.

유행을 타야
혁신이 완성된다

혁신의 성공을 정확히 판단하고 예상할 수 있는 전문가란 거의 없다. 전문가들의 주장은 대부분 혁신이 발생할 가능성이 있는 분야를 나름의 논리에 기초한 판단에 근거하여 설명하는 것이다. 마치 하나의 이론이 특정 분야의 현상을 설명하는 데에 그럴듯하게 보이면 그것을 다시 다른 분야에 적용하여 혁신이 발생할 가능성이 높다고 주장하는 것이다. 그러나 모든 분야에 적용될 수 있는 이론과 논리적 체계란 존재하지 않듯이 혁신을 단지 몇 가지의 논리와 근거만으로 설명하는 것은 불가능하다.

혁신의 성공 방정식이란 생각보다 더욱 복잡하다. 혁신의 성공을 위해서는 그 자체 특성과 더불어 이를 둘러싼 환경의 뒷받침이 요구된다. 특히 많은 혁신적 시도들은 속성 그 자체보다는 이를 뒷받침할 수 있는 환경이 성숙되지 않아 실패했다.

새로운 기술과 제품을 효과적으로 받아들이기 어려운 시대와 여건에서는 혁신이 일어나기 매우 어렵다. 이는 대개 새로운 시도의 속도보다는 이것이 주변 환경의 변화 속도가 매우 느리기 때문이다. MIT의 경제학 교수 로버트 머튼 역시 이와 같은 점을 지적했다. 그는 역사를 돌이켜 보면 수없이 많은 혁신의 가능성을 지닌 제품들이 등장했지만 막상 이를 수용할 수 있는 주변 인프라의 발전 속도는 매우 느리기 때문에 시도 자체가 큰 실패로 끝난 사례가 매우 많았다고 설명했다.

미래 산업의 지형을 바꿀 것으로 기대되는 3D 프린터 역시 그 역사는 생각보다 오래되었다. 3D 프린터 기술은 약 30여 년 전 일본에서 최초로 등장했다. 당시 일본 나고야 시립 산업의 연구원이었던 고다마 히데오(小玉秀男)는 어느 전시회에 참가했다가 도면을 손으로 그리지 않고 입체적으로 설계할 수 있는 디자인 기술과 자외선으로 단단하게 경화시킬 수 있는 광경화 수지 기술에 대하여 새롭게 알게 되었다. 그는 문득 이 둘을 조합하면 새로운 형태의 프린팅 기계를 만들 수 있을 것이라는 아이디어를 생각했다.

그는 곧장 연구에 몰두했고 1981년 마침내 간단한 제품을 직접 만들었다. 그러나 많은 기업들은 그의 아이디어의 성공 가능성에 대하여 의구심을 표했고, 결국 아무 기업도 이를 받아들이지 않았다. 그가 재직하던 연구소는 그의 아이디어가 현실에 도움이 되지 않는 기술이라고 평가하여 고다마 히데오의 연구를 더 이상 지원하지 않았다. 게다가 고다마 히데오 역시 연구원 생활을 그만두고 변리사가 되어 특허 사무소에서 근무하면서 3D 프린터 기술은 더 이상 일본에서 발전할 수 없게 되었다.

그런데 그의 아이디어와 비슷한 연구가 이미 미국에서도 활발하게 이루어지고 있었다. 미국의 발명가였던 찰스 헐(Charles Hull)은 1984년 고다마 히데오의 기술과 비슷한 입체 프린팅 기법을 창안하고 2년 후 이에 대한 특허를 취득했다. 그가 1986년 설립한 3D 시스템즈라는 기업은 이후 관련 기술을 꾸준히 축적했고 그해 세계 최초로 3D 프린터 제품을 선보였다. 그럼에도 이를 대량으로 생산할 수 있는 능력이 뒷받침되지 않았으며 그 크기나 성능 또한 편리하게 사용하기에는 턱없이 부족했다.

하지만 미국은 3D 프린팅 기술의 가능성을 놓치지 않았다. 꾸준히 기술과 제품 성능을 개선하면서 상용화 가능성에 박차를 가했다. 이러한 노력은 이후 몇십 년이 지나 빛을 보게 되었다. 대량 생산이라는 과거 패러다임에서 벗어나 다품종 소량 생산의 새로운 패러다임이 전개되면서 3D 프린팅은 새로운 제조 혁명을 가져올 기술로 급부상하게 된 것이다.

3D 시스템즈가 설립될 당시 거대한 슈퍼컴퓨터 크기에 육박한 3D 프린터는 개인이 쉽게 작업할 수 있을 정도로 소형화되었고 출력 성능 또한 이전에 비해 매우 빠르고 섬세해졌다. 따라서 3D 프린터의 활용 분야 역시 건축, 자동차, 항공, 의학, 교육 등 거의 모든 산업으로 광범위하게 확대되었다. 이에 반해 30여 년 전 고다마 히데오의 기술을 미처 알아보지 못한 일본은 관련 분야의 기술을 꾸준히 축적한 미국의 기업들에게 주도권을 내줄 수밖에 없었다.

3D 프린터 시장에서 앞서 나갈 수 있었던 일본 기업의 선택이 무조건 잘못되었다고 판단할 수는 없다. 실제 제품이 본격적으로 각광받기까지 몇십 년의 긴 시간이 걸렸다는 점에서 무리하게 대중화 가능성이 불투명한 기술에 투자하지 않은 것은 당시로써는 최선의 결정이라고

간주할 수도 있다. 그러나 현시점에서 3D 프린터의 성공 가능성이 높지 않다 할지라도 장기적인 관점에서 기술이 발전하게 될 여지를 충분히 고려하지 못한 것은 분명 아쉬운 점이었다. 기술의 성공 가능성을 예견하는 것은 해당 분야의 전문가들도 거의 불가능한 일이다. 따라서 예측이 정확하지 않다는 사실을 인정하고 가장 최선에 근접할 수 있는 시기를 대비했더라면 지금과 전혀 다른 상황을 만들 수 있었을지도 모를 일이다.

유행의 흐름을 탄 기업이 혁신을 만든다

다양한 제품 포트폴리오를 기반으로 자동차 시장을 주도했던 GM은 글로벌 금융 위기가 닥쳤을 당시 미국 정부로부터 긴급 지원을 받는 등 최대 자동차 기업이라는 명성에 큰 흠집을 남겼다. GM이 포드 등 다른 자동차 기업에 비해 더욱 큰 타격을 받은 것은 바로 그들이 전문 분야라고 믿었던 자동차의 미래를 제대로 예측하고 준비하지 못한 것이 주된 요인이었다.

연비가 월등히 좋은 소형 승용차를 내세운 토요타와 닛산 등 일본 자동차 기업들은 1970년대 석유 파동 시기에 전성기를 구가하던 GM을 위협하기 시작했다. 미국인들은 가격이 저렴하고 실용적인 일본 기업의 승용차에 관심을 보이기 시작했는데, 이는 GM의 생산 및 경영 전략 실패와 맞물려 GM을 큰 위기로 빠뜨렸다. GM은 이를 만회하고자 1980년대부터 확대되기 시작한 트럭과 스포츠 유틸리티 자동차 시장에 역량을 집중했다. 실용적인 트럭을 선호했던 미국인들의 성향을 정확히 간파한 GM의 제품은 큰 인기를 끌었고 GM은 이를 통하여 자동차 시장의 주도권을 간신히 회복할 수 있었다.

GM은 주력 제품인 트럭과 스포츠 유틸리티 자동차의 성장이 향후에도 꾸준하게 이어질 것이라 판단했다. 그러나 상황은 빠르게 반전되었다. 일본의 소형 승용차에 비해 연비가 낮고 차체가 무거운 트럭을 찾던 미국인들의 수요가 유가 급등과 금융 위기의 직격탄을 맞으면서 빠르게 하락한 것이다. 특히 GM은 연비를 최대한 끌어 올릴 수 있는 하이브리드 자동차 등 최첨단 기술의 가치를 낮게 평가하는 실수를 저질렀다. 이로 인하여 GM은 더욱 큰 위기에 빠지게 되었고 결국 토요타에게 자국 시장에서 1위 자리를 내 주고 말았다. 가장 미국적인 CEO라는 별명을 가지고 있었던 GM의 릭 왜고너(Rick Wagone) 사장은 2008년 GM의 1백 주년 기념식에서 어려운 위기 상황을 타개할 수 있다고 자신만만했지만, 불과 6개월 만에 GM의 실수를 인정하고 미국 정부로부터 추가 구제 금융을 받는 조건으로 사임하는 불명예를 기록하고 말았다.

이러한 오판이 비단 GM만의 문제는 아니었다. 기술에 대한 시장의 수요와 기대는 항상 꾸준하게 이어지는 것이 아니며 때로는 예상과 전혀 다른 움직임을 보이는 경우가 많으므로 뛰어난 통찰력조차 틀리는 경우가 많다. 따라서 대부분의 기업들은 여전히 최적의 타이밍을 놓치고 있다. 따라서 혁신이 유행으로 도래할 시기를 정확히 맞추려는 노력보다는 예기치 못한 상황에서 기민하게 대처할 수 있는 준비를 갖추는 것이 더욱 중요하다.

새로운 혁신이 가져오는 유행의 흐름을 적절히 이용한 기업은 성장을 지속할 수 있게 된 반면 유행의 흐름을 너무 빠르게, 혹은 너무 늦게 파악한 기업들은 대부분 쇠락하고 말았다. 따라서 무엇이 가장 최선의 방향인지를 예측하기보다는 시대의 변화에 유연하게 대응하는 것이 최선의 방법일 수 있다. 그러므로 여러 대안이 존재할 때 하나를 선택하기보다는 각 대안에서의 기회를 잡기 위한 리얼 옵션(Real option) 등의 방법이 혁신을 얻기 위한 더욱 효과적인 전략이 될 수 있다.

경영학자 헨리 민츠버그(Henry Mintzberg) 교수는 완벽한 분석과 그럴듯한 예측을 통하여 도출되는 의도적 전략은 들어맞는 경우가 거의 없다고 말한다. 대신 그는 변화를 신속하게 감지하고 이에 따라 창의적으로 대응할 수 있는 창발적 전략이야말로 실제 경영 환경에 더욱 부합한다고 주장했다.

일본의 오토바이 기업 혼다가 미국 시장에서 성공할 수 있었던 것은 준비된 전략의 성공이 아니라 예기치 못한 유행을 창의적으로 대응할 수 있었기 때문이다. 당시 할리데이비슨이 지배하고 있었던 미국의 대형 오토바이 시장에 진출한 혼다는 낮은 브랜드 인지도를 극복하지 못한 상황이었다. 설상가상으로 오토바이의 엔진과 클러치에 심각한 기술적 결함이 발견되어 도저히 오토바이를 판매할 수 없는 수준이었다.

그러나 철수를 준비하던 혼다는 뜻밖의 기회를 발견하게 되었다. 일거리가 없어진 혼다 직원들은 쉬는 시간을 이용하여 대형 오토바이와 함께 들어온 50cc 소형 오토바이 슈퍼컵(Super Cub)을 타고 다녔는데 이를 본 사람들은 혼다의 슈퍼컵에 열광했으며 구매 주문을 늘려갔다. 이러한 특이한 현상은 곧장 일본의 본사로 전해졌고 혼다는 전략을 수정하여 소형 오토바이를 집중적으로 판매하기 시작했다. 이 시도는 미국 시장에서 대성공을 거두었고 혼다는 미국 오토바이 시장의 60퍼센트 이상을 점유할 수 있었다.

혼다의 성공을 오로지 혁신을 위한 집중적인 전략의 승리라 보기는 어렵다. 엉뚱하게도 혼다는 유행의 흐름에 맞춰갈 준비가 되어 있었던 상태였고 때마침 등장한 새로운 수요를 정확히 간파했기 때문에 큰 성공을 거둘 수 있었다. 만일 혼다가 소형 오토바이를 가지고 있지 않았거나, 혼다의 경영진들이 슈퍼컵의 성공 가능성을 간파할 정도로 기민하게 대처하지 않았다면 혼다의 성공을 뒷받침할 수 있었던 소형 오토바이라는 혁신이 등장하기는 절대로 불가능했을 것이다.

chapter 7

혁신의 성공을 위해
단순하게 융합하라

"사람들은 단순해지면
멍청이라고
생각할 것으로 우려한다.
현실은 반대다.
명확하고 강한 사람만이
가장 단순해질 수 있다"

— 잭 웰치

무엇이든
뒤섞고 흔들어라

요리도 혁신의 결과물이다. 오늘날처럼 세계 각국의 요리를 간편하게 즐길 수 있게 된 것도 그리 오래되지 않았다. 불과 백여 년 전만 해도 기껏해야 인근 나라에서 건너온 몇몇 요리를 간신히 맛볼 수 있는 정도였다. 그러나 지금은 전 세계의 거의 모든 음식 정보를 배우고 마음껏 먹을 수 있는 환경이 조성되었다. 새롭고 낯선 타국의 음식에 혐오감을 느끼고 멀리했던 이전과 달리 이제는 많은 사람들이 웬만큼 익숙해진 외국의 유명 요리를 스스럼없이 즐기고 있다.

낯선 음식들이 들어오자마자 인기를 얻은 것은 아니다. 각 나라의 음식에 대한 지식과 조리 방법이 전파되면서 해당 지역의 문화에 맞게 변형되는 과정이 더해지면서 비로소 인기를 얻는 것이다. 정도의 차이는 있지만 우리가 맛보는 대부분의 외국 음식들은 사람들의 입맛과 기호에 따라 변형에 변형을 거듭한 결과이다. 해당 지역 사람들의 취향과 독특한 재료가 섞이면서 원조와는 다른 전혀 새로운 요리가 탄생하기도 한다. 많은 사람들이 오래전부터 친숙하게 인식되는 요리도 결국 그 기원을 거슬러 올라가면 외국으로부터 건너온 요리에 양념이 첨가되고 조리 방법의 변형이 더해져 새롭게 탄생한 것들도 많다.

흔히 중국 음식점에서 즐겨 먹는 짬뽕의 유래도 알고 보면 복잡하다. 짬뽕이라는 단어의 어원은 일본어로 '뒤섞다'는 단어에서 유래했다고 한다. 짬뽕은 고기와 해물, 그리고 각종 채소가 한데 어우러져 첨가되고 여기에 육수와 면을 더하여 말아 내는 음식인데, 각종 재료가 한데 섞였다 하여 짬뽕이라는 이름이 붙여진 것이다. 일제 강점기에 조선으로 건너온 일본인들이 주로 이런 방식으로 조리된 짬뽕을 즐겨 찾았는데, 이것이 중국 음식점으로 전파되면서 본격적으로 대중적인 요리로 널리 알려지게 되었다.

그런데 짬뽕의 기원이 되는 음식도 일본 요리가 아니었다. 다양한 재료를 볶은 후 이를 육수와 면에 함께 마는 중국 요리인 차오마멘(炒碼麵)이 짬뽕의 모태가 되는 음식이었다. 차오마멘이 중국에서 일본으로 건너갔다가 한국으로 흘러 와 조리 방법이 변형되어 완성된 음식이 바로 짬뽕인 셈이다. 이제는 도리어 짬뽕이 중국과 일본으로 전파되면서 현지 사람들에게 색다른 한국의 요리로 인식되고 있다. 점진적인 혁신 끝에 나타난 혁신의 결과물인 것이다.

본래 퓨전이라는 말은 음악에서 비롯된 용어이다. 서로 이질적인 장르가 복합적으로 뒤섞여 새롭게 태어난 음악을 퓨전 음악이라 불렀다. 가장 대표적인 퓨전 음악인 재즈도 서구의 음악을 바탕으로 서부 아프리카 원주민들의 음악이 가미되어 탄생한 독특한 장르였다. 그러나 그 범위가 확장되어 음식에서도 퓨전 요리라는 이름이 새롭게 붙여졌다.

캘리포니아 주는 캘리포니아 롤과 같이 역시 여러 나라의 음식과 재료가 뒤섞여 새롭게 탄생하게 된 퓨전 요리가 풍부한 지역이다. 이곳에서의 퓨전 요리는 1970년대부터 본격적으로 시작되었다. 일본인과 중국인 등 많은 동양인들이 이곳으로 이주하면서 자연스럽게 미국인들은 이전에 쉽게 맛볼 수 없었던 동양의 음식 문화를 경험할 수 있게 되었다. 또한 기름진 육류 위주의 식습관으로 많은 질병을 안고 살았던 미국인들은 건강에 좋은 음식을 찾는 수요가 높았다. 그러나 동양의 음식들은 대부분 현지인들의 식성과는 잘 맞지 않았다.

따라서 채식 위주로 구성되었기 때문에 건강식으로 인식되었던 동양의 요리를 미국인들의 입맛에 맞추기 위하여 여러 동양 요리 재료와 조리 방법을 서양식으로 개조한 퓨전 요리가 탄생하게 되었다. 퓨전 요리는 등장하자마자 미국인들에게 큰 인기를 얻게 되었고 이제는 도리어 원조나 다름없는 아시아 지역에 역수출하기도 한다.

각양각색의 재료가 한데 뒤섞여 새로운 발명이 탄생하는 것은 음식과 요리에만 국한된 것은 아니다. 많은 제품들이 사실 정해진 목적과 방향 없이 다양한 아이디어가 자연스럽게 어우러지면서 탄생된 것이다.

1868년 미국의 신문 편집인 크리스토퍼 숄스(Christopher Sholes)는 우연히 피아노 건반을 누르면 그 건반에 연결된 작은 망치가 현을 내리쳐 소리를 내는 것을 보았다. 그는 이 원리를 이용하여 특정 글자가 새겨진 키를 누르면 글자가 인쇄되는 기계를 떠올렸다. 이런 발상을 기초로 총기 회사 레밍턴은 1874년 세계 최초의 타자기를 만들 수 있었다.

주요 기업과 정부의 경영 컨설턴트로 활동해 온 마이클 미칼코

(Michael Michalko)는 이와 같이 창조적인 아이디어를 만들어 낼 수 있는 가장 핵심적인 방법이 바로 '개념 뒤섞기'라고 말한다. 두 개 이상의 이질적인 개념을 한 번에 생각하면서 뒤섞으면 기존에 생각하지 못했던 아이디어를 만들 수 있다는 것이다. 그는 전혀 새로운 아이디어를 백지상태에서 만든다는 것은 거의 불가능에 가깝기 때문에 서로 유사성이 없다고 느껴지는 발상을 다양하게 조합함으로써 혁신을 만드는 것이 더 효율적인 방법이라고 주장한다.

융합에서 새로운 가치를 재발견하라

융합이라는 개념이 전에 없이 새로운 것은 아니다. 엄격한 학문적 구분이 등장하기 훨씬 이전에는 모든 분야에 대하여 폭넓게 연구하고 지식을 추구하는 것이 당연시되었다. 고대 학자들은 수학과 천문학 등 오늘날 세분화된 대부분의 학문을 다루었다. 오늘날과 비교하여 학문의 수준이 그리 깊지 않았던 당시에는 소수의 학자들이 다양한 학문을 섭렵하고 일반 대중보다 전문적인 지식을 갖추는 것이 가능했다.

최근에는 그 범위가 매우 한정적이지만 철학 자체는 모든 학문의 범주를 아우르는 것이었다. 고대 철학자들은 우주의 본질적 질서를 다각적인 시각에서 접근하기 위하여 체계적으로 분화되지 않았던 여러 학문의 범주를 모두 섭렵했다. 플라톤과 탈레스와 데모크리토스 등 그리스의 많은 철학자들은 복합적인 지식을 바탕으로 문제를 사유하고 독창적인 세계관을 정립했다.

또한 16세기 르네상스 시대에서도 전형적인 학자들은 거의 모든 분야의 학문에 걸쳐 전문적인 지식수준을 갖추고 있었다. 대표적인 르네상스 시대의 지식인이었던 레오나르도 다빈치 등 당시의 뛰어난 천재들은 의학과 건축, 천문과 지리학, 항공 등 학문의 경계를 뛰어넘는 다양한 분야에서 많은 업적을 남길 수 있었다.

그러나 산업화가 본격적으로 전개되고 깊이 있는 지식과 기술에 대한 수요가 증가하면서 여러 분야를 포괄적으로 바라보는 능력보다는 좁은 분야를 깊이 있게 들여다볼 수 있는 전문적 능력이 더욱 강조되었다. 따라서 각 분야를 세부적으로 나누어 깊이 있게 탐구하는 것이 기본적인 연구 방법으로 굳어지게 되었다. 이로 인하여 이전까지는 구체적으로 나뉘지 않았던 학문들도 점차 서로 별개의 영역들로 취급되기 시작했다.

특히 이와 같은 추세는 규모가 방대하고 복잡한 이론이나 현상을 가장 기초적인 단위 요소로 세부적으로 분해하여 이해하려는 환원주의가 확산되면서 더욱 빠르게 이루어졌다. 환원주의를 통하여 기존에는 주요 관심 영역이 아니었던 사항까지도 더욱 세부적으로 파고드는 것이 학문의 탐구 방법으로 당연하게 여겨졌다. 그리고 이와 같은 노력은 보다 정밀하고 세부적인 지식을 발굴하고 축적하는 데에 큰 기여를 했다.

18세기와 19세기를 거쳐 확립된 분절과 전문화의 기조는 20세기에 들어 다시 큰 변화에 직면했다. 첨단 기술이 발전하고 사회, 경제, 문화의 여러 분야에 걸쳐 예측하기 어려운 변화가 급격하게 늘어나면서 기존의 환원주의로는 답을 제시하기 어렵다는 인식이 등장했다. 따라서 이러한 난관을 해결하기 위해서는 전문성을 추구하면서 독립적인 길을 걷던 각 분야의 분절을 넘어 포괄적으로 대상을 바라보기 위한 노력이 필요하다는 주장이 힘을 얻게 되었다.

특히 정보 통신 기술의 발전으로 전 세계 경제 사회가 아날로그에서 디지털 시대로 빠르게 접어들고 있는 것도 이러한 현상을 더욱 가속화하는 계기가 되었다. 정보 통신 기술은 이제까지 따로 떨어져 있던 별개의 기능들을 쉽게 결합하는 접착제와 같은 역할을 했고, 이를 통하여 두 가지 이상의 기능을 동시에 제공하거나 혹은 전에 없던 새로운 기능을 선보이는 것이 훨씬 수월하게 이루어지게 되었다. 특히 일상의 가전제품을 넘어 자동차와 항공기 등 다양한 전통 제조업에서도 정보 통신 기술이 속속 도입되면서 새로운 기능과 특징을 갖춘 제품들이 등장하기 시작했다.

이제는 전 분야에 걸친 융합이 속속 나타나고 있고 연구자도 새로운 패러다임으로 임하고 있다. 융합을 이용한 재발견이 하나의 트렌드로 나타나고 있는 것이다.

아이디어의 샘,
픽사의 교훈

오늘날 실리콘밸리 기업들의 공통적 화두는 바로 직원들이 머리를 맞대고 일할 수 있는 환경을 조성하는 것이다. 재능이라면 어느 누구에게도 뒤지지 않는 실리콘밸리의 사람들이지만 그들이 혼자 일하기보다 함께 협력할수록 창의적인 아이디어가 활발하게 구현될 수 있다는 것이다. 이들 기업들은 엄청난 생산 설비나 자본 대신 인간의 독창적이고 창조적인 생각이 기업의 운명을 한순간에 바꿀 수 있는 핵심적인 경쟁력이라고 인식하고 있다. 따라서 직원들이 협업을 통하여 혁신으로 이어질 수 있는 새로운 발상을 만들어 낼 수 있도록 여러 지원을 아끼지 않고 있다.

이런 사례는 단연 실리콘밸리에서 많이 나타나고 있다. 직원들의 협업 환경 조성은 실리콘밸리 기업 전반에 걸쳐 불문율처럼 강조되고 있다. 많은 기업들은 협업을 이끌어 내기 위하여 자신들의 사옥을 직원들 간 협력에 최적화된 공간으로 바꾸었다. 업무 중에는 물론이고 자유롭게 식사를 하거나 휴식을 취할 때도 직원들이 한데 어울리면서 아이디어를 내고 이를 통하여 성과를 창출할 수 있도록 하기 위함이다. 기존의 딱딱하고 꽉 막힌 사무 공간이 아니라 직원들의 동선과 업무 패턴에 따라 대화와 토론이 자연스럽게 이루어질 수 있는 분위기를 조성하기 위하여 기업들은 독특한 구조를 갖춘 건물을 짓는 데에 여념이 없다.

협업을 위한 새로운 공간의 건립은 애플이 추진 중인 새로운 사옥에서도 잘 드러나고 있다. 애플은 2011년 11월 쿠퍼티노(Cupertino) 시에 새로운 사옥을 건축하기 위한 설계도를 제출했다. 이를 통하여 당시 CEO였던 스티브 잡스의 철학이 고스란히 드러나 있는 건물의 모습이 생생하게 공개되었다. 스티브 잡스는 죽기 직전까지도 쿠퍼티노 시로부터 사옥의 신축 허가를 받기 위하여 동분서주했을 정도로 새로운 사옥에 큰 애착을 드러내었다. 결국 그의 사후에 완공하게 될 이 건물은 애플이 혁신을 위하여 지향하는 바를 가장 명확히 드러내고 있는 건물로 평가되고 있다.

애플이 '캠퍼스 2(Campus 2)'라고 이름 붙인 이 건물은 일반적으로 생각할 수 있는 높은 빌딩 형태의 건축물과는 완전히 다른 외양을 가지고 있다. 캠퍼스 2는 거대한 둥근 원반 모양으로 멀리서 보면 마치 외계에서 온 우주선이 한적한 숲에 조용하게 착륙해 있는 것처럼 보인다. 한 가지 독특한 점은 강당이나 회의실 등 공공으로 활용할 수 있는 장소를 원의 한가운데에 배치한 것이다. 이는 직원들은 자신들의 공간에서 개인적인 업무를 하면서도 협업이 필요한 경우에는 가운데로 자연스럽게 모이게 하려는 의도였다.

스티브 잡스는 틀에 박힌 모임과 회의를 그다지 즐겨 하지 않았다. 대신 그는 갑자기 회의를 소집하여 자유롭게 토론을 주도하는 등 직원들이 기발한 아이디어를 낼 수 있는 방식을 더욱 선호했다. 그는 정형화된 프레젠테이션이나 연설은 창의적인 생각을 내는 데에 오히려 큰 방해가 된다고 주장했다.

평소 잡스는 특별한 주제 없이 직원들을 모으고 그 자리에서 즉시 떠오르는 아이디어를 말하게 했다. 그의 이러한 절제되지 않은 소통 방식은 때로는 직원들에게 괴팍하고 공포스럽게 다가왔다. 그러나 사람들과의 우연적인 만남과 소통을 통하여 상식을 뛰어넘는 혁신이 만들어질 수 있다는 그의 믿음을 통하여 세상을 놀라게 한 애플의 여러 제품들이 탄생할 수 있었다.

스티브 잡스가 직원들의 협업을 위하여 가운데로의 모임을 의도적으로 조성한 건물은 캠퍼스 2뿐만이 아니다. 잡스가 애플에서 쫓겨난 이후 경영했던 애니메이션 제작사 픽사(Pixar)의 사옥도 그의 철학을 고스란히 담고 있다. 잡스는 스타워즈 시리즈로 큰 성공을 거둔 영화 감독 조지 루카스(George Lucas)로부터 당시로는 매우 생소했던 디지털 애니메이션 기술을 사들였고, 이를 기반으로 애니메이션 제작사인 픽사를 창업했다. 사실 잡스가 픽사를 인수할 당시 픽사는 조지 루카스가 경영하던 루카스 필름 내의 하나의 부서에 불과했다. 그러나 잡스는 1986년 1천만 달러에 이를 사들인 후 세계 최고의 디지털 애니메이션 기업으로 성장시켰다.

당시 주력이었던 이미지 컴퓨터 판매가 부진하자 스티브 잡스는 자신의 사재까지 털어 넣을 정도로 픽사는 심각한 실적 악화로 위협받았다. 그러나 결국 픽사는 디지털 애니메이션이라는 새로운 수익 창출의 기회를 놓치지 않았기 때문에 결국 이를 기반으로 큰 성공을 거둘 수 있었다. 1997년 디즈니와 손잡고 만든 토이 스토리를 시작으로 디지털 애니메이션 제작에 본격적으로 뛰어든 픽사는 이후 제작하는 작품마다 큰 성공을 거듭했고, 결국 자신의 애니메이션을 배급하던 디즈니에 76억 달러라는 거액으로 인수될 수 있었다.

당시 스티브 잡스가 픽사를 경영하던 시절 직접 설계에 참여했던 이 건물은 현재 픽사가 디즈니의 소유로 되어 있음에도 불구하고 여전히 '스티브 잡스' 빌딩으로 명명되어 있다. 스티브 잡스 빌딩은 인간의 이성적인 판단을 담당하는 좌뇌와 감성적인 생각을 담당하는 우뇌의 구조에 착안하여 중앙 로비를 중심으로 스토리와 애니메이션을 담당하는 파트를 오른쪽에, 컴퓨터 그래픽 기술을 담당하는 파트를 왼쪽에 배치했다. 특히 캠퍼스 2와 마찬가지로 중앙의 로비에는 화장실과 회의실, 식당 등이 모두 몰려 있다. 사실 이와 같은 구조는 건물의 양쪽 끝에서 중앙으로 나오기 위하여 꽤 오랜 시간이 걸릴 정도로 직원들에게는 매우 불편한 것이었다. 그러나 직원들은 어쩔 수 없이 일상적인 용무를 하기 위해서라도 하루에도 몇 번씩 중앙으로 모일 수밖에 없었다.

픽사 사옥의 이상한 구조에서도 스티브 잡스의 생각이 고스란히 드러나 있다. 그는 업무와 큰 상관이 없는 서로 다른 부서의 사람들도 자주 부딪히면서 의견을 주고받을 수 있게 하기 위하여 일부러 직원들이 업무에 꼭 필요한 부분들을 중앙에 배치했던 것이다. 이를 통하여 잡스는 픽사 직원들의 다양한 생각들이 흐르는 물처럼 사옥의 내부에서 자유롭게 흘러들어 갈 수 있고 이를 기반으로 창의적인 성과가 만들어질 수 있다고 굳게 믿었다.

협업과 아이디어의 융합으로 혁신이 탄생될 수 있다는 그의 고집스러운 믿음은 실제로 픽사가 이전에 볼 수 없었던 혁신적인 애니메이션을 제작하는 데에 큰 역할을 했다. 주어진 시간과 예산에 맞추어 높은 품질의 작품을 만들기 위해서는 각 분야에서 뛰어난 사람들의 원활한 소통과 역할 분담이 필수적이다. 이는 대부분 기업에서는 쉽게 이루어지기 어려운 부분이었지만 픽사는 달랐다. 픽사 내 다양한 직원들은 잡스의 의도와 같이 자유롭게 아이디어를 개진하고 협력할 수 있었기 때문에 성공을 거둘 수 있었다.

직원들의 협력과 아이디어 융합의 문화는 두뇌 위원회와 일일 회의라는 픽사 고유의 제도에서도 잘 드러난다. 작품을 제작하는 픽사의 제작자들은 도움이 필요할 때 노련한 아홉 명의 감독으로 구성되는 두뇌 위원회를 소집하여 자유롭게 작품을 개선할 방안에 대하여 토론할 수 있도록 한다. 그러나 이러한 두뇌 위원회의 토론 결과가 일방적으로 수용되는 것이 아니라 전적으로 작품의 팀원들이 모여 이를 수용할지를 결정할 수 있도록 했다. 두뇌 위원회를 통하여 작품을 발전시킬 수 있는 아이디어를 모으는 동시에 팀의 독립성이 훼손되는 것을 막기 위함이었다.

또한 픽사는 일일 회의를 통하여 모든 부서 직원들이 모여 제작 중인 작품을 보면서 자유롭게 의견을 나눌 수 있도록 했다. 여기에서는 직급과 관계없이 직원들이 작품을 평가하고 개선할 수 있는 아이디어를 낼 수 있다. 이는 진행 중인 작품을 더욱 완성도 있게 만드는 동시에 흥미로운 영감을 받아 새로운 작품을 구상하고 제작할 수 있는 동기를 부여하기도 한다. 실제로 일일 회의를 통하여 나온 다양한 아이디어를 기반으로 작품이 제작되어 큰 성공을 거두기도 했다.

혁신은 결국 만남에서 비롯되고 소통에서 이루어진다는 것을 픽사는 증명한 것이다.

●집단지성, 개미들로부터 배워라

경영 컨설턴트이자 작가인 프랜스 조핸슨(Frans Johansson)은 16세기 이탈리아 피렌체 지방의 유력 지주인 메디치 가문의 후원을 바탕으로 다양한 학문과 예술이 융성할 수 있었던 르네상스의 역사를 연구했다. 그는 자신의 연구를 바탕으로 서로 이질적인 분야가 만나서 완전히 새로운 것을 창조해 내는 현상을 '메디치 효과(Medici Effect)'라 이름 붙였다. 실제로 메디치 가문은 다양한 생각과 의견을 가진 수많은 석학과 예술가들이 자연스럽게 만나 시너지를 창출할 수 있도록 지원했고 이를 통하여 이탈리아의 르네상스 문화가 화려한 꽃을 피울 수 있게 되었다.

민중의 강력한 지지와 은행업을 통하여 축적한 자본으로 정치와 경제 권력을 손에 넣은 메디치 가문은 자신들의 영향력을 문화계까지 넓히고자 노력했다. 메디치 가문은 유럽 지역의 문인과 화가, 조각가 등 다양한 학자와 예술인이 한데 뭉쳐 새로운 문화를 창출할 수 있도록 금전과 정치적 후원을 아끼지 않았다. 이와 같은 메디치 가문의 후원 아래 후대에 길이 남을 걸작들이 무더기로 탄생했다. 미켈란젤로, 레오나르도 다빈치, 도나텔로 등 당대의 예술가들은 메디치 가문의 후원을 바탕으로 수많은 명작을 창조해 낼 수 있었다.

프랜스 조핸슨은 서로 이질적인 지식과 사상이 겹치게 되는 교차점에서 새로운 발명과 창조가 발생한다고 설명하며, 이러한 메디치 효과를 통하여 오늘날 여러 분야에서 주목할 만한 혁신이 일어나게 되었다고 주장한다.

통신 엔지니어인 에릭 보나보(Eric Bonabeau)는 생태학자 기 테롤라즈(Guy Theraulaz)와 이야기를 나누던 중 개미가 먹이를 쉽게 찾는 것은 바로 먹이를 탐색하던 개미가 페로몬을 뿌리면 그 냄새를 맡아 다른 개미들이 길을 찾을 수 있기 때문이라는 사실을 알게 되었다. 보나보는 그의 말에서 영감을 얻어 데이터 패킷이 네트워크에서 원활히 전송될 수 있는 라우팅(Routing) 프로토콜의 개념을 고안할 수 있었다. 또한 건축가 믹 피어스(Mick Pearce)는 아프리카에 에어컨이 없는 건물을 만들어 달라는 부동산 회사의 제안을 받고 고심하던 중, 친분이 있던 생물학자를 통하여 흰개미가 개미집을 일정한 온도로 유지하는 방법에 대해 알게 되었다. 그는 이 원리를 바탕으로 회사가 원하는 건물을 완성할 수 있었다.

한편으로는 수많은 아이디어의 공유와 융합을 통한 문제 해결을 강조하는 집단 지성(Collective Intelligence)[16] 역시 새로운 아이디어를 발견할 수 있는 효과적인 수단으로 큰 각광을 받고 있다. 인터넷 등 정보 통신의 발전으로 사람과 사람의 네트워크가 한결 수월하게 구성될 수 있기 때문에 좁게는 특정 조직 구성원들의 아이디어를 실시간으로 공유하는 것에서 넓게는 어디에 있는지조차 모를 사람들의 생각까지 끌어모으고 자유롭게 활용할 수 있는 것이다.

미국의 곤충학자 윌리엄 모턴 휠러(William Morton Wheeler)는 1910년 출간한 『개미: 그들의 구조, 발달, 행동(Ants: Their Structure, Development, and Behavior)』에서 개미들이 공동체를 구성하여 거대한 은신처를 만들 수 있다는 사실에 주목했다. 그는 이러한 관찰을 토대로 지능지수가 현저히 낮은 개미들이 군집을 형성하여 상당히 높은 수준의 지능을 가질 수 있는 슈퍼 생명체로 거듭나게 된다고 설명했다.

이후 집단 지성에 대한 사회학적 설명을 시도한 피터 러셀(Peter Russell)을 비롯하여 하워드 블룸(Howard Bloom) 등 여러 학자들이

---

16 여러 사람들이 서로 협력하거나 경쟁하는 과정을 통하여 축적된 공동체의 역량을 통하여 개개인의 능력을 훨씬 넘어서는 강력한 힘을 발휘하는 것을 말한다. 위키피디아가 대표적이 집단지성의 예라고 할 수 있다.

비슷한 개념을 소개하면서 집단 지성은 일반 대중들에게 더욱 친숙한 개념으로 다가오게 되었다. 특히 제임스 서로위키(James Surowiecki)는 특정 조건에서 집단의 능력은 집단 내부의 가장 우수한 개체를 능가한다는 실험 결과를 공개했으며, 피에르 레비(Pierre Levy)는 그의 저서 『집단 지성(L'intelligence collective)』에서 가장 강력한 소통 방식인 인터넷을 기반으로 역사상 가장 보편적이고 강력한 지적 체계가 탄생하게 되었다고 주장하기도 했다.

이와 같은 집단 지성의 대표적인 사례로 언급되는 것이 바로 온라인 백과사전 위키피디아(Wikipedia)이다. 수백 년의 오랜 세월 동안 백과사전의 최고봉을 유지했던 브리태니커를 단번에 역사의 뒤안길로 보낸 위키피디아는 각 분야에 정통한 불특정의 인터넷 사용자들이 특정 단어 및 주제에 대한 설명을 덧붙이기 위하여 자유롭게 글을 게재하고 수정할 수 있는 권한을 부여했다.

초기에는 다양한 사람들이 글을 쓰면서 오히려 위키피디아의 전문성이 떨어질 것이라는 우려가 제기되기도 했다. 그러나 위키피디아의 수준을 검증한 결과는 이와 정반대였다. 위키피디아가 브리태니커와 동일한 수준, 혹은 보다 더욱 정확한 결과를 보여주고 있는 것으로 밝혀졌다. 오늘날의 많은 학술 논문마저도 위키피디아의 내용을 자유롭게 인용할 정도로 위키피디아는 규모 및 정확성 면에서 세계 최대의 백과사전으로 인정받고 있다.

또한 다수의 사람들의 자발적인 참여와 협업에 의하여 새로운 제품과 서비스가 기획되고 구현되는 사례도 늘고 있다. 이는 크라우드 소싱(Crowd sourcing)[17]이란 새로운 방법으로 널리 확산되고 있다. 크라우드 소싱은 난제를 해결하거나 혹은 전에 없던 새로운 제품을 만들기 위하여 천재적인 소수의 힘에 의존하기보다는 평범한 개인들의 지능을 모아 해결한다는 발상에서 출발했다. 이러한 개념이 등장한 이후 실제로 크라우드 소싱을 활용한 다양한 사례가 등장함에 따라 최근 많은 사람들의 열광적인 지지를 이끌어 낼 수 있었다.

군중이라는 뜻의 '크라우드'와 발주한다는 뜻의 아웃소싱에서 나온 '소싱'의 합성어인 크라우드 소싱은 저널리스트 제프 하우(Jeff Howe)가 2006년 정보 통신 전문지 『와이어드(Wired)』에서 처음으로 언급한 용어이다. 그는 다수의 사람들은 소수의 전문가보다 훨씬 유능하기 때문에 다양한 능력을 가진 사람들이 창출하는 아이디어가 더욱 나은 해결책을 제시할 수 있다고 주장했다.

실제로 크라우드 소싱을 가장 잘 구현한 사례로 언급되고 있는 미국의 퀄키(Quirky)는 20만 명이 활동하는 커뮤니티이다. 퀄키는 다양한 사람들이 제한 없이 새로운 제품에 대한 아이디어를 게재할 수 있도록 허용하고 있다. 퀄키는 이를 대상으로 참가자의 투표를 통하여 매주 2건의 아이디어를 선정하고 이를 직접 상품으로 구현하고 있다.

---

17 군중(crowd)과 '아웃소싱(outsourcing)'을 합성한 말로 인터넷을 통해 아이디어를 얻고 이를 기업 활동에 활용하는 방식을 말한다. 미국 와이어드 매거진의 제프 하우가 만든 신조어다. 생산·서비스 등 기업 활동 일부 과정에 대중을 참여시키는 것이다.

실제로 쉽게 코드를 꽂을 수 있는 멀티탭을 퀄키에 제안한 사람은 상품의 제조를 통하여 15만 달러를 벌 수 있었다고 한다.

그러나 크라우드 소싱에 대한 비판이 전혀 없는 것은 아니다. 일반인들이 활발하게 참여하는 것이 반드시 옳은 해법을 제시하는 것이 아니며, 특히 대부분의 경우에는 여러 사람들의 생각을 효과적으로 수집하고 결과를 도출하는 것이 생각보다 쉽지 않다는 것이다.

한편으로는 다양한 의견이 한데 모이는 것과 혁신을 창출하는 것은 별개의 문제라는 지적도 있다. 오히려 평범한 사람들의 생각이 모이는 것은 기존보다 조금 더 나은 수준의 평범함을 만들 뿐 독창적인 천재들이 만들어 낸 것과 같은 성과를 만드는 것과는 거리가 있다는 주장도 있다.

그럼에도 크라우드 소싱이 주목을 받고 있는 것은 백지장도 맞들면 나을 것이라는 생각이 많은 사람들에게 먹혀들고 있기 때문일 것이다.

융합의 가장 큰 적은 복잡성이다

융합을 시도할 때 가장 멀리해야 할 것은 무엇일까? 다양한 견해가 나올 수 있겠지만 필자는 바로 복잡성이 가장 큰 적이라고 생각한다.

혁신을 위한 융합이라는 관점에서 오늘날 광범위하게 받아들여지고 있는 방안이 바로 다양한 사람들이 자유롭게 의견을 말하고 논의하는 브레인스토밍이다. 비슷한 능력과 생각을 가지고 있는 소수의 사람들끼리 모여 비밀스럽게 아이디어를 도출하는 것은 기존에 최선이라고 믿던 방법만을 반복하는 함정에 빠질 수 있다. 따라서 다양한 생각들이 자유롭게 공유되는 과정을 반복함으로써 문제를 해결할 수 있는 정답을 보다 수월하게 도출할 수 있는 것이다.

알렉스 오스본(Alex Faickney Osborn)은 1942년 그의 저서 『생각하는 법(*How to Think Up*)』에서 처음으로 브레인스토밍(Brainstorming)을 소개했다. 브레인스토밍은 소수의 사람들이 저지를 수 있는 오류를 바로잡고 아이디어의 융합을 통하여 독창성을 촉진할 수 있다는 점에서 큰 지지를 받았다. 오늘날 브레인스토밍은 새로운 아이디어를 도출하기 위한 대부분의 분야에서 활발히 사용되고 있다.

브레인스토밍에는 특별히 정해진 규칙은 없지만 대개 다음과 같은 전제가 포함된다. 브레인스토밍에 참여하는 사람들은 특정 주제에 대하여 자유롭게 자신들의 의견을 말할 수 있지만 다른 사람들의 의견에 대해서 비판을 할 수 없다. 이와 같은 과정을 통하여 기발하고 다양한 아이디어들을 최대한 많이 모을 수 있게 된다. 이러한 축적된 아이디어를 대상으로 검토와 범위 축소를 반복하면서 최종적인 결론을 도출할 수 있게 되는 것이다.

그러나 브레인스토밍이 항상 바람직한 결과를 제시하는 것은 아니라는 주장도 있다. 때에 따라서는 문제 해결과 다른 방향으로 흐름이 전개되거나 혹은 아이디어가 한 곳으로 집중되지 못하고 분산되면서 결국 여러 번의 걸러지는 과정 끝에 나온 의견이 문제를 단순히 반복적으로 설명하는 수준이 될 가능성도 높다는 것이다. 게다가 브레인스토밍을 수행하는 과정에서 나타나는 심리적인 요인, 즉 자신의 주장에 대한 거절의 두려움과 동료들의 의견에 동조해야 한다는 보이지 않는 압박도 브레인스토밍의 단점으로 지적된다. 펜실베이니아 대학(University of Pennsylvania)의 크리스천 터비시(Christian Terwiesch) 교수는 새로운 아이디어를 제시하는 사람은 이기적인 사람으로 보이고 팀의 구성원으로 적합하지 않다는 인상을 줄 수 있다는 두려움에 시달린다고 말한다. 따라서 이러한 집단 내의 역학 관계에 의하여 브레인스토밍에서 도출되는 결론은 결국 이미 알고 있는 가장 평범한 상식을 반복하는 수준에 그치고 만다는 것이다.

단순히 서로 이질적인 요인들이 섞이는 것만으로 자연스럽게 혁신이 만들어지는 것은 아니다. 서로 다른 생각이 한데 뭉치면 시너지를 발휘할 수 있지만 반대로 물과 기름처럼 서로 어긋난 체 실패로 끝나버릴 가능성도 있기 때문이다. 아이디어의 융합이라는 명목으로 복잡성이 더해진다면 문제를 해결하기는커녕 더욱 악화시키게 될 위험도 커지게 된다.

1980년대 당시 산업을 선도하던 소니는 하드웨어와 소프트웨어의 역량을 결합하는 담대한 계획을 발표했다. 하드웨어와 소프트웨어의 융합 현상이 가속화되면서 두 분야에서 동시에 역량을 갖춘다면 서로 막강한 시너지 효과를 창출할 것이라는 발상이었다. 기발한 히트 상품을 출시하면서 수준 낮은 제품을 만들던 이미지를 순식간에 뒤엎은 소니의 전략에 전 세계는 흥분했다.

기술 혁신의 대명사로 자리매김하면서 세계 시장을 주름 잡던 소니의 미래 전략은 시의적절하다는 평가가 지배적이었다. 더군다나 소니는 진공관과 트랜지스터의 변화를 가장 적극적으로 받아들이고 워크맨이라는 공전의 히트작을 만들어 낸 경험도 있었다. 음향과 영상 기기 분야에서 독보적인 존재로 자리매김한 소니였기에 소프트웨어의 역량 강화는 당연하다는 반응이 주를 이루었다. 미디어와 콘텐츠 등 소프트웨어의 영향력이 서서히 부상하던 시대였기에 하드웨어의 강점을 그대로 소프트웨어로 확장하려는 이 기업의 전략에 대하여 반대한 사람들은 거의 없었다. 월스트리트저널조차 회사의 탁월한 투자 전략이 전 세계의 주목을 끌고 있다고 극찬했다.

자신감에 찬 소니는 이를 곧장 실행에 옮겼다. 1988년 CBS 음반사를, 이듬해 컬럼비아 영화사를 인수하자 사람들은 소니가 하드웨어와 소프트웨어를 아우르는 전 분야에 걸쳐 위용을 떨칠 것으로 전망했다.

결론적으로 말하자면 소니의 전략은 여지없이 실패했다. 소프트웨어의 역량 강화는 더디게 이루어졌고 본업인 TV와 오디오 등 하드웨어 기술은 삼성전자와 LG전자 등 후발 주자들과의 경쟁에서 뒤떨어지기 시작했다. 설상가상으로 콘텐츠 사업도 애플 등 새로운 경쟁자의 등장으로 신통치 않은 성과를 얻을 수밖에 없었다. 세계 가전 업계를 주도하던 소니는 예전의 위상을 빠르게 잃었으며 연속되는 적자에 허덕이면서 이제는 생존을 위협받을 처지에 몰려 있다.

소니의 시도는 출발부터 잘못된 방향으로 전개되었다. 소니는 여러 기업을 인수한 이후에도 오래도록 하드웨어와 소프트웨어의 융합을 통한 기대 효과를 명확히 정의하지 못했다. 이 때문에 회사의 각 부문이 따로 움직이는 경향이 심화되었다. 각 회사 간에도 서로를 적대시하는 이질성이 더욱 심화되어 시너지는커녕 갈등과 대립이 더욱 촉발하고 말았다. 후발 주자들의 추격으로 하드웨어 사업의 실적이 더욱 악화됨에도 불구하고 새롭게 인수한 사업의 역량은 이를 만회하는 데에 그다지 큰 도움이 되지 못했다.

특히 소니의 융합 전략은 혁신을 추진하는 과정에서 예기치 않은 복잡성을 키우고 말았다. 다양한 기술의 축적에 관심이 많았던 소니는 정작 이러한 역량이 제대로 활용되기 위한 목적에 초점을 맞추지 못했다. 복잡하게 구성된 각종 기술들을 무리하게 통합하기 위한 폐쇄적인 제품 카테고리를 구성하여 시장에서 원하는 제품과 서비스를 출시하는 데에 실패했다. 세계 가전 업계의 흐름을 보지 못하고 자사의 독자적인 기술만을 강조한 소니는 정작 사용자의 기대와 전혀 다른 제품을 연이어 선보이는 실수를 거듭했다. 이는 과거 소니에 열광했던 고객들을 외면하게 만들었고 상황을 더욱 악화시키고 말았던 것이다.

『복잡성의 위험(*The Complexity Risk*)』을 쓴 컨설턴트 존 마리오티(John Mariotti)는 이런 잘못에 대해 단적인 정의를 내리고 있다.

"기업 내부의 복잡성이 일관성을 잃고 구성원들의 혼란을 가중시킴으로써 더욱 큰 비용만을 초래하는 원인이 된다!"

그는 복잡성이 최고 경영자의 판단을 어렵게 만들어 자원의 낭비를 더욱 가중시키고 있다고 주장하는데, 특히 복잡성의 폐해가 표면에 드러나기 전까지 이를 인지하는 사람이 매우 드문 것이 문제를 더욱 심각하게 만든다고 분석했다.

실제 혁신 추구를 강조하는 기업들의 수익성이 종종 정체되거나 낮아지는 사례가 늘고 있는데, 이는 과도하게 증가하는 복잡성 때문이라는 지적도 있다. 기업은 지속적으로 새로운 제품을 출시하여 혁신을 얻으려는 욕구가 강하다. 그러나 제품의 라인업을 무리하게 확장하고 다양한 사업에 손대는 과정에서 발생하는 복잡성이 관리 가능 수준 이상으로 늘어나 혁신은커녕 현상유지도 어려워진다는 것이다. 기업 경영자의 70퍼센트 이상이 복잡성이 비용을 증가시키고 수익을 악화시킨다고 응답했는데 막상 이를 해결하는 것은 쉬운 일이 절대 아니다.

스컹크웍스, 혁신의 진수를 보여 주다

한편으로는 융합과는 다른 접근이 두드러진 혁신을 만들어 내기도 한다. 다양한 사람들의 아이디어를 기반으로 협업을 추구하기보다는 주어진 문제에 집중하기 위하여 소수의 전문가들로만 구성된 팀이 제한된 시간 내에 이를 해결하도록 유도하는 것이다.

이처럼 격리된 상태에서 기존과 전혀 다른 형태의 조직으로 팀을 구성하고 새로운 기술과 전략을 구상하는 것이 때때로 큰 성공을 거두기도 한다. 대표적인 사례가 바로 미국 록히드 마틴(Lockheed Martin)의 스컹크웍스(Skunk Works)[18]였다. 스컹크웍스는 짧은 시간 동안 비해 산업에 한 획을 그은 엄청난 제품을 속전속결로 만들어 내면서 세계를 깜짝 놀라게 했다.

제2차 세계대전이 막바지로 치닫던 1943년 록히드 마틴은 미국 공군으로부터 6개월 내로 신형 제트기의 설계를 해 줄 것을 요청받았다. 이에 록히드 마틴은 당시 수석 엔지니어로 근무하고 있었던 켈리 존슨(Kelly Johnson)에게 이 업무를 맡겼다. 그는 지시를 받고 곧장 록히드 마틴 내부에서 50여 명의 유능한 엔지니어들을 불러 모아 소규모로 팀을 꾸렸다.

마땅한 장소를 찾지 못하던 그는 캘리포니아 주에 있는 록히드 마틴의 유독 물질 공장 인근에 대형 서커스 천막을 설치하고 팀원들과

---

18 느리게 움직이는 대규모 조직 안에서 일하는, 혁신으로 무장한 독립적이고 자율적인 그룹을 가리키는 말이다. 안정적인 프로세스가 갖춰진 기업들에선 엄격한 명령 및 통제 체계를 뚫고 무언가 의미 있는 변혁이 이뤄질 여지가 훨씬 적다는 문제점이 발견된다. 록히드 마틴의 극비 프로젝트 그룹 스컹크 웍스(Skunk Works)는 이러한 문제 의식에서 출발한 모델이다. 모기업과 독립적으로 운영되지만 관리 감독은 최소화한 상태에서 기업의 미해결 문제들을 해결하게 된다.

집중적으로 제트기 설계에 매진했다. 모두 이 임무가 불가능할 것으로 여겼지만 켈리 존슨의 팀은 단지 143일 만에 미군 최초의 제트 전투기 P-80을 개발할 수 있었다. P-80은 1945년에 실전 배치되어 한국전쟁에서도 주력 전투기로 활약했으며 무려 9천 대 이상 팔리는 등 록히드 마틴의 수익에 톡톡히 기여했다.

켈리 존슨이 이끄는 이 혁신팀의 놀라운 성과에 록히드 마틴은 크게 고무되었다. 록히드 마틴은 한시적으로 운영하려던 방침을 바꿔 이팀을 상설로 유지하면서 정해진 예산 내에서 자유롭게 제품을 개발할 수 있도록 했다.

초기 팀이 구성된 공장부지 주변에는 항상 고약한 냄새가 진동했다. 하도 심한 악취를 풍겼기 때문에 그곳에서 근무하던 직원들조차 견디기 힘들 정도였다. 그래서 여기에서 근무하던 엔지니어 어빙 컬버(Irving Culver)는 이러한 환경이 당시 인기를 끌었던 만화에 등장하는 죽은 스컹크 외계인을 이용하여 전투기를 만드는 공장인 '스콩크웍스(Skonk Works)'와 비슷하다고 생각하여 자신의 팀을 스콩크웍스라고 부르기 시작했다. 따라서 다른 사람들도 이 팀을 스콩크웍스라고 부르기 시작했고, 이후 만화 원작자가 이에 대해 저작권 문제를 제기하자 1960년대부터는 이름을 바꿔 스컹크웍스(Skunk Works)라 부르게 되었다.

스컹크웍스는 경쟁 기업이 생각하지 못한 무수한 신제품을 개발하여 록히드 마틴의 발전에 큰 기여를 했다. 스컹크웍스는 그 후 켈리 존슨 이후 스컹크웍스의 수장을 맡은 벤 리치(Ben Rich) 등 주요 구성원들이 은퇴하면서 1990년대부터 선행 개발 프로그램(Advanced Development Programs)의 내부 조직으로 바뀌어 운영되고 있다.

단지 소수의 인원만이 참여했던 스컹크웍스의 성과는 놀라웠다. 1954년에는 세계 최초로 음속의 2배 이상으로 비행할 수 있었던 초음속 전투기 F-104를 개발했고 1955년에는 당시 다른 비행기는 엄두도 내지 못했던 21.3킬로미터의 초고도 상공에서 비행할 수 있는 U-2를 개발했다. 1964년에는 음속의 3.3배에 이르는 세계에서 가장 빠른 속도로 비행할 수 있는 전투기 SR-71을 개발한 스컹크웍스는 1981년 마침내 세계 최초의 스텔스 전투기 F-117 나잇혹스(Nighthawks)를 선보이게 되었다.

특히 스컹크웍스가 당시에는 단순한 이상적 개념에 불과했던 스텔스 전투기를 처음으로 실전 비행기로 만들자 다른 기업은 물론이고 전 세계가 커다란 충격에 빠졌다.

이후 스텔스 기술이 적용된 염료, 강판, 유리 등 각종 소재와 부품 시장이 새롭게 성장하는 등 스컹크웍스의 발명은 오늘날 전투기의 기술 패러다임을 바꾸는 데에 엄청난 역할을 했다. 스컹크웍스가 개발한 제품들이 당시로써는 매우 뛰어난 성능을 자랑했기 때문에 미국 정부는 주요 우방 국가들에까지 록히드 마틴의 무기 수출을 엄격하게 제한할 정도였다.

록히드 마틴의 스컹크웍스는 기존의 연구 개발팀과 다른 방식으로

운영되었다는 점에서 큰 주목을 받았다. 바로 한정된 인원과 자원을 기본으로 새로운 아이디어를 빠르게 발견하고 이를 신속하게 제품으로 개발하는 것이다. 수십 명의 소수 인원만으로 시작한 스컹크웍스는 큰 성공을 거둔 이후에도 각 프로젝트에 소수의 인원만을 투입하는 운영 방식을 유지했다. 1958년에는 단 6명만 참가하고도 민간용 쌍발 제트기를 8개월 만에 만드는 등 기존 조직보다 더욱 탁월한 성과를 거둘 수 있었다.

스컹크웍스에 투입된 엔지니어들은 확고한 전문 지식을 갖추고 새로운 분야를 탐색할 줄 아는 전문가였다. 이들은 수준 높은 성과를 달성하기 위하여 자유롭게 탐구하고 개발할 수 있는 자율성이 철저하게 보장되었다. 따라서 스컹크웍스의 팀원들은 정해진 역할에 구애받지 않고 주어진 범위 내에서 자유롭게 연구에 참여할 수 있었고 이를 통하여 자신들의 재능을 창의적으로 발휘할 수 있었다. 예를 들어 수학을 전공한 한 엔지니어는 스텔스 기능을 발명하기 위하여 무려 10여 년 전 발표된 소련 과학자의 논문까지 찾아 뒤진 결과 스텔스 기능을 구현하기 위한 핵심 원리를 찾아낼 수 있었다.

이처럼 스컹크웍스가 큰 성공을 거두자 경쟁 기업인 맥도널 더글라스(McDonnell Douglas)가 스컹크웍스와 유사한 팬텀 웍스(Phantom Works)라는 조직을 만드는 등 스컹크웍스의 성공 방식을 모방하려는 시도가 줄을 이었다. IBM은 1980년대 중반 미니컴퓨터를 개발하기 위한 새로운 팀을 구성하면서 기존 조직의 영향을 배제하기 위하여 뉴욕의 본사와 멀리 떨어진 플로리다 주에서 업무를 수행하도록 했다. 개발팀은 기존의 미니컴퓨터와 달리 값싼 부품을 사용하여 가격을 낮추고 편리하게 조립할 수 있는 새로운 방식의 미니컴퓨터인 PC를 개발할 수 있었다.

한편 모토로라 역시 이와 비슷한 시도를 통하여 90년대 당시 큰 성공을 거둔 레이저(Razor) 휴대폰을 개발할 수 있었다. 주요 연구 시설이 밀집해 있는 일리노이 교외에서 먼 시카고에 작업장을 설치한 모토로라의 신제품 개발팀은 경영진의 간섭을 피하면서 기존 제품과 다른 획기적인 콘셉트의 제품 개발에 몰두했다.

결국 이와 같은 노력을 통하여 모토로라는 당시로는 파격적인 디자인을 갖춘 레이저 휴대폰을 만들 수 있었다. 모토로라의 바람처럼 레이저 폰은 전 세계적으로 큰 히트를 기록하면서 모토로라의 휴대폰 사업부에게 큰 성공을 안겨 주었다.

단순과 집중으로 융합하라: 오컴의 면도날

영국의 신학자였던 오컴의 윌리엄(William of Ockham)이 문제를 해결하기 위하여 불필요한 내용을 덧붙이면 안 된다는 주장을 했다. 이후 오컴의 면도날(Ockham's razor)이라는 말은 가장 직관적이고 단순한 접근이 최선의 결과를 낳는다는 것을 뜻하는 말이 되었다.

즉 혁신을 추구하는 목적을 찾기 위해서는 이러한 오컴의 면도날식 접근이 필요하다.

막연히 지식의 축적을 통한 융합이 가져다주는 효과만을 기대하는 것은 혁신의 창출을 더욱 어렵게 만들 수 있다. 특정 분야에 대한 깊이 있는 전문적인 지식과 집중을 통하여 문제를 해결할 수 있는 실마리를 찾을 수 있음에도 불구하고, 전혀 이질적인 분야의 접근 방법을 사용함으로써 오히려 상황을 더욱 힘들게 하는 것이다.

따라서 복잡하게 느껴졌던 것들을 더욱 간결하게 다듬을 때 이전에 미처 발견하지 못했던 가치를 끄집어낼 수 있다. 이것이 큰 혁신을 가져올 수 있는 것이다. 복잡한 문제를 더욱 단순화하는 작업이 아이디어를 섞는 융합보다 큰 노력을 요구하는 경우도 많지만, 이러한 시도가 효과적으로 이루어진다면 훨씬 큰 파괴력을 가지게 되기도 한다.

마케팅의 거장 잭 트라우트(Jack Trout)는 저서인 『단순함의 원리(*The Power of Simplicity*)』에서 복잡하게 전개되고 있는 환경에서 살아남기 위해서는 기업의 모든 활동을 지속적으로 단순화하는 과정이 필요하다고 말한다. 모든 문제들의 본질은 대부분 단순함에도 불구하고 이를 어렵게 만드는 많은 사람과 조직 및 절차에 의하여 해결이 더욱 어렵게 된다는 것이다. 따라서 시장과 고객을 보다 객관적으로 바라보고 경영 활동을 지속적으로 단순화하는 과정을 반복함으로써 승자가 될 수 있다고 주장한다.

단순하게 바라보는 것은 그리 쉬운 일이 아니다. 대개 어려운 문제를 고민하고 해결하는 과정에서는 복잡성이 더욱 증가하게 된다. 잭 웰치 전 GE 회장 역시 다음과 같이 단순함의 과정이 쉽지 않음을 토로했다.

"사람들이 믿을 수 없을 정도로 단순하게 행동하는 것을 어려워하고 단순해지는 것을 두려워한다. 사람들은 단순해지면 다른 사람들이 자신들을 멍청이라고 생각할 것으로 우려한다. 그러나 현실은 이와 정반대다. 명확하고 강한 사람만이 가장 단순해질 수 있다."

물론 혁신을 추구하는 과정에서 다양한 지식과 역량을 총동원하는 것은 새로운 가능성을 발견할 수 있는 시도이다. 그러나 이러한 과정에서 원치 않는 복잡성이 증가함으로써 문제의 해결이 더욱 어렵게 되는 경우가 많다. 이는 문제의 본질을 흐리게 되고 의외로 간단하게 얻을 수 있는 해답조차 더욱 발견하기 어렵게 만들기도 한다. 따라서 다양한 지식과 방법을 통하여 새로운 해결책을 찾기 위해서는 문제의 본질을 가장 단순화하는 과정이 필요하다. 여기에서 단순함이라는 것은 혁신을 통하여 풀고자 하는 가장 근본적인 목적이 무엇인지를 명확히 정의하는 것이라 볼 수 있다.

무인 자동차와 로봇 등 기발한 시도를 계속하고 있지만 사실 구글은 여전히 인터넷 검색 기반의 광고 수입에 절대적으로 의존하고 있는 기업이다. 따라서 구글이 여전히 막대한 돈을 쓸어 모으고 있는 이유는 바로 구글이 가지고 있는 검색 기술을 따라잡을 수 있는 기업이 없기 때문이다.

　이러한 구글의 검색 기술은 다양한 자연 과학 및 공학, 그리고 인문학 지식과 아이디어의 융합에 의하여 이루어졌다. 창립자인 래리 페이지와 세르게이 브린이 논문으로 쓴 인터넷 검색 알고리즘에 따라 구글이 탄생하게 되었지만 다양한 배경의 지식을 갖춘 과학자들이 구글에 합류한 이후 검색 기술의 성능은 상상하기 어렵고 놀라울만큼 빠른 속도로 향상되었다. 이제는 키보드 입력을 넘어 음성 등 새로운 방식의 검색 방법까지 그 영역을 확대하고 있는 구글의 원동력은 바로 인터넷 검색 기술을 지속적으로 개선할 수 있는 다양한 아이디어라고 볼 수 있다.

　이와 달리 구글의 웹사이트는 검색 편리성의 극대화에 초점이 맞추어진 단순함의 구현이었다. 실제로 구글의 메인 화면은 깨끗하다 못해 지루하기까지 한 흰색 바탕을 줄곧 유지하고 있다. 가운데에 구글의 메인 로고와 검색 창 이외에는 어떤 것도 찾아볼 수 없다. 그러나 구글의 이러한 화면 구성은 많은 사람들의 흥미와 호평을 이끌 수 있었다. 당시의 복잡하고 화려한 웹사이트에 익숙해져 있었던 사람들에게 구글의 단순한 화면은 의외로 신선하게 느껴졌고 이를 통하여 구글이 강조하는 검색 기술의 장점이 더욱 돋보일 수 있게 되었다. 만일 구글이 다른 포털 사이트처럼 현란하게 포장된 웹사이트를 가지고 서비스를 시작했다면 구글의 인기가 이와 같이 폭발적으로 증가하지는 못했을지 모른다는 주장도 많다.

애플 역시 소프트웨어와 하드웨어 융합의 목적은 바로 자사가 제공하는 기기의 편리한 사용이었다. 당시 많은 기능들을 한데 모아 제품을 만들던 당시의 트렌드와 달리 철저한 핵심 기능 위주로 구성하여 다른 제품들과 차별화하는 승부수를 던졌다. 복잡하고 조작이 어려운 당시의 기기들은 소비자들을 혼란스럽게 만들고 있다고 생각한 스티브 잡스는 최신 성능을 강조하기보다는 직관적이고 누구나 사용하기 쉬운 제품을 만들 것을 지시했다. 따라서 불필요한 기능을 최대한 배제하고 한 손으로 손쉽게 조작할 수 새로운 MP3 플레이어와 휴대폰을 만들기 위하여 애플은 다양한 시도를 거듭했고, 마침내 이러한 바람을 효과적으로 만족시킬 수 있는 새로운 기기를 시장에 출시할 수 있었다.

만일 애플이 당시 추세에 따른 하드웨어 기기를 출시했다면 비틀거리던 애플의 재기는 생각보다 더욱 오랜 시간이 걸렸을지도 모른다.

스티브 잡스를 도와 애플의 마케팅 전략을 도운 켄 시걸(Ken Segall)은 애플이 보여주었던 창의적인 혁신은 바로 스티브 잡스의 단순함에 대한 굳은 신념이었다고 말한다. 그는 저서를 통하여 스티브 잡스가 초지일관하여 직관적이고 깔끔한 제품과 경영 프로세스를 고수하여 다른 기업들이 이룰 수 없는 혁신을 만들었다고 말한다. 모든 제품의 명칭을 아이(i) 시리즈로 통일하고 어느 종류의 제품이건 애플만의 디자인을 유지하여 출시하도록 한 결벽증에 가까운 그의 고집이 애플의 성공을 만들 수 있었다는 것이다.

서로 다른 아이디어와 지식의 교환을 통한 창의성의 발현을 강조하면서도 혁신의 궁극적인 가치라 믿는 단순함을 잃지 않았던 스티브 잡스의 철학은 애플의 제품과 경영 일선에서 잘 드러났다. 그는 회의에서 추상적이고 난해한 의견이 오가거나 복잡하고 사용하기 어려운 제품 아이디어가 등장했을 때 욕설과 비아냥거림이 심각한 수준으로 호되게 혹평했는데, 직원들은 이를 심플 스틱(Simple stick)이라고 표현할 정도였다. 특히 그가 애플에 복귀하고 가장 먼저 시도한 일은 수십 가지 종류가 넘는 애플의 제품을 개인용과 전문가용, 데스크톱과 노트북 등 단 4가지로 축소한 일이었다.

　다양한 아이디어를 섞는 것은 혁신의 성공을 높일 수 있는 중요한 요인임에 틀림없다. 그러나 어디까지나 융합은 혁신을 위한 과정일 뿐 결과가 되어야 한다. 융합이 해결책을 위한 혁신의 목적이 되는 것은 결국 실패하게 될 가능성을 높이는 것이나 다름없다. 그러므로 셀 수 없이 많은 정보와 지식의 홍수 속에서 가장 단순한 본질을 찾을 수 있는 것이야말로 성공적인 혁신을 위한 가장 중요한 첫걸음인 셈이다.

유연하고 단순해야
혁신을 만든다

🔵단 하나의
원칙이란 없다

글로벌 금융 위기가 세계 경제를 쑥대밭으로 만들고 있었던 2008
년 당시 위기의 진원지인 미국에서는 위기의 원인을 둘러싼 경제학자
들의 논쟁이 치열하게 벌어졌다. 당시 미국은 높은 경제 성장이 계속
되면서 물가 상승이 미미한 골디락스(goldilocks)[19] 현상이 지속되면서
전례 없는 호황을 누리고 있었다. 따라서 이런 때에 미국 경제의 갑작
스러운 위기를 예상한 사람들은 거의 없었다. 뒤늦게 경제학자들은 금
융 위기의 원인을 두고 저마다의 분석을 제기하며 뒷북을 쳤다.

그럼에도 방송 인터뷰에서 금융 위기의 심각성을 제대로 인식하

---

19 경제가 높은 성장을 이루고 있더라도 물가상승이 없는 상태를 말한다.

지 못했다고 솔직히 고백한 노벨 경제학상 수상자 폴 크루그먼(Paul Krugman) 프린스턴 대학 교수는 정부의 강력한 선제적 대처를 주문하고 나섰다. 당시의 위기 상황이 1920년대의 대공황과 비견될 파급력을 지니고 있기에 시장의 기대를 뛰어넘을 수 있는 획기적인 처방을 제시하는 것이 필요하다고 역설했다. 반론도 만만치 않았다. 부시 행정부에서 경제 정책 자문을 맡았던 하버드 대학의 그레고리 맨큐(Gregory Mankiw) 교수는 지나친 경제 보호주의가 도리어 미국의 장기적인 경제 성장을 해칠 것이라 지적하면서 현재의 위기 속에서도 현재의 기조를 잃지 말 것을 주장했다.

이처럼 고도의 지식과 식견을 갖춘 경제학자들이 동일한 현상에 대하여 상반된 시각을 보이는 것은 사실 그다지 낯선 사례가 아니다. 복잡한 시장의 흐름과 변화, 정부 정책 등 경제적 사안에 대한 학자들 간의 첨예한 논쟁은 역사를 통틀어 끊임없이 계속되어 왔다. 왜 경제학자들은 서로 다른 목소리를 내고 있는 것일까?

경제학자 레스터 서로우(Lester Thurow)는 이러한 현상이 경제학의 본질적 특성에 기인한다고 설명한다. 자연 현상의 불변적 원리를 탐구하고 실험실에서 이론을 검증할 수 있는 과학과 달리 경제학은 인간의 본질적 속성에 대한 일반론을 연구하는 학문이다. 경제학 이론은 실험을 통하여 쉽게 검증할 수 없으며, 더군다나 일단 정립한 이론이라 할지라도 이를 정확한 방법으로 입증하기도 어렵다는 것이다. 결국 이론을 바탕으로 현상을 설명할 수 있는 다른 학문과 달리 경제학은 정반대로 현상을 이론에 맞추기 위한 노력을 계속할 수밖에 없다. 이는 학자의 주관적인 배경과 해석, 그리고 여론의 영향에서 결코 자유롭지 않기에 저마다 다른 해석을 도출할 수밖에 없다는 것이다.

관성을 버리고 단순 유연해져라

혁신도 마찬가지다. 필자는 혁신이야말로 상반된 주장이 난무하는 대표적인 주제어라고 생각한다. 하나의 현상을 두고 다양한 관점에서 바라보기 때문이다.

덧붙이자면 성공 사례와 이로부터의 교훈을 다른 경우에 적용하는 것이 또 다른 혁신의 성공을 의미하는 것은 절대 아니라는 것이다. 오히려 기존에 혁신의 원동력으로 평가되었던 요인들이 어느새 낡은 것으로 치부되는 반면, 시대가 흘러 혁신을 둘러싼 환경의 변화에 따라 이전에는 혁신에 방해가 된다고 여겨지던 접근 방식이 도리어 큰 성공을 거두기도 한 것이 현실이다.

오늘날 가장 혁신적인 기업으로 거듭난 애플의 화려한 부활은 혁신 방법의 극적인 변화가 가져온 승리였을까? "꼭 그렇다"고 말하기는 어렵다.

혁신이 무엇이고 어떻게 이룰 수 있는 것인가에 대한 해답은 영원히 풀기 어려운 숙제이다. 필자가 한 가지 확실하게 이야기할 수 있는 것은 혁신이 다양한 모습과 과정을 거쳐 세상에 모습을 드러낸다는 것이다. 혁신이란 결국 천부적인 재능과 노력이라는 내생적 요인과 더불어 그 수를 헤아릴 수 없을 정도로 많은 변수의 불안정한 조합에 의하여 만들어진 결과물인 것이다.

따라서 혁신의 가능성을 높이기 위해서는 단지 효과적인 것으로서 인식되는 방법만을 단순히 적용하는 데에 그쳐서는 안 된다. 대신 혁신에 도달하기 위한 다양한 접근과 논의에 대하여 보다 열린 자세를 갖추어야 한다. 새로운 것을 추구하는 방법 자체는 긍정적인 면과 부정적인 면을 동시에 내포하고 있다. 따라서 이러한 특성을 이해하고 변화하는 조건에서 충분히 활용하려는 유연한 사고가 필요하다.

혁신을 위한 소수의 방법만이 시대가 바뀌어도 그대로 적용될 수 있다는 관성적 믿음은 오히려 새로운 혁신의 등장에 큰 장애로 다가올 수 있다. 특히 이러한 관성은 전문가나 일반인들이나 크게 다를 바 없다.

결국 혁신이란 추진하는 주체의 내부와 외부의 지속적인 상호 작용의 산물이다. 이러한 상호 작용이 어떤 방향으로 전개될지 예측하는 것은 거의 불가능에 가깝기 때문에 혁신 추진은 성공보다 더욱 많은 실패를 맛보게 된다. 따라서 혁신을 위한 완벽한 정답을 찾기보다는 이에 가까운 대안의 가능성을 발견하는 것이 중요하다. 시대의 흐름과 변화에 따라 혁신을 위한 전략적 유연성을 갖추는 것이야말로 혁신의 불확실성에 대응하기 위한 가장 현명한 대안이 될 것이다.

Adner, Ron, *The Wide Lens: a new strategy for innovation*, 2013

Allen, Frederik E., "Most Chief Innovation Officers Are Just Window Dressing", *Forbes*, March 4, 2012

Andrews, Edmund L., "Are IPOs Good for Innovation?", Stanford University, January 15, 2013

Berkun, Scott, *The Myths of Innovation*, 2010

Bilton, Nick, "Hundreds of Start-Ups Hope to Be a Copycat Start-Up", *New York Times*, December 7, 2013

Burrows, Peter, "Inside Apple's Plans for Its Futuristic, $5 Billion Headquarters", *Businessweek*, April 04, 2013

Christensen, Clayton M., *The Innovator's Dilemma: The Revolutionary Book That Will Change the Way You Do Business*, 2011

Christensen, Clayton M. and Allworth, James, *How Will You Measure Your Life?*, 2012

Christensen, Clayton M. and Raynor, Michael E., "Why Hard-nosed Executive Should Care about Management Theory", *Harvard Business Review*, September 2003

Collins, Jim and Hansen, Morten T., *Great by Choice: Uncertainty, Chaos, and Luck--Why Some Thrive Despite Them All*, 2011

DeGusta, Michael, "Are Smart Phones Spreading Faster than Any Technology in Human History?", *MIT Technology Review*, May 9, 2012

Foley, Mary Jo, "Microsoft Hit with Class Action Suit over Surface RT", *ZDNet*, August 13, 2013

Gage, Deborah, "The Venture Capital Secret: 3 Out of 4 Start-Ups Fail", *Wall Street Journal*, September 20, 2012

Gladwell, Malcolm, *The Tipping Point: How Little Things Can Make a Big Difference*, 2002

_____, *Outliers: The Story of Success*, 2011

Gottfredson, Mark & Aspinall, Keith, "Innovation Versus Complexity: What Is Too Much of a Good Thing?", *Harvard Business Review*, November 2005

Hoffer, David, *Slow Innovation: Good ideas take a long time to perfect*, Design mind Blog

Hunt, Joshua, "Japan's E-Reader Industry Struggles to Keep Up as Amazon Takes the Lead", *New York Times*, September 1, 2013

Isaacson, Walter, *Steve Jobs*, 2011

Johansson, Frans, *The Medici Effect: What Elephants and Epidemics Can Teach Us about Innovation*, 2006

Johnson, Steven, *Where Good Ideas Come From*, 2011

Kern, Eliza, "Marc Andreessen: Not every startup should be a lean startup or embrace the pivot", *Gigacom*, Dec. 3, 2012

Kovach, Steve, "Larry Ellison: Apple Won't Be Nearly As Successful Without Steve Jobs", *Business Insider*, Aug 13 2013

Krumholtz John D. and Levin, Al S., *Luck is No Accident: Making the Most of Happenstance in Your Life and Career*, 2010

Kwoh, Leslie, "You Call That Innovation?", *Wall Street Journal*, May 23, 2012

Landau, Elizabeth, "How accurate is Google Flu Trends?", *CNN Health*, May 18, 2010

Lashinsky, Adam, "Amazon's Jeff Bezos: The ultimate disrupter", *Forbes*, November 16, 2012

_____, "Managing Your Innovation Portfolio", *Harvard Business Review*, May 2012

Leonard-Barton, Dorothy, *Wellsprings of Knowledge: Building and Sustaining the Sources of Innovation*, 1998

Levitin, Daniel J., *This is Your Brain on Music*, 2006

Maklan, Stan, Knox, Simon and Peppard, Joe, "Why CRM Fails and How to Fix It", *MIT Sloan Management Review*, June 2011

Mariotti, John, *The Complexity Crisis: Why too many products, markets, and customers are crippling your company, and what to do about it*, 2008

Markides, Constantinos C. & Geroski, Paul A., *Fast Second: How Smart Companies Bypass Radical Innovation to Enter and Dominate New Markets*, 2004

May, Matthew E., "The rules of successful skunk works project", *Fast Company*, October 9, 2012

McCraw, Thomas K., *Prophet of Innovation: Joseph Schumpeter and Creative Destruction*, 2009

Merton, Robert, "Innovation Risk: How to Make Smarter Decisions", *Harvard Business Review*, April 2013

Moon, Youngme, *Different: Escaping the Competitive Herd*, 2011

Morris, Betsy, "Tearing up the Jack Welch playbook", *Fortune*, July 11, 2006

Muller, Thor & Becker, Lane, *Get Lucky: How to Put Planned Serendipity to Work for You and Your Business*, 2012

Osborn, Alex Faickney, *How to Think Up*, 1942

Osborne, Charlie, "Anthropologist 'confirms' Apple is a religion", *ZDNet*, October 25, 2012

Ram, S. & Sheth, Jagdish N. "Consumer Resistance to Innovations: The Marketing Problem and its solutions", *Journal of Consumer Marketing*, Vol. 6 Iss: 2, pp.5–14, 1989

Reardon, Marguerite, "Google shuts down Google Labs", *CNET*, July 20 2011

Ries, Eric, *The Lean Startup: How Today's Entrepreneurs Use Continuous Innovation to Create Radically Successful Businesses*, 2011

Rogers, Everett M., *Diffusion of Innovations*, 2003

Rohter, Larry, "An unlikely trendsetter made earphones a way of life, *NY Times*, December 17, 2005

Segall, Ken, *Insanely Simple: The Obsession That Drives Apple's Success*, 2013

Shaughnessy, Haydn, "Apple and Samsung As Imitators: Or Why Copying Can Be Good", *Forbes*, September 2, 2012

_____, "Why The Apple vs Samsung Verdict Is A Big Mistake", *Forbes*, August 26 2012

Shenkar, Oded, *Copycats: How Smart Companies Use Imitation to Gain a Strategic Edge*, 2010

Szalavitz, Maia, "10,000 Hours May Not Make a Master After All", *Time*, May 20, 2013

Taleb, Nassim Nicholas, *The Black Swan: The Impact of the Highly Improbable*, 2007

Trout, Jack, *The Power Of Simplicity: A Management Guide to Cutting Through the Nonsense and Doing Things Right*, 2001

Van Hecke, Madeleine L., *Blind Spots: Why Smart People Do Dumb Things*, 2007

Van Valen, Leigh "A new evolutionary law", *Evolutionary Theory 1*, July 1973

Veblen, Thorstein, *The Theory of the Leisure Class. An Economic Study of Institution*, 1899

Wheeler, William Morton, *Ants: Their Structure, Development and Behavior*, 1910

Zachary, Pascal, *When Innovating, Go Slow*, IEEE

Zyman, Sergio, *Renovate Before You Innovate: Why Doing the New Thing Might Not Be the Right Thing*, 2004

박수찬, 「빨리빨리 실패하라, 혁신은 속도전이다」, 조선일보, April 2, 2011

장하준, 『나쁜 사마리아인들』, 2007

전승우, 「영리한 모방으로 성공한 중국 IT기업」, 『한경비지니스』, Dec. 8, 2014

전승우, 「린 스타트업, 벤처기업만의 전유물 아니다」, LGERI, Nov. 20, 2013

전승우, 「빅 데이터에 대한 기대와 현실」, LGERI, Oct. 17, 2012

혁신의 모든 것

ⓒ 전승우, 2015

2015년 7월 20일 초판 1쇄 발행

지은이 전승우
펴낸이 우찬규, 박해진
펴낸곳 도서출판 학고재
주 소 서울시 마포구 양화로 85(서교동) 동현빌딩 4층
전 화 편집 02-745-1722 영업 070-7404-2810
팩 스 02-3210-2775
홈페이지 www.hakgojae.com

ISBN 978-89-5625-286-5 03320